A Administração da Empresa em Recuperação Judicial

A Administração da Empresa em Recuperação Judicial

ENTRE A MANUTENÇÃO E O AFASTAMENTO DO DEVEDOR

2021

Gustavo Lacerda Franco

A ADMINISTRAÇÃO DA EMPRESA EM RECUPERAÇÃO JUDICIAL
ENTRE A MANUTENÇÃO E O AFASTAMENTO DO DEVEDOR
© Almedina, 2021
AUTOR: Gustavo Lacerda Franco
DIRETOR ALMEDINA BRASIL: Rodrigo Mentz
EDITORA JURÍDICA: Manuella Santos de Castro
EDITOR DE DESENVOLVIMENTO: Aurélio Cesar Nogueira
ASSISTENTES EDITORIAIS: Isabela Leite e Larissa Nogueira
DIAGRAMAÇÃO: Almedina
DESIGN DE CAPA: FBA
ISBN: 9786556272740
Agosto, 2021

Dados Internacionais de Catalogação na Publicação (CIP)
(Câmara Brasileira do Livro, SP, Brasil)

Franco, Gustavo Lacerda
A administração da empresa em recuperação judicial :
entre a manutenção e o afastamento do devedor /
Gustavo Lacerda Franco. -- 1. ed. -- São Paulo : Almedina, 2021.

ISBN 9786556272740

1. Administração de empresa 2. Direito empresarial 3. Falência – Leis e legislação – Brasil
4. Recuperação judicial (Direito) – Leis e legislação – Brasil I. Título.

21-67915   CDU-347.736(81)

Índices para catálogo sistemático:

1. Brasil : Recuperação judicial : Empresas : Direito 347.736(81)

Aline Graziele Benitez – Bibliotecária – CRB-1/3129

Este livro segue as regras do novo Acordo Ortográfico da Língua Portuguesa (1990).

Todos os direitos reservados. Nenhuma parte deste livro, protegido por copyright, pode ser reproduzida, armazenada ou transmitida de alguma forma ou por algum meio, seja eletrônico ou mecânico, inclusive fotocópia, gravação ou qualquer sistema de armazenagem de informações, sem a permissão expressa e por escrito da editora.

EDITORA: Almedina Brasil
Rua José Maria Lisboa, 860, Conj.131 e 132, Jardim Paulista | 01423-001 São Paulo | Brasil
editora@almedina.com.br
www.almedina.com.br

À minha mãe, Ana Lucia Dias Lacerda Franco,
pelo apoio de sempre.

AGRADECIMENTOS

A pesquisa acadêmica é uma atividade solitária. Isso não significa, todavia, que o seu eventual sucesso seja resultado do esforço de um só. Pelo contrário: a pesquisa é também solidária. Nela, não partimos do zero. Como disse Newton, apoiamos o nosso trabalho "sobre os ombros de gigantes". Frequentemente, enriquecemos o nosso pensamento ao conversar com amigos e colegas que, igualmente, dedicam-se à Academia ou à matéria estudada. Ao encontrarmos amigos e familiares, nos momentos de lazer, temos a nossa corriqueira ausência compreendida, amenizamos a nossa rotina e tomamos o fôlego necessário para prosseguir. Idealmente, esperamos que o nosso empenho possa colaborar para uma sociedade melhor.

Nesse sentido, sou imensamente grato a cada uma das muitas pessoas que, direta ou indiretamente, contribuíram para a elaboração da dissertação de mestrado que defendi em abril de 2018, com êxito, na Faculdade de Direito da Universidade de São Paulo e que consiste na base da presente obra, somando-se, nela, às minhas novas reflexões acerca do tema desde então. Muito embora não seja possível mencionar, de maneira expressa, todos que poderiam constar destes agradecimentos merecidamente, é inescapável citar alguns.

Em primeiro lugar, não há palavras suficientes para agradecer à Professora Sheila Neder Cerezetti pela orientação presente e sempre inspiradora, pelo incentivo constante, pelas oportunidades concedidas, pelos sábios conselhos e pela compreensão. Contar com o seu exemplo no dia a dia é um verdadeiro privilégio.

Sou muito grato, também, aos Professores Francisco Satiro, Adriana Pugliesi e Gabriel Buschinelli, que compuseram a banca examinadora da minha dissertação e teceram considerações relevantíssimas sobre o seu conteúdo, todas levadas em conta nesta publicação. Devo agradecer também ao Professor Satiro, assim como ao Professor Cássio Cavalli, pelas suas importantes observações no meu exame de qualificação.

Há quatro bibliotecas que foram fundamentais para a minha pesquisa. No Brasil, os acervos e instalações da Faculdade de Direito da USP, da Faculdade de Economia, Administração, Contabilidade e Atuária da USP e do Tribunal de Justiça do Estado de São Paulo. Na Alemanha, a impressionante estrutura do Max-Planck-Institut für ausländisches und internationales Privatrecht. Em tempos de escasso investimento público na Educação, sou muito agradecido pela oportunidade de ter usado esses equipamentos. Espero que muitos outros pesquisadores e pesquisadoras possam ter a mesma chance no futuro.

Por fim, registro a mais sincera gratidão aos meus queridos amigos, bem como aos meus pais e demais familiares, por todo o estímulo, pelo suporte e pela companhia. Agradeço a todas e todos aqui abarcados na figura das minhas sobrinhas, que trazem tanta alegria e motivação para o meu percurso. Que possamos deixar para elas e a sua geração um mundo mais fraterno e menos desigual do que encontramos.

APRESENTAÇÃO DA COLEÇÃO "ESTUDOS DE DIREITO DE EMPRESA E CRISE"

Toda publicação de trabalho acadêmico é motivo de enorme satisfação. Afinal, trata-se da coroação de grande esforço empreendido na construção de uma obra, única, que representará mais um passo na evolução do conhecimento acadêmico.

A Coleção "Estudos de Direito de Empresa e Crise", uma parceria entre a Editora Almedina e o Centro de Estudos de Empresa e Crise, da Faculdade de Direito da Universidade de São Paulo (CEC-USP), busca justamente contribuir para fomentar obras de direito empresarial que tenham o condão de beneficiar o debate público.

Há anos, nós, que hoje coordenamos o CEC-USP, nos dedicamos ao estudo, à pesquisa e à docência do Direito Empresarial e da Crise. No exercício de nossas funções na Faculdade de Direito da USP, temos orientado discentes de graduação e de pós-graduação, ministrado disciplinas e coordenado grupos de pesquisa e de extensão com vistas ao fomento da matéria.

De forma natural, com o passar do tempo, demos início a inúmeras atividades acadêmicas conjuntas, de que são exemplo a coordenação do Grupo de Estudos de Direito da Empresa em Crise (GEDEC), em 2015 e 2016, que resultou na publicação do texto "A silenciosa "consolidação" da consolidação substancial"[1], nossa primeira colaboração escrita; a elaboração, ainda em 2017, da primeira minuta de anteprojeto de reforma da Lei 11.101/2005, por determinação do Ministério da Fazenda, em Grupo de Trabalho composto também pelos Professores Paulo

---

[1] In *Revista do Advogado* 131 (2016), pp. 216-223.

Fernando Campos Salles de Toledo – nosso colega na USP – e Cassio Cavalli – da Direito GV – no que acabou sendo referido como "trabalho do GTzinho"; a participação em eventos internacionais como o *Global Bankruptcy Scholars' Work-in-Progress Workshop*, na Universidade do Brooklin, em 2019, onde Sheila apresentou trabalho que acaba de ser publicado, sobre consolidação substancial no Brasil[2]; a coordenação do Grupo de Estudos Avançados sobre a Reforma da Lei 11.101/2005, da Fundação Arcadas, e o oferecimento conjunto de diversas disciplinas tanto na graduação como no curso de pós-graduação da Faculdade de Direito da USP.

Ao mesmo tempo, seguimos com atividades individuais na área. São exemplos o Núcleo de Estudos de Insolvência Transnacional – NEIT, a preparação para o *Ian Fletcher Insolvency Moot*, que valeu à equipe da FDUSP um prêmio especial na última edição de 2020, bem como a constante participação em congressos nacionais e internacionais e debates públicos sobre o direito empresarial e da empresa em crise, mas sempre com estreito convívio e larga troca de experiências.

No primeiro semestre de 2020, no começo da pandemia de Covid-19 que, à altura em que escrevemos este texto, ainda assola o país, passamos a considerar a possibilidade de coordenar e, principalmente, institucionalizar nossas ações. Assim nasceu o CEC-USP. Por meio dele, pretendemos centralizar as ações de modo a potencializar seus resultados. A expectativa é de que, com a concentração dos esforços sob uma instituição, seja possível aumentar seu alcance e multiplicar sua capacidade de produção de pesquisa e debates, contribuindo assim para os estudos de direito empresarial e a evolução do sistema de tratamento de crise empresarial no Brasil. O CEC-USP já nasce robusto, com diversas áreas de atuação e um significativo estoque de bons trabalhos.

É nesse sentido que, em parceria com a Editora Almedina, inauguramos a coleção "Estudos de Direito de Empresa e Crise", que trará obras acadêmicas desenvolvidas no âmbito do CEC-USP ou avaliadas e aprovadas por seus membros, bem como de pós-graduandos da Faculdade de Direito da Universidade de São Paulo que se dedicam aos temas do Direito de Empresa e Crise.

---

[2] *Reorganization of corporate groups in Brazil: Substantive consolidation and the limited liability tale*, in *International Insolvency Review*, 2021, p. 1-22.

APRESENTAÇÃO DA COLEÇÃO "ESTUDOS DE DIREITO DE EMPRESA E CRISE"

O que se pretende, portanto, é abrir espaço para a publicação de trabalhos acadêmicos, dissertações, teses, artigos e resultados de pesquisas elaborados dentro das linhas de atuação adotadas e que contribuam para a evolução do Direito de Empresa e Crise.

FRANCISCO SATIRO
SHEILA C. NEDER CEREZETTI
Coordenadores da Coleção

PREFÁCIO

Aspecto essencial da profunda reforma do sistema concursal promovida pela Lei 11.101/2005 consiste na inédita previsão legal de instituto que compreende a empresa em crise como uma organização, que, caso viável, deve ser reestruturada para benefício dos mais variados interesses que a circundam. Esta concepção tem – ou deveria ter – como um de seus pilares a atenção a tudo aquilo que envolve e torna possível a efetiva subsistência desse núcleo, seja sob a mesma ou sob outra pessoa jurídica.

Um dos temas centrais para que essa perspectiva com que convivemos há pelo menos 15 anos se perfaça em sua inteireza é o da administração da sociedade em recuperação judicial. Com efeito, se o sistema não mais se funda apenas na liquidação de ativos, mas aprecia a manutenção de um valor próprio da organização em atividade, a condução dos negócios da recuperanda e, notadamente, a sua disciplina ganham importância destacada.

Essas breves considerações dão conta da relevância do tema abordado no livro de autoria de Gustavo Lacerda Franco, que ora tenho a imensa alegria de prefaciar.

O texto, que é fruto da dissertação de mestrado aprovada com louvor na Faculdade de Direito da Universidade de São Paulo, constitui leitura indispensável a quem estuda o direito das empresas em crise, milita na área ou simplesmente se interessa por compreender adequadamente o sistema.

Construído a partir de extensa e séria pesquisa aqui e além-mar, burilado em constantes e profundas conversas de orientação sobre uma disciplina jurídica que nem sempre parece coerente, defendido perante banca exigente, o texto fornece ao leitor descrição fiel e análise crítica sobre a disciplina jurídica da administração da sociedade empresária em recuperação judicial.

Toda legislação concursal que possibilita a manutenção da atividade empresarial durante o tratamento da crise deve eleger a forma de organização da administração societária. Ao se dizer que, durante a reorganização, a sociedade continuará atuando, é preciso naturalmente detalhar quem serão os agentes que ficarão à frente da condução dos negócios e em que termos desempenharão suas funções.

Os caminhos escolhidos pelos ordenamentos variam e podem ser classificados em três diferentes modelos. Todos eles são detalhados no livro. O autor aborda em minúcias o que significa o *debtor in possession*, proveniente da experiência estadunidense, diferencia-o de sistema de manutenção do devedor sob a próxima supervisão de agente de confiança do juízo e, além disso, ainda explora o caminho diverso, consistente no pleno afastamento da prévia administração e indicação de profissional externo. Mas a abordagem do tema não se esgota na simples apresentação dos modelos globais. Gustavo vai além e busca situar o tema na espinhosa dicotomia entre preservação da empresa e satisfação dos credores, convidando leitores a uma reflexão que ultrapassa as fronteiras da dogmática jurídica.

A obra segue determinada a não fugir da complexidade da matéria. Passo seguinte, são conjugadas as perspectivas societária e concursal, atentando-se ao fato de que o estudo sobre a solução brasileira quanto à administração da sociedade em recuperação judicial precisa levar em conta a estrutura concentrada do capital social da maioria das empresas nacionais.

Com efeito, sob pena de se promover análise superficial, ingênua e desconexa da realidade, os comentários acerca de administração empresarial não podem descurar da estruturação do controle societário, que é traço fundamental a marcar a formação dos órgãos, a condução dos negócios e até mesmo os regimes de tratamento das consequências de desvios na condução dos negócios.

É justamente sob esse pano de fundo que a disciplina constante da Lei 11.101/2005 é, então, analisada. Passando-se pela definição de devedor, pela opção favorável à manutenção do devedor à frente dos negócios conjugada com a fiscalização do administrador judicial, assim como pelas circunstâncias que justificam, respectivamente, o afastamento e a substituição de devedor e administradores, Gustavo localiza o sistema brasileiro nos modelos globais de administração antes de iniciar a sua indispensável análise crítica.

Iluminado pelo embasado trajeto até ali empreendido, o exame crítico aborda os pressupostos dos já referidos modelos globais de administração, avaliando se seus pilares estão ou não presentes na solução brasileira e propondo caminhos interpretativos que garantam a esta maior coerência e, ao sistema, maior efetividade. Aliando-se inegavelmente a uma escola do direito das empresas em crise, tece, por fim, considerações sobre a relevância do tema para a promoção do necessário equilíbrio entre os múltiplos interesses que compõem a organização empresarial.

Enxerga-se, no estudo, a já bem almejada por Fabio Konder Comparato interpretação jurídica calcada em informada perspectiva crítica, restando nítida a correta percepção do autor de que a função desse instituto de direito comercial, como a de tantos outros, não se cinge a interesses privados.

A profundidade com que o espinhoso tema foi tratado torna natural o reconhecimento que o trabalho já tem colhido. Não à toa, mesmo antes de sua publicação em formato de livro, vem sendo referido em trabalhos doutrinários e decisões judiciais e, portanto, tem contribuído para auxiliar a melhor solução de complexas situações reais. Trata-se, assim, de produção acadêmica de direito comercial em sua melhor acepção e com clara conexão com a prática, seguindo os alertas de Tullio Ascarelli.

Por fim, com emoção, não posso deixar de dizer da minha imensa alegria em ver Gustavo contribuir tão profundamente para as reflexões sobre o direito da empresa em crise. Conheci Gustavo em 2013. Eu, recém ingressa ao corpo docente da Faculdade de Direito da USP, ele, aluno do quarto ano da graduação em busca de orientação para sua tese de láurea. Gustavo se tornou meu primeiro orientando e, de lá pra cá, tem sido um indispensável interlocutor e companheiro de reflexões profundas sobre os mais variados temas do direito comercial. Gosto de pensar que contribuí para a formação jurídica do Gustavo, para que trilhasse um caminho de pensamento crítico quanto à disciplina e às estruturas do direito que moldam a essencial atividade econômica nacional. Mas a verdade é que, sem dúvida, nesse nosso percurso fui eu a tirar as principais lições, já que com ele tive a oportunidade de aprender sobre aquela que é talvez a mais bela e mais desafiadora atividade da docente: a de dar as mãos a discentes, dialogar sobre suas investigações e em conjunto, lado a lado, construir reflexões que buscam auxiliar o aprimoramento do sistema.

Em nome da comunidade acadêmica e jurídica, agradeço a Gustavo pela seriedade com que se dedicou ao espinhoso tema da condução das atividades da empresa em crise e anseio por seus futuros estudos.

Janeiro de 2021

PROFA. DRA. SHEILA C. NEDER CEREZETTI

ABREVIATURAS E SIGLAS

Am. Bankr. L. J.	*American Bankruptcy Law Journal*
Ann. Surv. Am. L.	*Annual Survey of American Law*
Art.	Artigo
Bankr. Dev. J.	*Bankruptcy Developments Journal*
B. C. Int'l & Comp. L. Rev.	*Boston College International and Comparative Law Review*
B. C. L. Rev.	*Boston College Law Review*
B. U. L. Rev.	*Boston University Law Review*
Brook J. Int'l Law	*Brooklyn Journal of International Law*
Brook. L. Rev.	*Brooklyn Law Review*
Cardozo J. Int' & Comp. L.	*Cardozo Journal of International and Comparative Law*
Cardozo L. Rev.	*Cardozo Law Review*
Cit.	Obra citada
Conn. J. Int'l L.	*Connecticut Journal of International Law*
Des.	Desembargador
Harv. L. Rev.	*Harvard Law Review*
IMF working papers	*Internacional Monetary Fund working papers*
InsO	*Insolvenzordnung*
Insolvency & Restructuring Int'l	*Insolvency & Restructuring International*
JCLS	*Journal of Civil Law Studies*
J. Legal Analysis	*Journal of Legal Analysis*
Legal. Stud.	*Legal Studies*
LRF	Lei de Recuperação e Falência
Mich. L. Rev.	*Michigan Law Review*
Nº	Número
N. Z. L. Rev.	*New Zealand Law Review*
P. / pp.	Página / Páginas

P. ún.	Parágrafo Único
RDM	Revista de Direito Mercantil, Industrial, Econômico e Financeiro
Rel.	Relator
RT	Revista dos Tribunais
Stan. L. Rev.	*Stanford Law Review*
T.	Tomo
TJRJ	Tribunal de Justiça do Estado do Rio de Janeiro
TJSP	Tribunal de Justiça do Estado de São Paulo
U. Chi. L. Rev.	*The University of Chicago Law Review*
U. Cin. L. Rev.	*The University of Cincinnati Law Review*
U. Pa. L. Rev.	*University of Pennsylvania Law Review*
UNCITRAL	*United Nations Commission on International Trade Law*
V.	Volume
Va. L. & Bus. Rev.	*Virginia Law & Business Review*
Vand. L. Rev.	*Vanderbilt Law Review*
Wayne L. Ver.	*Wayne Law Review*
Yale L. J.	*The Yale Law Journal*

SUMÁRIO

INTRODUÇÃO 23

1. O DEVEDOR E OS MODELOS GLOBAIS DE ADMINISTRAÇÃO DA SOCIEDADE EMPRESÁRIA NA REORGANIZAÇÃO 29
    1.1. A reorganização como instrumento de superação da crise empresarial, a sua difusão global e as suas possíveis finalidades 30
    1.2. A indispensável distinção entre empresa, empresário, sócio, sociedade e administração: limitando a polissemia inerente ao devedor 38
    1.3. Os modelos globais de administração da empresa em reorganização: posicionando o devedor 46
        1.3.1. A manutenção do devedor na administração da empresa, sem a supervisão de órgão imparcial do processo concursal 50
            1.3.1.1. Breves considerações acerca do surgimento e da evolução do *debtor in possession* 50
            1.3.1.2. O atual *debtor in possession*: estrutura e funcionamento 61
        1.3.2. O afastamento do devedor: solução concursal clássica 79
            1.3.2.1. Breve apresentação dos sistemas concursais utilizados na análise do modelo de afastamento: contextualização e justificativa da sua classificação 81
            1.3.2.2. Estrutura e funcionamento do modelo de afastamento 88
        1.3.3. A manutenção do devedor na administração da empresa, sob a supervisão de órgão imparcial do processo concursal 109

1.3.3.1. Breve apresentação dos sistemas concursais utilizados
na análise do modelo de manutenção sob supervisão:
contextualização e justificativa da sua classificação 110
1.3.3.2. Estrutura e funcionamento do modelo de manutenção
do devedor na administração da empresa em reorganização,
sob a supervisão de órgão do processo concursal 117
1.3.3.3. Modelo intermediário entre a simples manutenção
e o afastamento do devedor? 130
1.3.4. As possíveis vantagens e desvantagens de cada modelo 134
1.4. Políticas de insolvência quanto à administração da empresa
em reorganização: um reflexo da dicotomia *preservação da empresa*
vs. *satisfação dos credores* 145

2. A ADMINISTRAÇÃO DA SOCIEDADE
EM RECUPERAÇÃO JUDICIAL NO CONTEXTO
DE CONCENTRAÇÃO DE CONTROLE:
ANÁLISE DO SISTEMA BRASILEIRO À LUZ
DOS MODELOS GLOBAIS 153
2.1. A preservação da empresa e o equilíbrio entre múltiplos
interesses: o objetivo da recuperação judicial 154
2.2. A solução brasileira quanto à administração da empresa
em recuperação judicial: regramento legal 156
2.3. A manutenção do devedor na administração da atividade
empresarial durante o processo recuperacional: afinal,
qual é o modelo adotado pela Lei nº 11.101/2005? 161
2.3.1. A estrutura de controle concentrado e a administração
da empresa: noções relevantes 162
2.3.2. A fiscalização do devedor na administração da recuperanda 168
2.3.3. A nebulosa distinção entre o devedor
e os seus administradores no art. 64 da Lei de Recuperação
e Falência: quem é quem? 175
2.3.4. As hipóteses do art. 64: causas para a substituição
dos administradores ou o afastamento do devedor
durante o processo recuperacional 205
2.3.5. As formas de substituição dos administradores
e de afastamento do devedor quanto à administração
da sociedade em recuperação 217

2.3.6.	O gestor judicial: disciplina legal	233
2.3.7.	O art. 66 da LRF	241
2.3.8.	O sistema brasileiro: classificação nos modelos globais de administração	244

3. OS PRESSUPOSTOS DOS MODELOS GLOBAIS DE ADMINISTRAÇÃO DA EMPRESA EM REORGANIZAÇÃO E A SUA VERIFICAÇÃO NA SOLUÇÃO BRASILEIRA: ANÁLISE CRÍTICA 247

3.1. A (in)efetiva supervisão sobre a administração da sociedade em recuperação judicial 247
3.2. A (in)observância dos deveres fiduciários impostos aos responsáveis pela administração da recuperanda 251
3.3. A (in)dependência da administração da recuperanda 254
3.4. As hipóteses legais para a substituição e o afastamento em relação à administração da recuperanda: suficiência? 257
3.5. O necessário equilíbrio entre múltiplos interesses: objetivo atendido? 258

CONCLUSÃO 261
REFERÊNCIAS 269
JULGADOS ANALISADOS NO ESTUDO 283
ÍNDICE GERAL 285

Introdução

A disciplina legal da crise empresarial é, com frequência, objeto de críticas, independentemente do ordenamento jurídico em que esteja inserta e de sua orientação política.[3] Essa constatação não revela, *per se*, algo negativo. Pelo contrário, a constante crítica e a eventual revisão de diplomas legais, bem como de entendimentos doutrinários e jurisprudenciais, no âmbito do direito da empresa em crise e, em geral, do direito empresarial são salutares em qualquer sistema jurídico, diante da particular dinamicidade das relações que estes disciplinam.[4]

O presente estudo se insere justamente nesse esforço de análise crítica de sistemas concursais, visando à reflexão sobre a lei nº 11.101/2005, diploma que disciplina o direito da empresa em crise no Brasil, caracteri-

---

[3] Com foco na realidade dos Estados Unidos da América, Elizabeth WARREN, em estudo sobre políticas de insolvência, constata que, seja no âmbito acadêmico, seja na imprensa, não faltam opiniões acerca do sistema concursal daquele país, sugerindo que, pelo contrário, sobram conclusões acerca da disciplina em ambos, com perspectivas que abrangeriam desde a defesa quanto a ter falhado miseravelmente até a observação de que funciona efetivamente na maior parte dos casos (*Bankruptcy policymaking in an imperfect world*, in Mich. L. Rev. 92 [1993-1994], p. 336). Na história do direito concursal brasileiro, igualmente, verifica-se que os diversos diplomas legais que disciplinaram a insolvência empresarial até o advento da lei nº 11.101/2005, os quais apresentavam orientações variadas, sofreram pesadas críticas e posterior substituição, conforme aponta em detalhes Sheila Christina NEDER CEREZETTI (*A Recuperação Judicial de Sociedade por Ações – O Princípio da Preservação da Empresa na Lei de Recuperação e Falência*, São Paulo, Malheiros, 2012, pp. 56-87).

[4] Sobre a "permanente mutação para ajustar-se às sempre novas exigências do tráfico mercantil" que afeta o direito comercial e o seu caráter dinâmico, cf. Alfredo de Assis GONÇALVES NETO, *Direito de empresa – Comentários aos artigos 966 a 1.195 do Código Civil*, 5ª edição, São Paulo, RT, 2014, pp. 35-38.

zado pelos institutos da falência e da recuperação, esta em modalidades judicial e extrajudicial. Mais especificamente, pretende-se empreender análise sobre a solução adotada pela Lei de Recuperação e Falência quanto à condução da sociedade[5] durante o processo de recuperação judicial, estabelecendo como regra a permanência do devedor ou dos seus administradores nessa posição, sob fiscalização do comitê de credores, se constituído, e do administrador judicial, nos termos do seu artigo 64.[6]

Justifica-se trabalho com esse propósito em virtude das controvérsias existentes acerca da aplicação dos arts. 64, 65 e 66 da LRF, os quais disciplinam a condução – ou administração – da sociedade em recuperação judicial. Nesse tocante, surgem com frequência, em sedes doutrinária e jurisprudencial, questões relativas às interpretações possíveis dos termos "devedor" e "administradores" adotados no art. 64, à distinção entre tais personagens, à suficiência das causas elencadas na LRF para a substituição e o afastamento regrados pelos arts. 64 e 65, às diferenças entre as disciplinas do art. 64, p. ún., e do art. 65, às possíveis formas da substituição e do afastamento previstos nestes dispositivos, ao tratamento dispensado pela LRF ao gestor judicial e à abrangência da disposição do art. 66, entre outras dúvidas relevantes. Espera-se examinar criticamente, ao longo do estudo, tais pontos controversos. A própria importância da condução da recuperanda quanto a aspectos cruciais do processo, a exemplo da apresentação do plano para a superação da crise enfrentada, aliás, também respalda a escolha do tema, consistente em elemento determinante para o êxito – ou fracasso – do feito recuperacional.

Para que exercício crítico nos moldes indicados, em termos gerais, seja verdadeiramente útil ao desenvolvimento da disciplina, porém,

---

[5] Leia-se *sociedade empresária*, conforme o art. 1º da LRF, excetuados os entes indicados no art 2º do mesmo diploma. Quanto à disposição do art. 1º, José Marcelo Martins PROENÇA apresenta severa crítica à legislação, que não teria demonstrado preocupação com a manutenção da fonte produtiva de agentes econômicos não-empresários, não sendo possível a estes pleitear a recuperação (*Os novos horizontes do direito concursal – uma crítica ao continuísmo prescrito pela lei 11.101/2005*, in RDM 151/152 [2009], pp. 57-58). Embora a LRF também se destine à disciplina da crise do empresário individual, aliás, esclarece-se que este estudo tem como foco a recuperação judicial das sociedades empresárias, especialmente companhias e limitadas, em que o tema abordado apresenta maior relevância.

[6] Cuja redação é a seguinte: "durante o procedimento de recuperação judicial, o devedor ou seus administradores serão mantidos na condução da atividade empresarial, sob fiscalização do Comitê, se houver, e do administrador judicial, salvo se qualquer deles (...)".

é imprescindível que observe parâmetros adequados. Nessa direção, é evidente que a análise de determinado sistema concursal deve considerar que sua estrutura foi delineada para atender a certos propósitos, não sendo possível avaliar aquele isoladamente destes.[7] Além disso, a avaliação qualificada de institutos e mecanismos jurídicos estabelecidos em uma legislação concursal demanda reflexão sobre instrumentos alternativos, que poderiam servir como substitutos ou fontes de inspiração para reforma daqueles, e os seus pressupostos. Do contrário, qualquer crítica seria inócua, não contribuindo ao aprimoramento do mecanismo examinado ou oferecendo solução mais apropriada.[8]

---

[7] Conforme E. WARREN, é comum em críticas ou debates sobre sistemas de insolvência que os argumentos utilizados sejam expressivamente superficiais, denotando sua formulação sem a necessária reflexão acerca das finalidades desses ordenamentos e, assim, sem a devida atenção às questões que foram desenvolvidos para solucionar. Isso não significa, todavia, que essas considerações não tenham adotado como premissa que o sistema deveria obedecer a determinado propósito. Segundo a autora, refletidas em cada uma dessas asserções sobre o sistema de insolvência estão justamente presunções quanto aos seus objetivos políticos, as quais, entretanto, não seriam propriamente articuladas ou esclarecidas por seus defensores. Nesse sentido, alerta-se que, na hipótese de serem problemáticos alguns desses objetivos políticos refletidos em críticas ao sistema de insolvência, qualquer avaliação neles baseada também será, em consequência, necessariamente problemática (*Bankruptcy policymaking* cit., p. 336). Apontamento semelhante é realizado por Karen GROSS (*Failure and forgiveness – Rebalancing the bankruptcy system*, New Haven, Yale University Press, 1997, p. 2).

[8] Cumpre ressaltar, aqui, que o intuito de entender mecanismos alternativos não consiste em mera prospecção de solução estrangeira e posterior incentivo à sua automática importação ao ordenamento pátrio, até porque, como aponta Nathalie MARTIN, diante da vasta diversidade cultural verificada no mundo e dos diferentes aspectos econômicos e posturas de cada país sobre dinheiro e endividamento, não existe um sistema de insolvência que se caracterize como solução única, tanto para empresas quanto para pessoas físicas. Para a autora, novos sistemas de insolvência deveriam refletir como cada Estado experimentou o desenvolvimento da sua economia de mercado e como, filosoficamente, enxerga o endividamento. Sendo tais sistemas instrumentos sociais, carregariam consigo valores e deveriam ser delineados cuidadosamente para refletir os valores particulares de cada cultura (*The role of history and culture in developing bankruptcy and insolvency systems: the perils of legal transplantation*, in B. C. Int'l & Comp. L. Rev. 28 [2005], p. 5). Rebecca PARRY tece consideração semelhante (*Introduction*, in Katarzyna Gromek BROC e R. PARRY, *Corporate rescue – an overview of recent developments*, 2ª edição, Alphen aan den Rijn, Kluwer Law International, 2006, p. 2). Com efeito, a utilização desses mecanismos como parâmetros de análise e até, eventualmente, como exemplos para a sugestão de reformas legislativas ou mudanças interpre-

Nesse sentido, almeja-se analisar a solução brasileira sobre a condução da sociedade em recuperação judicial com base nos propósitos perseguidos pelo instituto, precipuamente revelados pelo art. 47 da LRF, e sobretudo à luz dos modelos globais de administração da empresa em reorganização, os quais foram delineados pelo Banco Mundial[9] e preconizam a manutenção, a manutenção sob supervisão de órgão imparcial ou o afastamento do devedor em relação à condução da sociedade durante o processo.

A mera descrição desses modelos ideais, porém, não forneceria informações suficientes para a análise pretendida, pois não são estruturados com riqueza de detalhes, algo natural em virtude do seu caráter abstrato. Diante disso, optou-se por selecionar alguns sistemas concursais representativos de cada modelo e extrair das suas molduras legais os elementos pertinentes para o exame crítico proposto.

Os regimes concursais escolhidos combinam a previsão de mecanismos de reorganização empresarial com uma produção jurídica representativa e acessível no tocante à condução da empresa em reorganização, além de serem classificados sem dificuldades nos modelos globais. Dessa forma, para fornecerem dados e permitirem a avaliação da solução brasileira a partir dos modelos globais elencados, selecionaram-se os sistemas de insolvência dos Estados Unidos da América (representativo do modelo de manutenção do devedor na condução, sem a fiscalização de órgão imparcial do processo); da Alemanha, do Reino Unido e de Portugal (representativos do modelo de afastamento do devedor em relação à condução); e da Itália, da Espanha e da Argentina (representativos do modelo de manutenção do devedor, sob supervisão de órgão imparcial do processo). Cada classificação levada a efeito será explicada oportunamente.

Para atingir os objetivos apontados, o presente estudo foi estruturado em três capítulos, desenvolvidos entre a introdução e a conclusão.

O primeiro capítulo se destina à contextualização do devedor em relação à administração da sociedade empresária em reorganização[10]

---

tativas jamais deve ser isolada da devida consideração sobre os aspectos sociais, jurídicos, culturais e econômicos da localidade em questão.

[9] WORLD BANK, *Principles for effective insolvency and creditor/debtor rights systems*, 2015, p. 20 (disponível em http://siteresources.worldbank.org/EXTGILD/Resources/5807554-1357753926066/2015_Revised_ICR_Principles(3).pdf, acessado em 27.03.2016).

[10] Refere-se, por *reorganização*, ao instituto jurídico que busca viabilizar a superação da crise econômico-financeira por meio da reestruturação da empresa e/ou do seu passivo,

judicial, iniciando-se pela apresentação desta como instrumento de superação da crise empresarial, com breves considerações acerca do desenvolvimento da perspectiva de manutenção da atividade empresarial como alternativa à liquidação, da propagação mundial dessa ideia e dos objetivos perseguidos pelo instituto. Então, procura-se limitar a polissemia inerente ao termo "devedor", passando-se em seguida ao cerne do capítulo, consistente no estudo dos modelos globais de condução da sociedade em reorganização empresarial, os quais preconizam a manutenção, a manutenção sob supervisão de órgão imparcial ou o afastamento do devedor em relação à condução da empresa durante o processo, a partir dos sistemas concursais de Estados Unidos, Alemanha, Reino Unido, Portugal, Itália, Espanha e Argentina.

Nesse ponto, busca-se classificar tais sistemas conforme aqueles modelos e extrair das suas estruturas legais de condução da sociedade empresária durante o processo reorganizacional os pressupostos para o adequado funcionamento das abordagens de manutenção, com ou sem supervisão de órgão imparcial, e afastamento. As suas possíveis vantagens e desvantagens também são expostas. Enfim, analisa-se como os sistemas concursais examinados podem refletir a dicotomia "preservação da empresa" vs. "satisfação dos credores" e se apresentam os pressupostos identificados ao longo do capítulo, quais sejam, (i) a fiscalização sobre a condução da sociedade em reorganização, (ii) a imposição de deveres fiduciários aos sujeitos responsáveis pela administração da empresa e (iii) a independência desta.

O segundo capítulo, por sua vez, dedica-se à análise da solução brasileira quanto à condução da sociedade em recuperação judicial, disci-

em perspectiva de manutenção da atividade empresarial, que se contrapõe à visão meramente liquidatória acerca das dificuldades da empresa. Dessa forma, o termo ora adotado, que tem como sinônimos nesta esfera *reabilitação* (não sendo incontroverso o uso dessa expressão como sinônimo daquela, todavia, pois também seria uma finalidade atingível por meio da liquidação – cf. K. GROSS, *Failure and forgiveness* cit., pp. 115-116) e *recuperação*, não deve ser relacionado a qualquer ordenamento jurídico especifico, exceto quando expressamente enunciado. Jay Lawrence WESTBROOK, de modo ainda mais abrangente, afirma ser a reorganização uma função tradicional de legislações de insolvência, ao lado da liquidação, caracterizada pela tentativa de continuar o negócio em benefício das partes legalmente designadas (*The globalisation of insolvency reform*, in *N. Z. L. Rev.* [1999], p. 404). O tema será abordado com profundidade no item 1.1.

plinada nos arts. 64, 65 e 66 da Lei nº 11.101/2005, almejando-se investigar como se estrutura e quais os seus aspectos determinantes, no direito e também na realidade empresarial do país, assim como promover sua classificação conforme os modelos globais examinados no capítulo anterior. Nesse ensejo, trata-se criticamente de importantes temas relacionados à condução da sociedade em recuperação judicial, como a preservação da empresa, a elevada concentração que caracteriza a estrutura de controle empresarial no Brasil e as suas consequências para a disciplina debatida, a fiscalização sobre a administração durante o processo recuperacional, a distinção entre o "devedor" e os "administradores" mencionados no art. 64 da lei nº 11.101/2005, as causas elencadas na legislação para a substituição dos administradores ou o afastamento do devedor, as diferenças entre os regramentos do art. 64, p. ún., e do art. 65 do diploma, as possíveis formas da substituição e do afastamento previstos nestes dispositivos, a disciplina legal do gestor judicial e a disposição do art. 66 da lei nº 11.101/2005.

Essa análise constitui base essencial ao exame promovido no terceiro capítulo, acerca da presença dos pressupostos dos modelos globais identificados no capítulo 1, ou seja, da efetiva supervisão sobre a administração da sociedade em reorganização, da independência desta e da observância dos seus deveres fiduciários, na solução brasileira sobre a condução da recuperanda, que também é avaliada à luz das finalidades da lei nº 11.101/2005.

Pretende-se que, ao final, o presente estudo possa contribuir, seja por seu conteúdo descritivo, seja pelas sugestões aventadas, ao debate jurídico sobre o direito da empresa em crise no Brasil, sobretudo quanto ao posicionamento do devedor em relação à condução da sociedade em recuperação judicial, aspecto central de qualquer disciplina concursal, com profunda influência em todo o processo reorganizacional da empresa. Almeja-se, ainda, que este trabalho possa servir para evidenciar a crucial importância da identificação de parâmetros adequados no âmbito da análise crítica de sistemas concursais, especialmente dos objetivos perseguidos por estes. Essa identificação pode ser, realmente, tão relevante quanto o próprio exame crítico realizado, porquanto determinante à idoneidade das conclusões alcançadas.

1.
O Devedor e os Modelos Globais de Administração da Sociedade Empresária na Reorganização

Espera-se, no presente capítulo, entender com profundidade as diferentes possibilidades de posicionamento do devedor em relação à condução da sociedade empresária em reorganização, abordando-se ainda, quando necessário, outros elementos relevantes à construção da compreensão pretendida.

Nesse sentido, apresenta-se inicialmente a reorganização como instrumento de superação da crise empresarial, tecendo-se breves considerações acerca do desenvolvimento histórico da perspectiva de manutenção da atividade empresarial como alternativa à liquidação em caso de crise da empresa, bem como da propagação mundial dessa ideia e das possíveis finalidades atribuídas ao instituto. Esse excurso se justifica exatamente pela necessidade de contextualização do debate promovido neste trabalho, cujo desenvolvimento ocorreu no seio da reorganização, sofrendo a influência das suas principais características (e também as influenciando). Na mesma direção, procura-se limitar a polissemia inerente à expressão *devedor* a partir de outros termos a ela relacionados e cuja utilização de modo impreciso é frequente no âmbito do direito empresarial (e, fora dele, ainda mais).

Centra-se, então, no estudo aprofundado dos modelos globais de posicionamento do devedor em relação à condução da sociedade empresária em processo de reorganização, extraindo-se primordialmente desse ponto os fundamentos para as considerações que serão tecidas nos capítulos posteriores. Chega-se, enfim, a uma breve análise dos modelos apresentados à luz dos objetivos perseguidos pela reorganização (em diferentes perspectivas), ponderando-se em qual medida os refletem.

1.1. A reorganização como instrumento de superação da crise empresarial, a sua difusão global e as suas possíveis finalidades

A reorganização, resumidamente descrita por J. L. WESTBROOK como uma função tradicional das legislações de insolvência, ao lado da liquidação, caracterizada pela tentativa de continuar o negócio em situação de crise em benefício de partes legalmente estabelecidas,[11] surgiu após um longo processo histórico, situado nos Estados Unidos da América. E esse surgimento, aponta-se, só foi possível em razão de certas particularidades da sociedade americana.

Com efeito, afirma-se que a disciplina estadunidense da insolvência seria resultado de um sistema capitalista único, a incentivar o empreendedorismo e o consumo expressivo. A reorganização empresarial, disposta no célebre *Chapter 11* do *U.S. Bankruptcy Code* de modo a permitir a permanência da administração preexistente na condução da empresa durante o processo, seria um fator relevante para manter esse sistema equilibrado até a atualidade.[12]

Conforme N. MARTIN, o desenvolvimento da economia de mercado americana com fundamento no crédito, que é inevitavelmente acompanhado pelo risco de inadimplemento, facilitou o surgimento de um sistema de insolvência indulgente, justamente para lidar com tal questão e permitir que a população mantivesse seu espírito empreendedor, em meados do século XIX. As tensões políticas verificadas nos Estados Unidos, igualmente, teriam influenciado na estruturação do sistema concursal adotado pelo país, contribuindo ao seu marcante equilíbrio entre os interesses do devedor e dos credores.[13]

---

[11] *The globalisation of insolvency reform* cit., p. 404. Definição alternativa caracteriza a reorganização como processo de insolvência em que "(...) *the liabilities of an insolvent debtor are restructured in order to re-establish the debtor's ability to meet liabilities* (...)" (William W. MCBRYDE e Axel FLESSNER, *Principles of european insolvency law and general commentary*, in W. W. MCBRYDE, A. FLESSNER e Sebastianus Constantinus Johannes Josephus KORTMANN (coords.), *Principles of european insolvency law*, Deventer, Kluwer Legal Publishers, 2003, p. 16).

[12] N. MARTIN, *The role of history* cit., pp. 1-4.

[13] N. MARTIN, *The role of history* cit., pp. 6-13. Processo histórico semelhante, quanto às tensões políticas no desenvolvimento do direito concursal estadunidense, é descrito por Harvey R. MILLER e Shai Y. WAISMAN (*Is chapter 11 bankrupt?*, in *B. C. L. Rev.* 129 [2005-2006], p. 133). Importante mencionar, aliás, que, segundo David A. SKEEL JR., a influência da *bankruptcy bar*, somada às forças de credores organizados e das ideologias pró-devedor ani-

1. O DEVEDOR E OS MODELOS GLOBAIS DE ADMINISTRAÇÃO DA SOCIEDADE EMPRESÁRIA...

Viabilizada pelo contexto narrado, a origem da reorganização como é conhecida atualmente estaria no mecanismo da *equity receivership*,[14] cuja aplicação no cenário dos problemas financeiros enfrentados pelo setor ferroviário americano no século XIX teria permitido às empresas em dificuldades permanecerem operando, enquanto as partes envolvidas buscavam negociar uma solução favorável para a crise.[15] O atual sistema de reorganização dos Estados Unidos, portanto, surgiu desse início modesto.[16]

Passado algum tempo, já na década de 1930, quando a Grande Depressão assolava os Estados Unidos, configurou-se momento propício ao advento de uma nova legislação para lidar com a insolvência no país, buscando-se remediar a difícil situação de sua economia, de modo a possibilitar a sobrevivência das empresas à crise sofrida e, consequentemente, a manutenção dos empregos que geravam. No início daquela década, inclusive, houve o surgimento de leis de emergência visando à disponibilização de alternativas à mera liquidação das empresas em dificuldades, as quais serviram, na verdade, à percepção de que um esquema legal mais abrangente era necessário para enfrentar a crise sofrida. E, com efeito, a orientação desse novo esforço legislativo decorreria da experiência acumulada com as *equity receiverships* das estradas de ferro.[17]

Nesse ensejo, adveio o *Chandler Act*, cuja importância é bastante grande, por ter sido o primeiro diploma legal em uma economia capitalista e de livre mercado a incorporar totalmente a ideia de que uma legislação concursal não deveria prever apenas a liquidação, mas tam-

madas pelo federalismo americano, continuaria a estabelecer, historicamente, os parâmetros do direito de insolvência daquele país (*Debt's dominion – a history of bankruptcy law in America*, 2ª impressão, Princeton, Princeton University Press, 2004, p. 47).

[14] Realmente, indica-se a técnica de reorganização judicial conhecida por *equity receivership* e surgida nas últimas décadas do século XIX por meio da atuação das cortes como a base para a moderna reorganização de empresas (D. A. SKEEL JR., *Debt's dominion* cit., p. 4).

[15] H. R. MILLER e S. Y. WAISMAN, *Is chapter 11 bankrupt?* cit., p. 130.

[16] N. MARTIN, *The role of history* cit., pp. 30-31. Para mais detalhes, vide item 1.3.1.1., destinado ao estudo do mecanismo do *debtor in possession*.

[17] H. R. MILLER e S. Y. WAISMAN, *Is chapter 11 bankrupt?* cit., p. 134.

bém a reorganização, incluindo a reestruturação do passivo e da estrutura de capital do devedor, como solução para a insolvência.[18]

Porém, diante de críticas ao sistema estruturado pelo *Chandler Act*, da experiência obtida ao longo de décadas em sua aplicação e da constatação de que era necessário reformar o direito de insolvência americano, surgiu em 1978 o *Bankruptcy Reform Act*, com o advento do *Bankruptcy Code* ainda vigente nos Estados Unidos, com algumas alterações. Esse diploma legal teria sido a primeira legislação concursal daquele país a não ser promulgada como resposta a uma crise na sua economia doméstica e também a primeira reforma abrangente do direito concursal federal americano desde o *Chandler Act*.[19]

O *Chapter 11* do novo diploma, reunindo certos aspectos dos *Chapters X, XI e XII* da lei anterior, no intuito de eliminar controvérsias sobre a escolha de determinado procedimento pelo devedor e somar a flexibilidade e o controle do devedor característicos do antigo *Chapter XI* aos elementos de proteção ao público centrais no *Chapter X*, aspectos detalhados no item 1.3.1.1., permaneceu como modelo geral para a reorganização empresarial.[20]

Nesse modelo, a reorganização empresarial tem base na ideia de que a empresa, com frequência, "vale mais aos credores viva do que morta", ou seja, de que pode propiciar aos credores pagamentos mais expressivos ao continuar operando, com a utilização dos lucros futuros para tais adimplementos,[21] do que no cenário da simples liquidação de ativos e pagamento dos passivos com a quantia obtida.[22] Aponta-se ainda que,

---

[18] A. FLESSNER, *Philosophies of business bankruptcy law: an international overview*, in Jacob S. ZIEGEL (org.), *Current developments in international and comparative corporate insolvency law*, Oxford, Clarendon, 1994, p. 20. Cumpre mencionar, todavia, que outras legislações surgidas na primeira metade da década de 1930 nos Estados Unidos da América previam mecanismos de reabilitação para indivíduos e produtores rurais, bem como de reorganização para empresas de grande escala (D. A. SKEEL JR., *Debt's dominion* cit., p. 74).

[19] H. R. MILLER e S. Y. WAISMAN, *Is chapter 11 bankrupt?* cit., pp. 141-142.

[20] H. R. MILLER e S. Y. WAISMAN, *Is chapter 11 bankrupt?* cit., pp. 141-142.

[21] Vale lembrar, nesse tocante, que a partilha realizada em conformidade com o plano de reorganização confirmado pode envolver pagamentos em dinheiro, emissão de dívidas ou distribuição de participação societária, em geral ocorrendo uma combinação entre tais formas (Lynn M. LoPUCKI e William C. WHITFORD, *Corporate governance in the bankruptcy reorganization of large, publicly held companies*, in *U. Pa. L. Rev.* 141 [1992-1993], p. 687).

[22] N. MARTIN, *The role of history* cit., pp. 29-30.

por meio das disposições do *Chapter 11*, o devedor pode também vender o negócio em operação como um *going concern*, evitando perdas que poderiam ser enfrentadas em um processo de liquidação. Assim, seja pela reestruturação das dívidas da empresa, seja pela alienação desta ou por ambas, seria mais eficiente e menos custoso, em alguns casos, permitir-se a reorganização do negócio, em benefício dos seus *stakeholders*, entre credores, sócios e empregados.[23]

A importância dessa concepção da reorganização, já contando com maior complexidade, é ímpar no desenvolvimento da disciplina da crise empresarial. Tanto que, como informa N. MARTIN, é majoritário atualmente o entendimento de que algum sistema para resgatar negócios em dificuldades é pressuposto da manutenção de uma economia capitalista vibrante, conquanto o instituto também seja alvo de críticas.[24]

O modelo de reorganização empresarial americano inspirou (e ainda inspira) reformas legislativas no campo da insolvência em diversos países. Muitos deles, inclusive, teriam adotado legislações concursais que não refletiriam os seus próprios aspectos culturais, históricos, legais e políticos, visando ao seu desenvolvimento como economias de mercado.[25] A propagação desse modelo pelo mundo, porém, também tem outras possíveis explicações.

A reforma dos sistemas de insolvência se tornou uma preocupação global na década de 1990, notando-se movimentos nesse sentido em locais como Alemanha, Canadá, Rússia, China, Japão, EUA e Reino Unido. A atuação de grandes organizações internacionais, como o Banco Mundial, em suporte aos esforços de reforma nos sistemas concursais dos seus países membros, foi igualmente verificada, estendendo-se aos países em desenvolvimento.

Nesse contexto, insere-se a publicação dos chamados *Principles and Guidelines for Effective Insolvency and Creditor Rights Systems* pelo Banco Mundial, em 2001, justamente com o objetivo de, por meio de princípios e diretrizes, difundir práticas reconhecidas internacionalmente no âmbito da insolvência. Tais proposições abarcavam diversos aspec-

---

[23] N. MARTIN, *The role of history* cit., pp. 29-30.
[24] *The role of history* cit., pp. 29-30.
[25] N. MARTIN, *The role of history* cit., pp. 1-4.

tos dos sistemas concursais, inclusive o tema deste trabalho.[26] O *legislative guide on insolvency law*, publicado em 2004 pela *United Nations Commission on International Trade Law* – UNCITRAL e igualmente inserto no movimento global identificado, também apresentou ampla análise sobre a estrutura dos sistemas de insolvência, abarcando o papel do devedor no processo de reorganização.[27]

Esse movimento, segundo J. L. WESTBROOK, não seria suficientemente explicado pela crise econômica da Ásia naquele período, pois teria se iniciado antes do surgimento dessas dificuldades. Alguns fatores que poderiam justificar o interesse mundial pelas reformas legislativas em questão seriam a simples passagem do tempo, já que a última grande mudança global teria ocorrido cerca de 100 anos antes, a globalização e o conjunto de desregulamentação e privatização, nomeado pelo autor de *de-governmentalisation*.[28-29]

O foco dessas reformas estaria, primeiramente, na reorganização de empresas em crise, em vez da sua liquidação. Secundariamente, as refor-

---

[26] Realmente, com relação à condução de empresas em reorganização, destacaram-se nesse documento duas possibilidades de posicionamento do devedor. A primeira consistiria no controle exclusivo do processo de recuperação por um administrador independente. A segunda, por sua vez, seria caracterizada pela supervisão da administração preexistente por um administrador ou supervisor independente e imparcial, sendo que, nessa hipótese, o poder de gestão deveria ser deslocado integralmente ao referido órgão independente caso comprovada a incompetência da administração, sua negligência ou a prática de fraude e outras condutas reprováveis. Mencionou-se, ainda, haver a simples manutenção da administração preexistente em alguns sistemas de insolvência (WORLD BANK, *Principles and guidelines for effective insolvency and creditor rights systems*, 2001 [disponível em http://www.worldbank.org/ifa/ipg_eng.pdf, acessado em 27.03.2016], p. 32).

[27] O documento destacou, por exemplo, a maior necessidade do seu envolvimento na gestão do negócio, em caso de continuidade deste, e a relevância da sua colaboração ao exercício das funções do administrador do processo e com o fornecimento de informações a este e ao juízo, assim como os direitos que apresentaria no processo (UNCITRAL, *Legislative guide on insolvency law*, 2004 [disponível em http://www.uncitral.org/pdf/english/texts/insolven/05-80722_Ebook.pdf, acessado em 27.03.2016], p. 161).

[28] J. L. WESTBROOK, *The globalisation of insolvency reform* cit., pp. 401-404.

[29] D. A. SKEEL JR. também aponta que a pressão exercida pela globalização segue no sentido da adoção internacional de mecanismos adotados pelo direito de insolvência americano, ainda que seja cauteloso quanto a uma eventual convergência global na matéria, diante da possível resistência cultural a certas alterações legais (*Debt's dominion* cit., p. 243).

mas buscariam eliminar disposições sobre prioridades, exceto aquelas referentes aos direitos de garantia e às preferências de credores trabalhistas. Haveria, ainda, uma terceira tendência, relativa à preocupação com a insolvência transnacional.[30]

E, conforme os sistemas de insolvência ao redor do mundo passavam por reformas legislativas, ganhou nova ênfase o debate sobre quais seriam, afinal, os propósitos perseguidos por esses sistemas. E essa é uma pergunta que comporta várias respostas, no tocante a diversos aspectos.[31]

Com efeito, a discussão sobre quais são os objetivos que um sistema concursal deve perseguir é bastante complexa e abrangente.[32] Apesar das dificuldades inerentes a esse debate, todavia, é possível extrair, sobretudo da doutrina americana, duas perspectivas marcantes e opostas acerca dos propósitos a serem atingidos pelas legislações concursais.[33]

A primeira delas entende consistir o processo de insolvência em uma tentativa de apurar os múltiplos inadimplementos do devedor e distribuir as perdas entre diversos agentes. Nessa distribuição, segundo a visão apresentada, o processo de insolvência envolve valores concorrentes e, por vezes, conflitantes. É relevante defensora dessa ideia, por exemplo, E. WARREN.[34-35] Na outra perspectiva, por seu turno, entende-

[30] J. L. WESTBROOK, *The globalisation of insolvency reform* cit., pp. 401-404.
[31] Para J. L. WESTBROOK, por exemplo, as funções sociais e econômicas desempenhadas pelos sistemas concursais envolvem a imposição de ordem e controle social, a geração de previsibilidade das consequências do inadimplemento geral das obrigações do devedor, a maximização de valor dos seus ativos, a divulgação de informações sobre o devedor e abordagem de fraudes, a promoção do empreendedorismo e a reflexão de outras finalidades econômicas e sociais da localidade (*The globalisation of insolvency reform* cit., pp. 404-410), o que demonstra as múltiplas compreensões acerca da questão indicada.
[32] Podendo-se dizer o mesmo acerca de debates sobre a "axiologia" de determinado sistema de insolvência, como o promovido por Efraín H. RICHARD em seu *Ensayo sobre axiología del derecho concursal*, in *Derecho comercial y de las obligaciones* 235 (2009).
[33] Para aprofundamento sobre estas e outras visões acerca das finalidades do direito da insolvência empresarial, cf. Vanessa FINCH, *The measures of insolvency law*, in *Oxford Journal of Legal Studies* 17 (1997), pp. 230-242.
[34] E. WARREN, *Bankruptcy policy*, in *U.Chi. L. Rev.* 54 (1987), pp. 776-777.
[35] Para interessante e detalhada exposição crítica sobre a evolução da chamada "*progressive bankruptcy scholarship*" nos Estados Unidos, ressaltando o papel de Vern Countryman

-se que o propósito do sistema concursal é fortalecer os esforços de cobrança dos credores, maximizando o seu benefício coletivo. Essa visão tem como importantes defensores Douglas G. BAIRD e Thomas JACKSON, entre outros.[36-37]

Esses dois entendimentos acerca do escopo dos sistemas concursais, com certas variações, costumam ser incluídos com destaque na generalidade das classificações propostas a respeito dos objetivos do direito de insolvência.

A. FLESSNER, por exemplo, em estudo destinado à compreensão do que chamou de "filosofias do direito da insolvência empresarial", identifica uma gama de perspectivas sobre a legislação concursal, organizando-as conforme sua orientação. Em um extremo dessa gama se encontra o pragmatismo, a preconizar a aplicação da lei concursal conforme as necessidades do caso concreto. No extremo oposto, estaria o ativismo governamental e judicial acerca dos sistemas concursais, com grande intervenção estatal em seus processos. E, enfim, no centro desse espectro descrito pelo autor, estariam duas "filosofias" concorrentes e, por vezes, em conflito, ocupando-se do debate sobre a necessidade, o objetivo e os beneficiários dos procedimentos concursais na economia de livre mercado moderna. Aqui se inserem, justamente, os dois entendimentos contrapostos mencionados anteriormente.[38]

De um lado, alinhada politicamente à centro-direita, estaria a "filosofia capitalista", com foco nos ativos do devedor, vistos como sujeitos aos credores e, nesse sentido, realmente pertencentes a eles. O processo concursal, evitando a execução individual desses bens e coordenando coletivamente os direitos dos credores, serviria à maximização do valor dos ativos do devedor, em benefício desses detentores de crédito. De acordo com tal orientação, a tolerância com a demora inerente ao processo concursal não seria expressiva, mostrando-se ainda menor com a oferta legal da reorganização de empresas, que tenderia a demorar ainda

nesse desenvolvimento, cf. David A. SKEEL JR., *Vern Countryman and the path of progressive (and populist) bankruptcy scholarship*, in *Harv. L. Rev.* 113 (1999-2000).

[36] Michael. J. HERBERT, *Understanding Bankruptcy*, Times Mirror Books, 1995, p. 9.

[37] Para exposição e crítica sobre essa perspectiva, cf. L. M. LoPUCKI, *A team production theory of bankruptcy reorganization*, in *Vand. L. Rev.* 57 (2004), pp. 744-749 e 765-779.

[38] A. FLESSNER, *Philosophies of business bankruptcy law* cit., p. 20.

mais tempo e permitiria ao devedor ou ao *trustee* administrar os ativos comuns dos credores à custa destes, seus principais proprietários.[39]

De outro lado, alinhada politicamente à centro-esquerda, estaria a "filosofia de empresa e fórum", defendendo que as economias modernas são feitas de empresas e que qualquer empresa de relevância é o centro de diversos outros interesses além daqueles ostentados meramente pelos sócios e credores. Empregados, fornecedores, clientes, comunidade e governo, por exemplo, podem apresentar interesses na empresa em crise, os quais, conquanto não traduzíveis economicamente de imediato, existem e estão sujeitos à possível proteção de seus detentores, inclusive mediante dispêndio de valores. Conforme essa perspectiva, assim, a função do sistema concursal é estabelecer um fórum em que todos os interesses – de imediato econômicos ou não – potencialmente afetados pela crise empresarial possam ser ouvidos. Esse fórum permitiria aos interessados um ajustamento mais fácil e gradual ao inevitável encerramento da empresa ou, se viável, à concordância com um plano de recuperação e com as contribuições necessárias ao seu delineamento. Para os defensores dessa ideia, o processo concursal não estaria voltado a resultados econômicos específicos e, certamente, tampouco à maximização de valor em favor dos credores. Em vez disso, a função do sistema concursal seria, primeiro, coordenar e civilizar a cobrança de dívidas e, além disso, organizar e racionalizar a difícil tomada de decisão que é inevitável em qualquer situação de insolvência de grandes negócios.[40]

Cumpre destacar que o debate em exame não se restringe a construções teóricas, havendo efeitos práticos diferentes – e importantes – conforme determinado sistema seja delineado e/ou interpretado conforme tal ou qual perspectiva.[41] Essa conclusão será demonstrada, com clareza,

---

[39] A. FLESSNER, *Philosophies of business bankruptcy law* cit., p. 23.

[40] A. FLESSNER, *Philosophies of business bankruptcy law* cit., p. 24.

[41] Estudo empírico realizado por pesquisadores espanhóis, por exemplo, indicou que, em sistemas concursais com orientação mais favorável aos credores, ocorreu uma perda de valor de mercado da participação societária em empresas insolventes mais expressiva do que aquela verificada em sistemas concursais cuja finalidade está relacionada à sobrevivência da empresa e à proteção do devedor (Carlos López GUTIÉRREZ, Myriam García OLALLA e Begoña Torre OLMO, *The influence of bankruptcy law on equity value of financially distressed firms: a european comparative analysis*, in *International Review of Law and Economics* 29 [2009], pp. 229-243).

adiante, na apresentação dos modelos globais de posicionamento do devedor em relação à condução da empresa durante a sua reorganização.

Verifica-se, portanto, serem duas as principais perspectivas sobre quais os propósitos perseguidos pelos sistemas de insolvência, que bem sintetizam as posições defendidas nesse debate histórico, nos Estados Unidos e também na Europa.[42] S. C. NEDER CEREZETTI caracteriza ambas pela referência à preponderância da busca pela *satisfação dos credores*, em uma, e pela *preservação da empresa*, em outra.[43] E, na abordagem das finalidades buscadas pelos sistemas concursais ao longo do presente estudo, serão esses os termos adotados para tratar das duas visões apontadas.

1.2. A indispensável distinção entre empresa, empresário, sócio, sociedade e administração: limitando a polissemia inerente ao devedor

Embora sejam conceitos centrais do direito empresarial, as noções de *empresa*,[44] *empresário*, *sócio*, *sociedade* e *administração* são frequentemente confundidas,[45] seja no meio jurídico, seja fora dele. É preciso, portanto, conferir precisão a esses termos, intimamente relacionados à caracterização do *devedor* e, por isso, utilizados com frequência neste estudo.

Conforme ensina Erasmo Valladão Azevedo e Novaes FRANÇA, a empresa consiste, economicamente, na organização dos fatores de pro-

---

[42] S. C. NEDER CEREZETTI, *A Recuperação Judicial de Sociedade por Ações* cit., pp. 144-146.

[43] Deve-se ressaltar que a preservação da empresa não é tomada, aqui, como sinônimo de manutenção da empresa, sendo adotada sob uma perspectiva procedimental no sentido da participação de interessados e da composição de interesses (S. C. NEDER CEREZETTI, *A Recuperação Judicial de Sociedade por Ações* cit., pp. 144-146). Para mais detalhes, vide item 2.1. As visões em debate, cabe esclarecer, também são mencionadas na doutrina sob expressões outras, como *Economic e Social Theories* (M. J. HERBERT, *Understanding Bankruptcy* cit., p. 8) ou *law-and-economics movement* e *progressive scholarship* (D. A. SKEEL JR., *Debt's dominion* cit., p. 213), respectivamente.

[44] Esta, inclusive, é também apontada como a nova protagonista do direito concursal moderno, a despeito de controvérsias acerca de sua natureza e mesmo da regulação ou tutela jurídica recebida (Ariel Ángel DASSO, *Derecho Concursal comparado*, t. II, Buenos Aires, Legis Argentina, 2009, pp. 912-914).

[45] Nesse sentido, cf. Eduardo Secchi MUNHOZ, *Comentários ao Capítulo III, Seção IV da Lei 11.101/2005*, in Francisco Satiro de SOUZA JUNIOR e Antônio Sérgio Altieri de Moraes PITOMBO (coords.), *Comentários à Lei de Recuperação de Empresas e Falência – Lei 11.101/2005 – Artigo por Artigo*, 2ª edição, São Paulo, Revista dos Tribunais, 2007, p. 308.

dução, quais sejam, natureza, capital e trabalho, também se inserindo nesse rol, atualmente, a tecnologia. Esse conceito não torna prescindível, porém, entender como esse fenômeno econômico é traduzido juridicamente.[46]

A fim de solucionar essa questão, empresta-se de Alberto Asquini a clássica lição de que a empresa se apresenta perante o direito sob quatro perfis diversos. No perfil subjetivo, a empresa aparece como empresário. No perfil funcional, a empresa surge como a atividade organizada para a produção ou circulação de bens ou serviços no mercado. No perfil objetivo ou patrimonial, tem-se a empresa enquanto estabelecimento, consistente no complexo de bens detido pelo empresário para o exercício de sua atividade. Por fim, no perfil corporativo, vê-se a empresa como instituição, ou seja, como a organização de pessoas e bens, inclusive o empresário e seus colaboradores.[47]

Desse modo, a empresa é fenômeno poliédrico, podendo denotar "sociedade", "estabelecimento comercial" ou "atividade econômica organizada para a produção e circulação de bens ou serviços", seu sentido técnico.[48] A empresa também é vista, atualmente, como centro de imputação de direitos, deveres e obrigações inserto no mercado, em que atua como agente econômico.[49] Essas são as principais definições acerca da empresa, que em grande medida englobam e explicam as demais expressões ora discutidas.

O empresário e a sociedade empresária, por sua vez, são sujeitos de direito exercentes profissionais da atividade empresária, esta um fato jurídico.[50] A sociedade empresária se distingue do empresário, por seu turno, em virtude de corresponder a um mecanismo jurídico que é titular de bens e/ou recursos financeiros, empregando-os no exercício de uma atividade econômica destinada a proporcionar lucros aos

---

[46] E. V. A. e N. FRANÇA, *Empresa, empresário e estabelecimento – a nova disciplina das sociedades*, in E. V. A. e N. FRANÇA, *Temas de direito societário, falimentar e teoria da empresa*, São Paulo, Malheiros, 2009, p. 513.

[47] A. ASQUINI (Trad. Fábio Konder COMPARATO), *Perfis da empresa*, in RDM 104 (1996), pp. 113-126.

[48] E. V. A. e N. FRANÇA, *Empresa, empresário e estabelecimento* cit., p. 515.

[49] Paula Andrea FORGIONI, *A evolução do direito comercial brasileiro: da mercancia ao mercado*, São Paulo, Revista dos Tribunais, 2009, pp. 125-128.

[50] E. V. A. e N. FRANÇA, *Empresa, empresário e estabelecimento* cit., p. 515.

seus sócios, que também se sujeitam a perdas eventuais.⁵¹ De fato, tem-se que a sociedade é um negócio jurídico com o objetivo de criar um novo sujeito de direito, diverso da(s) pessoa(s) que o ajusta(m), capaz de direito e de obrigações na ordem civil, interpondo-se entre seu(s) constituinte(s) e terceiros para facilitar a prática de atividades com fins econômicos.⁵² Essa pessoa ou essas pessoas a contratar(em) a criação da sociedade, claro, são os sócios, os quais, por sinal, não são considerados empresários em razão dessa posição. A "titular da empresa" é a sociedade.⁵³

A administração da sociedade, por seu turno, dedica-se à execução da vontade da sociedade (formada em deliberações colegiadas), ou seja, à exteriorização dos seus atos.⁵⁴ Veja-se que a sociedade é administrada por um ou dois órgãos, ou seja, somente diretoria ou diretoria e conselho de administração, podendo a administração ser realizada, a depender do tipo societário, apenas por sócios, por sócios e por pessoas estranhas ao quadro social e, enfim, somente por pessoas estranhas ao quadro social. Tratando-se de sócio, todavia, este terá atuação simultânea em duas esferas de interesse, com os direitos e obrigações correspondentes, de sócio e de administrador, juridicamente distintos e separados, com regimes próprios de deveres e responsabilidades.⁵⁵

Em princípio, como se pode ver, a distinção estabelecida entre esses termos no âmbito do direito societário é razoavelmente clara. Na específica esfera do direito da empresa em crise, todavia, a potencial confusão entre todos esses conceitos ganha mais um ingrediente: o polissêmico *devedor*. A diferenciação ora promovida, portanto, torna-se mais com-

---

⁵¹ Haroldo Malheiros Duclerc Verçosa, *Curso de Direito Comercial 2*, 2ª edição, São Paulo, Malheiros, 2010, p. 38.

⁵² A. de A. Gonçaves Neto, *Direito de Empresa* cit., p. 138.

⁵³ Embora não se considere ser a sociedade "o empresário", identificado com o titular do poder de controle, segundo lição de F. K. Comparato. Realmente, conquanto os bens sociais pertençam à sociedade, quem detém o poder de disposição sobre eles é o titular do controle – nessa perspectiva, o empresário (F. K. Comparato e C. Salomão Filho, *O poder de controle na sociedade anônima*, 6ª edição, Rio de Janeiro, Forense, 2014, pp. 110 e 114-119). Nesse sentido, cumpre esclarecer que, conquanto os sócios não sejam considerados empresários em virtude dessa posição, conforme já afirmado, o sócio controlador pode consistir, de fato, em empresário.

⁵⁴ A. de A. Gonçaves Neto, *Direito de Empresa* cit., p. 223.

⁵⁵ H. M. D. Verçosa, *Curso de Direito Comercial* cit., pp. 187 e 201.

plexa e, no bojo deste estudo, ainda mais relevante, notando-se que a própria LRF não foi clara nessa identificação, ensejando o surgimento de dúvidas, sobretudo, acerca da disciplina da condução dos negócios do *devedor* durante o processo de recuperação judicial.[56]

Realmente, estabelecer claramente quem é o devedor no processo de insolvência não tem sido uma tarefa simples, seja na doutrina nacional, seja na doutrina estrangeira.[57] Cumpre, no entanto, procurar atribuir maior exatidão à expressão.

Há quem simplesmente identifique o devedor com a parte que está em processo de insolvência ou, como é referida no direito americano, ao *bankrupt*, termo que inclusive teria sido substituído por aquele na legislação do país em virtude do estigma que acarretaria, a despeito da eventual confusão entre esse significado e aquele que *devedor* tradicionalmente ostenta em relações obrigacionais.[58]

Essa não é uma escolha irrefletida, embora possa parecer simples.

Com efeito, em interessante exposição acerca da escolha do termo *"debtor"* para utilização em estudo conjunto, W. W. McBryde e A. Flessner afirmam que, embora a insolvência seja referida, frequentemente, como o colapso econômico de uma "empresa", de modo que as legislações modernas por vezes adotariam essa mesma referência para denotar a parte com o passivo concursal, o fracasso econômico não é importante *per se* para os propósitos do direito de insolvência, apenas se tornando juridicamente relevante quando consiste em ameaça de grande escala às obrigações assumidas. E, segundo os autores, conquanto o conceito de empresa ou negócio possa conferir bem-vindo apelo político e econômico aos textos legais, persiste seu caráter econômico e organizacional, sabendo-se que na abordagem legal a incapacidade de pagar não é falta imputável a uma organização, mas a uma pessoa – física ou jurídica – sujeita a responsabilidades. Em outras palavras, ao devedor, na perspectiva de ambos um conceito mais conhecido, moderado e preciso do que o "moderno, porém mais fluido" conceito de empresa ou negócio,

---

[56] S. C. Neder Cerezetti, *A Recuperação Judicial de Sociedade por Ações* cit., p. 223.
[57] W. W. McBryde e A. Flessner, *Principles of european insolvency law* cit., p. 19.
[58] M. J. Herbert, *Understanding Bankruptcy* cit., p. 60. Também versando sobre a substituição da expressão *bankrupt* pelo termo *debtor* ao longo do desenvolvimento do direito concursal americano, cf. D. A. Skeel Jr., *Debt's dominion* cit., p. 98.

lembrando-se ainda de que a contraparte dos credores na relação jurídica é o devedor, não o seu negócio.[59]

Nesse sentido, W. W. McBryde e A. Flessner concluem seu raciocínio indicando que, independentemente da espécie de devedor, quando adotarem esta expressão estarão se referindo a qualquer pessoa cujos ativos e passivos sejam ou possam ser objeto de um processo de insolvência em determinada jurisdição.[60]

E, realmente, deve-se reconhecer que o termo *devedor* combina precisão e versatilidade, ao mesmo tempo evidenciando a posição do sujeito no processo e abrangendo diversas possibilidades de sujeito. Talvez esse fato explique a sua ampla utilização em textos legais no campo do direito concursal.

Ocorre que a definição do devedor, em termos simples, como pessoa que deve uma quantia de dinheiro a outra não é muito esclarecedora da perspectiva negocial. De fato, segundo J. B. Johnston, a sua mera identificação com uma personalidade unidimensional, ostentando um conjunto específico de interesses e objetivos definidos, parece equivocada, porquanto, para fins de negociação, o devedor constituiria um arranjo complexo de interesses e direitos, mesclado com personalidades divergentes, resultando por vezes em reações contraditórias a certas situações negociais.[61]

Para o autor, o *devedor* poderia ser dividido, nesse panorama negocial, entre duas categorias primárias: a administração da empresa e os detentores de participação em seu capital social.[62] Ou, utilizando-se as expressões esclarecidas acima, administradores e sócios (ou empresário individual), respectivamente. A atuação do *devedor* ao longo do processo seria

---

[59] W. W. McBryde e A. Flessner, *Principles of european insolvency law* cit., pp. 19-20.
[60] *Principles of european insolvency law* cit., p. 20.
[61] *The Bankruptcy Bargain*, in *Am. Bankr. L. J.* 65 (1991), p. 218. Deve-se esclarecer que, nesse artigo, o autor, em tentativa conceitual relacionada à natureza negocial da reorganização, busca identificar os agentes que participam desse processo de negociação inerente à reorganização conforme suas posições no contexto anterior a esta. Assim, sendo as disputas entre devedor e credor resultado das pretensões conflitantes sobre o valor do negócio pelas partes que compartilham algum interesse nesse valor, a "identidade" de cada parte na negociação refletiria as suas prioridades e os seus direitos a partilhar ou a recuperar parcela daquele valor (J. B. Johnston, *The Bankruptcy Bargain* cit., pp. 214-218).
[62] J. B. Johnston, *The Bankruptcy Bargain* cit., p. 218.

influenciada de modo marcante por esses dois componentes, variando conforme suas características.

A administração, que geralmente controlaria os aspectos operacionais do negócio, abrange o conselho de administração e a diretoria, assim como outros responsáveis pela formulação de suas políticas. Embora a administração apresente um dever primário relativo à sociedade empresária e, em certas jurisdições, deveres fiduciários relativos aos sócios, destaca-se que em determinadas realidades estes podem inclusive demitir os membros daquela, caso seus interesses não estejam sendo observados. E, a despeito da necessidade de atendimento aos deveres de boa-fé e cuidado no exercício de suas funções, indica-se que os verdadeiros interesses da administração refletiriam, mais verdadeiramente, os termos dos arranjos contratuais celebrados com a empresa que gere.[63]

Nesse sentido, a preocupação primordial dos membros da administração seria, geralmente, proteger sua reputação e maximizar sua remuneração. Como a reputação se relaciona diretamente ao sucesso (ou fracasso) do negócio gerido, é provável que a administração, visando à sua efetiva proteção, exerça todos os poderes que detém de modo a controlar a operação da empresa. A administração, além disso, provavelmente terá direito contratualmente assegurado a remuneração fixa, na forma de salário, e a algum outro tipo de pretensão residual, como opções sobre ações ou participação nos lucros, cujo valor também está diretamente ligado à rentabilidade do negócio, buscando os administradores, então, aumentar os seus ganhos, ao garantir que a empresa tenha a liquidez necessária ao pagamento do salário e tentar maximizar o valor do componente residual de sua remuneração. É provável, também, que os integrantes da gestão da empresa se empenhem no êxito desta em virtude do seu interesse em se manterem continuamente empregados e progredindo.[64]

A outra categoria abarcada no termo *devedor*, conforme os fins negociais mencionados, seria a daqueles que detêm participação no capital social da empresa (inclusive, em realidades como a brasileira, o controlador), os quais estariam fundamentalmente preocupados com três

---

[63] J. B. JOHNSTON, *The Bankruptcy Bargain* cit., p. 219.
[64] J. B. JOHNSTON, *The Bankruptcy Bargain* cit., p. 219.

elementos: a preservação do capital investido no negócio, representado pelos bens deste; a taxa de retorno obtida a partir do capital investido, representada pelos lucros e dividendos; e, enfim, a manutenção de algum domínio sobre o negócio por meio do controle sobre o destino da administração. Assim, embora os sócios da empresa não exerçam, necessariamente, controle gerencial direto sobre ela, tem-se que podem, por meio do controle sobre o destino da administração, influenciar as decisões desta de modo que sejam tratados de forma mais favorável.[65] Diante do cenário de insolvência, quando a participação dos sócios se desvaloriza em virtude da superação do valor da empresa pelo montante do seu débito, J. B. JOHNSTON afirma que aqueles sempre buscarão a maximização do valor da empresa, valorizando em consequência o seu capital nela investido.[66]

Em certas circunstâncias – tratando-se de contexto com concentração de controle elevada, por exemplo –, os objetivos negociais dos dois componentes do devedor, administração e detentores de participação no capital social da empresa, poderia coincidir, resultando em uma agenda negocial única para o devedor quanto ao seu interesse na empresa. Essas situações abrangeriam, no cenário empresarial analisado pelo autor, empresas individuais, companhias fechadas e certos tipos de sociedades empresárias, denotando-se sua maior ocorrência em hipóteses nas quais administração e participação no capital social coincidem, de modo que a parte detentora desta seria, substancialmente, a mesma parte a controlar como os recursos da empresa são empregados, determinar a compensação recebida pela administração e estabelecer as orientações do negócio. Da perspectiva negocial, portanto, aponta J. B. JOHNSTON que o devedor, nesse caso, falará com uma só voz acerca dos aspectos elencados e exercerá influência na empresa com um único propósito e total ânimo.[67]

Em geral, esse cenário seria verificado, inclusive, no ordenamento jurídico brasileiro, seja em empresas de pequeno ou grande porte, sabendo-se que a distinção entre *"small, closely held businesses"* e *"large, publicly held businesses"* é utilizada na doutrina estadunidense em maté-

---

[65] J. B. JOHNSTON, *The Bankruptcy Bargain* cit., p. 220.
[66] *The Bankruptcy Bargain* cit., p. 221.
[67] *The Bankruptcy Bargain* cit., p. 221.

ria de insolvência, frequentemente, para se referir às estruturas de controle que geralmente com elas coincidem.[68] Notando-se ser a estrutura de capital brasileira caracterizada pela concentração de controle,[69] corrobora-se a aplicação da conclusão apresentada à realidade pátria.

Por outro lado, em companhias maiores, no contexto americano, os interesses da administração e dos sócios/acionistas estariam, de forma mais provável, separados. Nesse caso, enquanto alguns desses interesses são os mesmos, muitos outros diferem. Divergências podem existir, por exemplo, no tocante à possível preferência da administração em obter ganhos de curto prazo, visando ao recebimento de remuneração mais expressiva, em comparação com a preferência dos sócios em lograr um crescimento estável e sustentável; ou então, pelo contrário, quando investidores estiverem interessados somente em uma fonte imediata de dinheiro e desejarem uma política mais agressiva de pagamento de dividendos, em contraste com a posição da administração cuja reputação seja baseada na prosperidade de uma empresa que demanda certo nível de investimento anual. Apontam-se, ainda, as possibilidades de divergência de posicionamentos entre a administração que se preocupa em observar seus deveres fiduciários com relação aos credores, em caso de insolvência da empresa, e os sócios nesta, que não se importariam com tal elemento; e entre a administração preocupada com eventual responsabilização por má gestão do negócio e os sócios neste, com interesses em desacordo quanto àquela.[70]

Pode-se concluir, nesse ponto, que tanto a identificação do *devedor* como pessoa cujos ativos e passivos sejam ou possam ser objeto de um processo de insolvência quanto o seu reconhecimento como um arranjo complexo de direitos e interesses apresentam vantagens e, de certo modo, complementam-se. Com efeito, aquela confere abrangên-

---

[68] Esse aspecto é ressaltado, inclusive, por E. WARREN, em breve observação sobre as diferenças entre pequenas e grandes empresas, justamente por estar a autora diante do cenário americano, no qual negócios pequenos apresentariam, com frequência, perfeita identidade entre propriedade e administração (*Bankruptcy policymaking* cit., p. 342).

[69] E. S. MUNHOZ, *Desafios do direito societário brasileiro na disciplina da companhia aberta: avaliação dos sistemas de controle diluído e concentrado*, in Rodrigo R. Monteiro de CASTRO e Leandro Santos de ARAGÃO, *Direito societário – desafios atuais*, São Paulo, Quartier Latin, 2009, p. 124.

[70] J. B. JOHNSTON, *The Bankruptcy Bargain* cit., pp. 221-222.

cia suficiente aos textos legais, delimitando satisfatoriamente os sujeitos alcançados por suas disposições na generalidade dos casos. Este, por seu turno, mostra-se atento à perspectiva negocial, permitindo a atribuição de sentido à expressão, para além da primeira definição, conforme cada realidade verificada, de maneira dinâmica e reveladora dos seus prováveis efeitos. É importante notar, de todo modo, que o panorama adotado como parâmetro por J. B. JOHNSTON difere do brasileiro, caracterizado pela extrema concentração de controle, em que as situações de confusão de interesses entre sócio controlador e administração são muito mais comuns.

1.3. Os modelos globais de administração da empresa em reorganização: posicionando o devedor

Os poderes de administração e de disposição dos bens da empresa em reorganização e o controle sobre decisões fundamentais do processo, embora não se confundam, frequentemente se encontram na condução da empresa durante o processo de reorganização.[71] Essa função, portanto, é determinante não só ao destino da empresa, mas também ao destino do processo. A escolha de cada sistema concursal sobre quem deverá cumprir tais atribuições consiste em decisão crucial.

Neste item, busca-se justamente analisar as diferentes possibilidades de alocação dos poderes mencionados, sobretudo em relação ao devedor. Não sendo viável, porém, proceder-se a avaliação exaustiva sobre essas hipóteses, mostra-se adequado limitar o estudo pretendido ao exame de modelos suficientemente representativos das soluções adotadas no mundo quanto à condução da empresa em reorganização, obtendo dados relevantes a partir de sistemas concursais que se enquadrem em cada classificação adotada.

Resta definir os modelos globais que melhor atendem a esses parâmetros. Não por coincidência, a iniciativa da difusão de práticas reconhecidas internacionalmente no âmbito da insolvência pelo Banco Mundial, já mencionada nas considerações sobre o movimento global de

---

[71] Não é por simples coincidência, aliás, que, na língua inglesa, *power* constitui o sinônimo mais preciso de *control* e o verbo *to control* se aproxima de *to conduct*, conforme ensina F. K. COMPARATO ao buscar conferir sentido à expressão "controle" (F. K. COMPARATO e C. SALOMÃO FILHO, *O poder de controle* cit., pp. 24-25).

reformas em legislações concursais,⁷² apresenta uma boa leitura sobre as soluções disponíveis nessa esfera.

De fato, o Banco Mundial publicou, em 2015, uma revisão daqueles princípios e diretrizes estabelecidos pela entidade em 2001, propondo a classificação dos modelos relativos ao papel do devedor na reorganização em três: (i) aquele em que a condução é confiada a um agente independente nomeado no âmbito do processo, (ii) aquele em que a condução permanece com a administração preexistente e, enfim, (iii) aquele em que a supervisão da administração preexistente – mantida na função – é exercida por um representante ou supervisor do processo, imparcial e independente, sendo que, nos dois últimos casos, o exercício da administração deveria ser deslocado aos referidos órgãos independentes caso comprovada a incompetência da gestão, sua negligência ou a prática de fraude e outras condutas reprováveis.⁷³

Tem-se que a classificação proposta pelo Banco Mundial reflete, com fidelidade suficiente, as diferentes soluções adotadas no mundo quanto à condução da empresa durante o processo de reorganização.⁷⁴ Por isso, adotam-se os três modelos sobre o posicionamento do devedor quanto à condução da empresa em reorganização identificados pelo Banco Mundial como ponto de partida para a investigação promovida neste item do presente estudo.⁷⁵

---

⁷² Vide item 1.1. acima.

⁷³ WORLD BANK, *Principles for effective insolvency* cit., p. 20. Observe-se que, com relação à classificação proposta pelo organismo em 2001, houve modificação importante na revisão, tornando-se a supervisão sobre a administração mantida na condução da empresa em reorganização um diferencial entre os dois modelos de manutenção do devedor na posição.

⁷⁴ Por exemplo, J. L. WESTBROOK, versando de maneira breve sobre as possibilidades de condução da empresa em reorganização, aponta como hipóteses de modelos justamente a manutenção da administração existente na posição, a nomeação de um *trustee* e a soma da atuação deste à administração preexistente ou aos credores (*The globalisation of insolvency reform* cit., pp. 411-412).

⁷⁵ Nesse ponto, é importante destacar que, a despeito da adoção da classificação estabelecida pelo Banco Mundial, não há óbice à eventual identificação e abordagem de outros modelos ou critérios de categorização ao longo do estudo. Na verdade, sabe-se de antemão que há outras classificações nesse tocante, a exemplo da identificada por Ziad Raymond AZAR ao empreender análise comparativa de dezenas de sistemas concursais. Com efeito, o autor identifica existirem quatro abordagens quanto ao afastamento ou não da administração da empresa em reorganização. O primeiro deles seria adotado pelo Reino Unido e com-

Com base em sistemas concursais estruturados conforme esses modelos, pretende-se efetuar análise sobre a caracterização destes, o seu desenvolvimento e as vantagens e desvantagens que ostentam. Além disso, os fatores potencialmente relacionados ao seu funcionamento ideal também serão considerados. Esse exercício, como explicado na introdução, é essencial ao trabalho ora realizado, ofertando parâmetros úteis para a análise acerca do modelo adotado no Brasil.

Cumpre, por fim, selecionar os sistemas concursais que serão examinados e promover a sua classificação segundo os modelos adotados. Sobre esse esforço de escolha e categorização, todavia, alguns esclarecimentos prévios devem ser formulados.

Na prática internacional da insolvência, geralmente existe um compartilhamento de poder na condução da reorganização entre diversos agentes que figuram, em cada ordenamento, como potenciais administradores do processo, a exemplo de um administrador independente, dos credores (por vezes, via comitê de credores), do juízo do processo e da administração preexistente do devedor, caso mantida.[76] Nessa dire-

---

preenderia a substituição completa da administração por um *receiver*. O segundo modelo, que também seria o mais comum, abrangeria a manutenção da administração na posição com poderes reduzidos e sob a supervisão de um administrador nomeado pela corte competente, cujos deveres poderiam ir desde a simples mediação do plano de reorganização até a efetiva substituição da administração, por meio de uma tomada de controle, na prática, sobre as decisões rotineiras da empresa, se o juízo assim decidir. O terceiro modelo, por sua vez, refletiria aquele escolhido pela Alemanha, abarcando a automática sujeição da administração ao voto de confiança dos credores e afastando-a caso não alcance a maioria prevista legalmente para sua manutenção. O quarto sistema seria aquele adotado pelos EUA, mantendo-se o *debtor in possession* como uma regra padrão e apenas se apontando um *trustee* quando comprovada fraude cometida pela administração (*Bankruptcy policy: a review and critique of bankruptcy statutes and practices in fifty countries worldwide*, in Cardozo J. Int'l & Comp. L. 16 [2008], pp. 291-292). Note-se que, aqui, a diferença verificada em relação à classificação adotada pelo Banco Mundial diz respeito ao modelo alemão, não sendo imediato ou inevitável, em tese, o afastamento da administração. Ocorre que, como será visto em detalhes adiante, a prática da insolvência na Alemanha compreende, como regra, o afastamento. Desse modo, seria contraproducente separar a categoria que abarca as hipóteses de afastamento somente em virtude do momento em que este ocorre, valendo lembrar que, ao se tratar de modelos, é necessária a abstração quanto a peculiaridades verificadas na realidade, inclusive exceções.

[76] Philip R. Wood, *Principles of International Insolvency*, 2ª edição, London, Sweet & Maxwell, 2007, p. 219.

ção, surgem questionamentos quanto à medida do poder conferido a cada agente, bem como, consequentemente, sobre quem tem autoridade para tomar as decisões vitais ao processo em certo sistema concursal.[77]

Essa ponderação é essencial para que se considere, nos itens posteriores, que a abordagem dos sistemas de condução da empresa em reorganização, justamente por consistir em apresentação e análise de modelos, focará nos agentes de atuação preponderante em cada realidade selecionada, podendo envolver alguma abstração quanto a outros sujeitos eventualmente atuantes no mesmo âmbito, em medida menos expressiva. Assim, viabiliza-se exame mais preciso sobre a configuração e as qualidades marcantes de cada sistema.

Sempre que possível, ademais, a análise não se limitará aos aspectos teóricos de cada sistema, atentando-se ainda aos seus efeitos práticos, algumas vezes distantes daqueles esperados no desenvolvimento da estrutura legal vigente (a ponto de ocasionar sua classificação em diferentes modelos, conforme se leve em conta somente o arranjo disposto na legislação ou, também, a forma como é efetivamente utilizado).

Os sistemas concursais que foram selecionados combinam a previsão de mecanismos de reorganização empresarial com uma produção jurídica representativa e acessível no tocante à condução da empresa em reorganização. Assim, para fornecerem dados e permitirem a avaliação dos modelos elencados, selecionaram-se os sistemas de insolvência dos Estados Unidos da América, da Alemanha, do Reino Unido, de Portugal, da Itália, da Espanha e da Argentina.

No modelo de *debtor in possession*, em que a condução da empresa permanece sob a administração preexistente, inseriu-se o sistema americano. No modelo de afastamento da administração preexistente, com a nomeação de um agente independente para a função, foram incluídos os sistemas da Alemanha, do Reino Unido e de Portugal. No modelo de manutenção da administração preexistente, sob supervisão de órgão do processo, foram alocados os sistemas italiano, espanhol e argentino. Cada classificação levada a efeito será explicada oportunamente.

---

[77] P. R. Wood, *Principles of International Insolvency* cit., p. 219.

1.3.1. A manutenção do devedor na administração da empresa, sem a supervisão de órgão imparcial do processo concursal

O modelo que preconiza a manutenção do devedor na condução da empresa em reorganização, em regra sem a nomeação de um órgão de supervisão pelo juízo ao início do processo, é também conhecido como *debtor in possession*. Sua identificação com a disciplina da reorganização nos Estados Unidos da América é clara, o que será demonstrado no item seguinte e explica, *per se*, a utilização do regime concursal estadunidense para abordar o presente modelo.

Não apenas por isso, porém, justifica-se a breve apresentação sobre o surgimento e a evolução do instituto no item seguinte. Tal escorço histórico é instrumental ao exame pretendido, também, em outros aspectos.

Como será exposto, o mecanismo do *debtor in possession*, relativamente recente, significou mudança fundamental no direito concursal, não sendo exagero dizer que revolucionou a disciplina. Dessa maneira, compreender as razões para o advento do *debtor in possession* e a evolução do instituto pode fornecer elementos valiosos à análise empreendida, tanto no tocante às suas características e às questões que foi delineado para solucionar quanto com relação aos fatores necessários para que atenda adequadamente ao seu propósito.

Assim, tecem-se a seguir breves considerações históricas sobre o mecanismo do *debtor in possession*. A configuração atual do instituto, por sua vez, será debatida após essa exposição.

1.3.1.1. Breves considerações acerca do surgimento e da evolução do *debtor in possession*

Afirma-se que a diferença mais expressiva entre o sistema americano de reorganização e quase todos os demais encontrados no mundo é que naquele, normalmente, a administração da empresa em crise permanece na função durante o processo reorganizacional, sem a supervisão direta de um administrador nomeado pelo juízo competente.[78] O desenvolvi-

---

[78] De fato, conforme ressalta D. A. SKEEL JR., o controle da administração da empresa devedora sobre o processo de reorganização, caracterizado por sua manutenção na condução das atividades desta (ao menos inicialmente) e pela atribuição de período de exclusividade na propositura de plano, torna o processo disciplinado no *Bankruptcy Code* uma alternativa muito mais atraente do que seria na ausência dessas previsões. Segundo o autor,

mento desse peculiar sistema ocorreu no contexto das primitivas reorganizações de empresas do setor ferroviário dos EUA, que envolvia alguns dos primeiros negócios de grande porte daquele país.[79]

De fato, a construção das estradas de ferro americanas fora fortemente subsidiada pelo governo federal, sendo as ferrovias vistas no século XIX como um elemento central da nova economia nacional do país, viabilizando o transporte de bens e pessoas por longas distâncias em curtos períodos de tempo. Em virtude da própria natureza das estradas de ferro, os seus ativos cruzavam as fronteiras de diversos estados, de modo que, em caso de inadimplemento das suas obrigações, havia o risco de credores obterem decisões favoráveis dos juízos locais, causando o desmembramento daqueles ativos. Muitas das ferrovias com operação ainda incipiente, aliás, eram deficitárias e subcapitalizadas. Agravaram a crise enfrentada pelo setor ferroviário do país à época, ainda, a Guerra Civil Americana e o fato de empreendedores do ramo terem subestimado os custos envolvidos na construção das ferrovias, os obstáculos geográficos que deveriam ser superados e o tempo consumido pelas obras e, como se não bastasse, superestimado a projeção do volume de passageiros e do tráfego de mercadorias.[80] Aponta-se como fator relevante à crise das ferrovias, ainda, a intensa concorrência entre elas, surgida em torno de 1870 após anos de expansão.[81] Tudo isso resultou na falta de liquidez das empresas e, em consequência, no descumprimento de suas obrigações.[82]

Nesse sentido, a onda de crises que atingiu as ferrovias americanas, sobretudo a partir da década de 1870, configurou um enorme problema de ordem nacional, já que, a despeito de consistirem em propriedade privada, havia uma ampla visão de que as estradas de ferro ostentavam

---

nenhum outro sistema concursal no mundo oferta aos administradores de uma empresa em crise tamanha influência (*Debt's dominion* cit., p. 9).

[79] N. MARTIN, *The role of history* cit., pp. 30-31. No mesmo sentido, sustentando inclusive que a disciplina legal da insolvencia empresarial existente até então somente se mostrava útil a pequenos negócios, sendo ignorada por negócios mais substanciais, de modo que a verdadeira origem da reorganização empresarial se encontraria além daquelas legislações, no fenômeno das *equity receiverships*, cf. D. A. SKEEL JR., *Debt's dominion* cit., pp. 4 e 48.

[80] H. R. MILLER e S. Y. WAISMAN, *Is chapter 11 bankrupt?* cit., pp. 134-135.

[81] D. A. SKEEL JR., *Debt's dominion* cit., p. 50.

[82] H. R. MILLER e S. Y. WAISMAN, *Is chapter 11 bankrupt?* cit., p. 135.

caráter público. Diante da crucial necessidade econômica de um sistema de transportes efetivo, entendia-se como desastroso que o sistema de ferrovias do país se tornasse deficiente. Em tal contexto, passou a existir um amplo consenso quanto à necessidade de salvar ferrovias em apuros. Segundo D. A. SKEEL JR., porém, questão muito menos óbvia que se colocava era como salvar tais negócios.[83]

Relata-se que não havia, em 1848[84], mecanismo destinado a tratar o insucesso de uma dessas empresas, a *Munroe Railroad and Banking, Co.*, em adimplir suas obrigações, senão o direito do credor a executar a dívida e a prerrogativa do juízo de nomear um depositário para assumir o controle dos ativos do devedor. Diante desse cenário, como a venda isolada dos bens da empresa resultaria em perda financeira expressiva a todos os envolvidos, a corte responsável pelo caso decidiu fundir os dois conceitos, determinando que o credor vendesse os ativos de uma só vez, como um negócio em operação.[85]

Assim, em resposta à ameaça de encerramento das operações das estradas de ferro e com fundamento em seu poder equitativo de designar depositários – os *receivers* – para administrar patrimônios quando apropriado, tribunais progressistas aplicaram a ideia de utilizar as *equity receiverships* para assumirem o controle das ferrovias inadimplentes e dos seus ativos. Esse mecanismo, superando as fronteiras estaduais, ofertou um foro único para a proteção e a gestão de ativos das estradas de ferro em crise. O processo envolvia a ferrovia devedora, os seus credores relevantes e a *federal district court* colaborando para promover a continuidade da estrada de ferro em prol do interesse público, enquanto as partes interessadas, mediante a constituição de comitês e a nomeação de depositários pelo juízo competente, negociavam a reorganização e a recapitalização da ferrovia.[86]

---

[83] *Debt's dominion* cit., p. 52. O autor destaca, em seguida, que o caminho buscado para alcançar esse salvamento não foi legislativo porque, seja na esfera federal, seja na esfera estadual, existiam diversos obstáculos à intervenção dos legisladores americanos nessa matéria, inclusive questionamentos sobre sua competência para tanto e dúvidas de ordem constitucional, cf. pp 52-56.
[84] D. A. SKEEL JR., *Debt's dominion* cit., p. 57.
[85] N. MARTIN, *The role of history* cit., pp. 30-31.
[86] H. R. MILLER e S. Y. WAISMAN, *Is chapter 11 bankrupt?* cit., p. 135.

Esse processo se iniciava com pedido formulado pelo credor para que o juízo nomeasse um *receiver*, a quem se confiava que recebesse e preservasse propriedade sujeita a processo judicial. Esse requerimento funcionaria similarmente ao atual "*automatic stay*". Em seguida, havia um outro pleito, ainda que simplesmente formal, para que o juízo designasse a venda dos ativos. O devedor, então, não contestava os pedidos e geralmente anuía com tais medidas. Em seguida, múltiplos comitês protetivos de credores e sócios eram constituídos para representarem as partes interessadas no processo de negociação quanto à reestruturação financeira da estrada de ferro. Ao final, as negociações gerariam um plano de reorganização que recapitalizaria a ferrovia como um novo ente e distribuiria nova participação aos sócios nos termos do plano.[87]

Essa pequena inovação na venda dos ativos, que ocorreu no contexto restrito das ferrovias americanas em crise, levou a uma nova forma de enxergar a reorganização e o valor da empresa.[88]

Do paradigma das *equity receiverships* surgiram dois conceitos centrais do direito de insolvência moderno: a noção de preservação do *going concern value* para as partes com interesses econômicos na empresa em crise, por meio da autorização para a continuidade de suas operações, e as iniciativas de manutenção e de participação ativa da preexistente adminis-

---

[87] H. R. MILLER e S. Y. WAISMAN, *Is chapter 11 bankrupt?* cit., p. 135. Para explicação bastante didática sobre o desenvolvimento e o funcionamento desse complexo mecanismo, cf. D. G. BAIRD, The *elements of bankruptcy*, 5ª edição, New York, Foundation Press, 2010, pp. 61-72. Nesta obra, o autor evidencia que, por meio de uma série de operações, ao final se obtinha uma nova empresa, com novas obrigações perante os credores, mas somente em caráter formal, porquanto, em essência, examinando-se detidamente tais operações e o seu resultado, concluía-se que a maioria dos *bondholders* e dos acionistas havia apenas trocado suas antigas pretensões relativas à empresa por novas pretensões, mais adequadas à atual situação do negócio. Desse modo, o resultado das operações era, em última análise, a mesma ferrovia com os mesmos administradores e os mesmos investidores, adequando-se seus direitos ao atual cenário da empresa. Da mesma forma, explicando detalhadamente o funcionamento da *equity receivership*, inclusive os mecanismos do *receiver's certificate*, que concedia prioridade especial aos fornecedores da empresa durante o processo, assegurando a continuidade de suas atividades, e do *upset price*, que consistia em valor mínimo que seria admitido pela venda dos bens em questão (em geral fixado em percentuais baixos, na prática forçando a adesão de credores dissidentes ao plano), cf. D. A. SKEEL JR., *Debt's dominion* cit., pp. 56-60.
[88] N. MARTIN, *The role of history* cit., pp. 30-31.

tração da ferrovia nas operações desta e na elaboração de um plano de negócios para permitir a reorganização.[89] Nascia o *debtor in possession*.

Realmente, os tribunais e credores respaldaram, nas circunstâncias descritas, a ideia de que o conhecimento, a *expertise* e a familiaridade com o negócio apresentados pelo devedor – entendido como a administração existente – seriam de enorme valia em reestruturações corporativas de grande porte e complexas. A participação do devedor nas *equity receiverships* das ferrovias se tornou praticamente indispensável.[90]

Já no pioneiro caso *Wabash* (1884), em passo evolutivo notável do instituto examinado, os próprios representantes da ferrovia em crise obtiveram autorização judicial para iniciar uma *receivership* e serem apontados como *receivers*, permitindo-se a continuidade das operações da empresa sob sua administração antes do inadimplemento de suas obrigações.[91] Desenvolvia-se o conceito do *debtor in possession* próximo ao hodierno,[92] com o delineamento do sistema que seria adotado, futuramente, no *Chapter 11*.[93]

Passado algum tempo, já na década de 1930, a Grande Depressão ensejou oportunidade ideal para o advento de uma nova legislação para lidar com a insolvência nos Estados Unidos da América, visando-se ao soerguimento de sua economia. Após algumas iniciativas legislativas no início da década, as quais apresentavam como intuito oferecer alternativas à mera liquidação das empresas em dificuldades, percebeu-se que um sistema legal mais abrangente era necessário para enfrentar aquela crise. E a direção desse novo esforço legislativo decorreria da experiência acumulada com as *equity receiverships* das estradas de ferro.[94]

---

[89] H. R. MILLER e S. Y. WAISMAN, *Is chapter 11 bankrupt?* cit., pp. 135-136.

[90] H. R. MILLER e S. Y. WAISMAN, *Is chapter 11 bankrupt?* cit., p. 136.

[91] Sustenta-se que o caso *Wabash* ilustra, de forma bastante clara, que os administradores e seus profissionais de *Wall Street* eram aqueles que controlavam os processos de reorganização, notando-se apenas que, em geral, utilizava-se um credor amigável para adotar a iniciativa da *receivership*, em vez de promover essa medida a própria devedora. Sendo tal credor de estado diverso, ainda se ganhava acesso às cortes federais. Tal fato seria comprovado, inclusive, pela permanência da administração na condução da empresa em imensa parcela dos casos (D. A. SKEEL JR., *Debt's dominion* cit., pp. 64-65).

[92] H. R. MILLER e S. Y. WAISMAN, *Is chapter 11 bankrupt?* cit., p. 136.

[93] Cf., nesse sentido, N. MARTIN, *The role of history* cit., pp. 30-31 e H. R. MILLER e S. Y. WAISMAN, *Is chapter 11 bankrupt?* cit., p. 130.

[94] H. R. MILLER e S. Y. WAISMAN, *Is chapter 11 bankrupt?* cit., p. 134.

Nesse contexto, surgiu o *Chandler Act*, como resultado do empenho do congresso americano para preservar a base comercial e industrial do país e dos estudos promovidos no âmbito da então recém-instituída *Securities and Exchange Commission – SEC* com o objetivo de viabilizar a utilização do mecanismo de *receivership* para reorganizar negócios em crise, propondo-se projeto de lei nesse sentido.[95]

O *Chandler Act* sistematizou os princípios desenvolvidos nos casos de reorganização de estradas de ferro, tornando-os base para a reabilitação e a reorganização de empresas em crise, com o estabelecimento de um único foro em todo o país para lidar com os insucessos comerciais e os interesses dos agentes econômicos envolvidos. O diploma legal adotou as propostas da *SEC* ao estabelecer o *Chapter X*, chamado de "Corporate Reorganizations", que visava a fornecer um instrumento para a reorganização de grandes companhias abertas, evitando-se os males associados às *equity receiverships* controladas por *Wall Street*, a exemplo da remuneração excessiva que seria paga aos agentes do mercado financeiro envolvidos naqueles processos. Além disso, a nova legislação incluía o *Chapter XI*, nomeado "Arrangements", cujo foco seria lidar somente com créditos desprovidos de garantia e devedores de menor porte, empregando-se o conceito do *debtor in possession*, em vez de um *receiver* ou *trustee*, para administrar os bens do devedor durante o processo.[96]

O procedimento previsto no *Chapter X* do *Chandler Act*, destinado a disciplinar a crise em companhias abertas, estabelecia que, em grande medida, a administração da empresa deveria ser supervisionada diretamente pelo juízo da reorganização, em vez de um representante nomeado para tanto. Além disso, previam-se a nomeação obrigatória de um ou mais *trustees* se o passivo da companhia superasse o montante de US$ 250.000,00; a nomeação de um *examiner* na ausência da indicação de um *trustee*; a aplicação estrita da regra de prioridade absoluta,[97] a demandar um processo elaborado para determinar o valor da empresa deve-

---

[95] H. R. MILLER e S. Y. WAISMAN, *Is chapter 11 bankrupt?* cit., p. 137.
[96] H. R. MILLER e S. Y. WAISMAN, *Is chapter 11 bankrupt?* cit., pp. 137-138.
[97] D. A. SKEEL JR. afirma que a *absolute priority rule* não estava prevista expressamente no *Chapter X* do *Chandler Act*, havendo posteriormente a interpretação de que a imposição legal quanto a ser o plano de reorganização proposto *fair and equitable* dizia respeito, na verdade, àquela. Essa perspectiva foi desenvolvida pelo então *Justice* da Suprema Corte Americana William Douglas (que havia liderado a *SEC*), ao votar em dois casos que apreciou

dora; a possibilidade de alteração dos direitos de credores garantidos, não garantidos e acionistas; a disponibilidade da realização do *cram down* para superação do veto de classes de credores ou acionistas ao plano; a atribuição de papel amplo à *SEC*; um processo extenso para o desenvolvimento e apresentação do plano de reorganização; a preferência do *trustee* para a apresentação do plano; a necessidade de reconhecimento judicial sobre ser o plano apresentado digno de consideração antes das deliberações sobre ele; a ausência de comitês de credores ou acionistas e, por fim, a concessão de ampla e abrangente *discharge* ao devedor.[98]

Note-se que, durante a tramitação do projeto que se tornaria o *Chandler Act*, houve grande oposição à abordagem legal defendida pela *SEC* e seu líder, William Douglas, quanto à necessidade de substituição dos administradores da empresa devedora por um *trustee* independente.[99] E, de fato, a alteração promovida pelo diploma nesse tocante mudou o sistema até então conhecido pelos profissionais atuantes em "reorganizações", no qual havia a manutenção dos administradores da empresa na condução de suas atividades, enquanto bancos de investimento conduziam a reorganização. A partir daí, como se indicou, atingido o patamar de US$ 250.000,00 em dívidas pela empresa que ajuizara o processo de insolvência, exigia-se a nomeação de *trustee* independente, a quem competiria conduzir as atividades da devedora e seu processo de reorganização (inclusive apresentando o plano respectivo).[100]

Diante da percepção de corrupção em alguns dos casos de reorganização sob a forma de *equity receiverships*, aliás, o *Chapter X* introduziu a noção de que *trustees* e outros profissionais indicados deveriam declarar a ausência de interesse no caso como condição para sua nomeação e, assim, recebimento de remuneração.[101] A reforma realizada, com isso, tornava claro que os bancos que serviam às devedoras e seus advogados não poderiam atuar como *trustees* ou assessorar os *trustees* nomea-

---

no tribunal, visando à proteção de credores desprovidos de garantias (*Debt's dominion* cit., pp. 124-125).
[98] H. R. MILLER e S. Y. WAISMAN, *Is chapter 11 bankrupt?* cit., pp. 138-139.
[99] Para mais detalhes sobre a estratégia adotada pela *SEC* nesse período, cf. D. A. SKEEL JR., *Debt's dominion* cit., pp. 109-119.
[100] D. A. SKEEL JR., *Debt's dominion* cit., p. 119.
[101] H. R. MILLER e S. Y. WAISMAN, *Is chapter 11 bankrupt?* cit., p. 139.

dos.[102] Isso não impediu, todavia, que nas décadas seguintes de aplicação do *Chandler Act* se tenha notado uma relação de proximidade bastante intensa entre juízes de insolvência e os *trustees* que nomeavam, verificando-se ainda, em diversas áreas metropolitanas, que um pequeno grupo de advogados dedicados à matéria parecia dominar o processo de indicação de *trustees*, formando o chamado *bankruptcy ring*.[103]

Dessa forma, a diretoria e, sobretudo, o conselho de administração eram afastados pela compulsória nomeação de um *trustee* da reorganização,[104] ensejando-se expressiva perda de controle pelos grupos de poder tradicionais. A *SEC*, aponta-se, exercia rígida supervisão no tocante ao desinteresse dos profissionais nomeados,[105] o que não teria evitado a indicação de profissionais de competência ou ética questionáveis em diversos casos, como resultado da ampla discricionariedade conferida ao juiz da causa nesse tocante.[106] Como resultado do processo minuciosamente estruturado e dos vários requisitos exigidos para a apresentação do plano de reorganização, a sua aprovação e o seu cumprimento, os casos processados nesses moldes duravam longos períodos de tempo.[107-108]

---

[102] D. A. Skeel Jr., *Debt's dominion* cit., p. 120.

[103] D. A. Skeel Jr., *Debt's dominion* cit., p. 142.

[104] Embora se saiba que, na realidade, a nomeação de *trustees* em casos mais expressivos anteriores ao *Bankruptcy Code* não significava, necessariamente, a substituição da administração da empresa, pois com frequência os agentes indicados contratavam a antiga administração para conduzir o negócio após o início do processo. Essa hipótese abrangeria mais de 70% dos diretores, os quais teriam permanecido, em última análise, no controle dos negócios (E. Warren, *The untenable case for repeal of chapter 11*, in *Yale L. J.* 102 [1992], pp. 454-455).

[105] H. R. Miller e S. Y. Waisman, *Is chapter 11 bankrupt?* cit., p. 139.

[106] Realmente, afirma-se que o juiz apresentava quase ilimitada discricionariedade quanto à escolha dos *trustees* a serem designados em processos no âmbito do *Chapter X*, fato que teria ensejado a utilização dessa prerrogativa, por vezes, com a finalidade de pagar dívidas políticas dos magistrados e, consequentemente, a nomeação de profissionais de competência e ética duvidosas em muitos casos (E. Warren, *The untenable case for repeal* cit., p. 455).

[107] H. R. Miller e S. Y. Waisman, *Is chapter 11 bankrupt?* cit., p. 139.

[108] Essa demora teria sido agravada, além disso, pela falta de estrutura e orçamento da *SEC* para lidar com todas as suas atribuições, inclusive aquelas inerentes à supervisão dos processos de reorganização, sobretudo a partir da década de 1950 (D. A. Skeel Jr., *Debt's dominion* cit., pp. 170-171).

A combinação de todos esses fatores acabou caracterizando um desincentivo às companhias para que adotassem o procedimento estabelecido no *Chapter X*. Com efeito, a administração, receosa quanto ao seu afastamento, adiaria o início dos processos de insolvência, chegando a inviabilizar a própria possibilidade de reorganização do negócio. Esse procedimento, enfim, tornou-se impopular e levou as companhias em crise e os seus profissionais a considerarem a adoção do procedimento estabelecido no *Chapter XI* do *Chandler Act*, que não obrigava a nomeação do *trustee* e com frequência permitia a manutenção da administração preexistente no controle das relações do devedor enquanto um *debtor in possession*, além de admitir que os acionistas conservassem seus direitos e não estabelecer uma função legal à *SEC*.[109-110]

E, com a expansão da economia dos Estados Unidos após a Segunda Guerra Mundial e a maior disponibilidade de crédito, os casos de insolvência empresarial se multiplicaram. Diante da pouca atratividade do modelo estabelecido no *Chapter X*, aqueles em crise passavam a considerar a possibilidade de adotar o processo estruturado no *Chapter XI*, que contemplava um plano para ajustar o passivo não garantido do devedor, permitindo-lhe satisfazer tais obrigações. Nesse procedimento, não era necessário afastar a administração existente, como visto, e os devedores tinham o direito exclusivo, praticamente ilimitado, de propor um plano de *arrangement*, sendo a alternativa a este o processo de liquidação, com perda de valor potencialmente significativa. Isso caracterizava, na prática, uma espécie de *cram down*, conferindo poder de barganha expressivo aos devedores e seus profissionais. A regra do *fair and equitable*, que evitava a violação da ordem de prioridades no recebimento dos pagamentos, ademais, foi revogada em 1952, de modo que os sócios da empresa em crise poderiam conservar seus direitos conquanto os credores não tivessem obtido integral pagamento.[111] Superou-se, assim, a contradição inicialmente presente no diploma, em estabelecer que os sócios poderiam manter sua participação na empresa e, simultaneamente, que

---

[109] H. R. MILLER e S. Y. WAISMAN, *Is chapter 11 bankrupt?* cit., pp. 139-140.

[110] Aliás, sustenta-se que a rigidez estabelecida pelo *Chandler Act* acabou deixando a *SEC* sem suporte expressivo de grupos de interesse, passando as empresas a aderirem ao *Chapter XI* e, assim, reduzindo-se substancialmente, em última análise, o almejado papel da agência nos processos de reorganização (D. A. SKEEL JR., *Debt's dominion* cit., pp. 125-126).

[111] H. R. MILLER e S. Y. WAISMAN, *Is chapter 11 bankrupt?* cit., pp. 140-141.

a *absolute priority rule* (extraída da regra do *fair and equitable*) deveria ser observada, algo inviável em se tratando de empresa insolvente.[112]

Embora o procedimento previsto no *Chapter XI* tivesse sido delineado para fornecer um meio eficiente, ágil e econômico a negócios de pequeno porte, geralmente fechados, e a indivíduos que desejassem modificar e adimplir débitos desprovidos de garantias, sequer providenciando formas de realizar também os direitos de credores garantidos ou, teoricamente, de sócios, passou a servir também às companhias abertas. A *SEC* buscou combater o uso do *Chapter XI* por tais sociedades, visando à proteção de acionistas e detentores de títulos emitidos por aquelas, mas a Suprema Corte americana endossou a viabilidade da utilização do procedimento também pelas companhias abertas.[113-114]

Conforme adiantado no item 1.1., portanto, a importância do *Chandler Act* é notável, consistindo na primeira legislação em uma economia capitalista e de livre mercado a incorporar totalmente a ideia de que um sistema concursal não deveria prever apenas a liquidação, mas também a reorganização, abarcando a reestruturação do passivo e da estrutura de capital do devedor, como solução para a insolvência.[115]

Em 1978, finalmente, promulgou-se o *Bankruptcy Reform Act*, com o advento do *Bankruptcy Code* ainda hoje vigente nos Estados Unidos da América.[116] Esse diploma legal teria sido a primeira legislação concursal daquele país a não ser aprovada como resposta a uma crise na sua economia doméstica e também a primeira reforma abrangente do direito concursal federal americano desde o *Chandler Act*. O *Chapter 11* do novo diploma, reunindo certos aspectos dos *Chapters X, XI e XII* da lei anterior, no intuito de eliminar controvérsias sobre a escolha de determi-

---

[112] D. A. Skeel Jr., *Debt's dominion* cit., p. 167.

[113] H. R. Miller e S. Y. Waisman, *Is chapter 11 bankrupt?* cit., p. 141.

[114] D. A. Skeel Jr. explica, com profundidade, a omissão legal que permitiu o recurso de companhias abertas ao *Chapter XI* e, também, as decisões da Suprema Corte americana que, embora julgando favoravelmente às pretensões da *SEC*, acabaram reconhecendo a possibilidade de, em certas hipóteses, analisadas individualmente, permitir-se o acesso ao *Chapter XI* por tais empresas (*Debt's dominion* cit., pp. 161-166).

[115] A. Flessner, *Philosophies of business bankruptcy law* cit., p. 20.

[116] Para uma detalhada descrição acerca dos interesses atuantes ao longo da tramitação do projeto que, ao final, se converteu no *Bankruptcy Code*, cf. D. A. Skeel Jr., *Debt's dominion* cit., pp. 131-157.

nado procedimento pelo devedor e somar a flexibilidade e o controle do devedor[117] característicos do antigo *Chapter XI* aos elementos de proteção ao público centrais no *Chapter X*, permaneceu como modelo geral para a reorganização empresarial.[118]

Em dois pontos centrais da disciplina estabelecida pelo *Chapter 11*, a questão de nomear ou não *trustees* para devedoras de grande porte e a questão da atribuição de uma função apropriada à *SEC* no procedimento, prevaleceu uma perspectiva vista como mais flexível, simplificada e pró-reabilitação.[119]

De fato, a solução ofertada pelo diploma às duas questões reflete a sua forte presunção a favor do mecanismo do *debtor in possession*, de modo que a nomeação de um *trustee* apenas poderia ocorrer de modo justificado. Na ausência de fraude ou de má gestão, portanto, entendia-se que a reorganização transcorreria melhor caso se permitisse ao devedor continuar operando seu negócio como um *debtor in possession*. Ainda que nomeado um *trustee*, o juízo do processo poderia encerrar sua indicação e restaurar o *debtor in possession* na função de administrar o negócio a qualquer momento antes da confirmação do plano.[120-121] No tocante à *SEC*, enfim, apenas se estabeleceu sua capacidade para participar da reorganização como parte interessada, eliminando-se a sua supervisão do processo.[122]

Com o *Chapter 11*, enfim, chega-se à atual estrutura do *debtor in possession*. A mesma estrutura, porém, pode conformar diferentes orientações. No item seguinte, esses dois pontos serão explorados.

---

[117] Como ensina H. R. MILLER, adotando-se a solução então conhecida como *"New York Rule"* (*Commentary on Professor Warren's paper: absolute priority*, in Ann. Surv. Am. L. [1991], p. 50).

[118] H. R. MILLER e S. Y. WAISMAN, *Is chapter 11 bankrupt?* cit., pp. 141-142.

[119] H. R. MILLER e S. Y. WAISMAN, *Is chapter 11 bankrupt?* cit., p. 143.

[120] H. R. MILLER e S. Y. WAISMAN, *Is chapter 11 bankrupt?* cit., p. 143.

[121] Desde a tramitação do projeto que se converteu no *Bankruptcy Code*, expressiva maioria dos agentes ouvidos defendeu a manutenção da administração existente em casos pequenos, assim como houve amplo suporte à proposta de atenuação da obrigatoriedade de nomeação de *trustees* em casos maiores, tornando essa possibilidade uma presunção. O apoio ao *debtor in possession* abrangeu, inclusive, a maioria dos representantes de credores (D. A. SKEEL JR., *Debt's dominion* cit., pp. 177-178).

[122] H. R. MILLER e S. Y. WAISMAN, *Is chapter 11 bankrupt?* cit., p. 143.

1.3.1.2. O atual *debtor in possession*: estrutura e funcionamento

O *debtor in possession* se caracteriza, atualmente, como importante mecanismo adotado por sistemas de insolvência no tocante à condução da empresa em processo de reorganização, com a atribuição de total controle sobre o negócio ao devedor e, em contrapartida, a previsão de instrumentos de proteção, a exemplo dos deveres fiduciários que devem ser observados pelo *debtor in possession*, da possibilidade do estabelecimento de comitês de credores e de sócios para influenciarem no processo decisório da administração, da viabilidade da proposição de planos de reorganização por outras partes interessadas em determinadas hipóteses, da previsão quanto ao seu afastamento em certas circunstâncias[123] e, ainda, da necessidade de divulgação das informações relevantes concernentes à empresa em reorganização, como a indicação pelo proponente do plano sobre quais administradores serão empregados ou mantidos após o processo e acerca da natureza de qualquer compensação para cada *insider* mantido.[124]

Para verdadeira compreensão sobre a estrutura do instituto, porém, é imprescindível identificar quem é, afinal, o devedor a permanecer na condução da empresa e a observar os deveres indicados. Como apontado no item 1.2., essa questão, que ressurgirá em variados momentos do presente trabalho, não comporta uma única resposta, dependendo de fatores como a estrutura de capital da empresa ou mesmo da disposição legal cuja aplicação se pretenda.

No hodierno sistema concursal americano, o *debtor in possession* é criado mediante o ajuizamento do pedido de reorganização judicial, na forma do *Chapter 11*,[125] exceto se houver a nomeação de um *trustee*,[126]

---

[123] Edward S. ADAMS, *Governance in chapter 11 reorganizations: reducing costs, improving results*, in *B. U. L. Rev.* 73 (1993), p. 634.

[124] Martin J. BIENENSTOCK, *Conflicts between management and the debtor in possession's fiduciary duties*, in *U. Cin. L. Rev.* 61 (1992-1993), p. 559.

[125] Surgindo também a partir de pedidos formulados com base nos *Chapters 12* e *13* da legislação concursal americana (M. J. HERBERT, *Understanding Bankruptcy* cit., p. 61), que não são objeto deste estudo.

[126] Thomas G. KELCH, *The phantom fiduciary: the debtor in possession in chapter 11*, in *Wayne L. Rev.* 38 (1991-1992), pp. 1325-1326.

o que não tem sido usual na prática daquele ordenamento desde o advento do *Bankruptcy Code*.[127]

Os deveres impostos ao *debtor in possession* naquela realidade estão disciplinados no diploma concursal americano, conferindo-se a ele, com certas exceções, todos os poderes e deveres do *trustee* em um processo de reorganização, incluindo a responsabilidade de zelar pelos ativos da massa, de resolver questões relativas aos créditos e de fornecer informações e relatórios às partes interessadas. Alguns deveres atribuídos ao *trustee*, porém, não se estendem àquele, como o de apurar as relações mantidas pelo devedor. Entre os poderes do *debtor in possession*, destaca-se o poder de operar o negócio do devedor, como se fosse um *trustee*, ainda que sujeito a certas restrições que não existiam fora do processo, as quais podem ser menos invasivas ou mais extremas, conforme decidir o juízo da reorganização.[128] Cumpre mencionar, ainda, a diferença observada entre o *debtor in possession* e o *trustee* na medida em que este não pode apresentar interesse na empresa em reorganização ou no seu processo, ainda que se verifiquem na realidade algumas exceções a tal regra.[129]

Existe controvérsia sobre a relação que existe entre o devedor no cenário anterior ao processo de reorganização e o *debtor in possession* nascido com o advento deste. Debate-se, em síntese, a ocorrência de parcial ou total identidade entre os dois entes.

Em conformidade com a lei americana,[130] o *debtor in possession* seria a mesma pessoa que o devedor antes do pedido de reorganização, de

---

[127] Mark J. ROE, *Bankruptcy and corporate reorganization – Legal and financial materials*, 2ª edição, New York, Foundation Press, 2007, p. 88. O autor destaca, todavia, que a substituição da administração de maneira informal não é incomum, informando haver dados a demonstrarem que aproximadamente metade dos diretores de companhias em reorganização deixa seu cargo até o final do processo. Limitando-se tal exame aos CEOs, esse número se tornaria ainda mais expressivo. Vários fatores poderiam explicar esses dados, como o descontentamento desses agentes com a crise sofrida pela empresa e a sua mudança para outra empresa, mas a pressão de credores certamente configura motivo relevante para essas substituições (*Bankruptcy and corporate reorganization* cit., pp. 551-552).

[128] T. G. KELCH, *The phantom fiduciary* cit., pp. 1326-1328.

[129] Richard BROUDE, *Reorganizations under Chapter 11 of the Bankruptcy Code*, New York, Law Journal Seminars-Press, 1990, pp. 3.27-3.28.

[130] Nesse sentido, cf. o § 1101 do 11 U.S.C., a estabelecer que, no *Chapter 11*, "'debtor in possession' means debtor except when a person that has qualified under section 322 of this title is serving as trustee in the case".

modo que um devedor individual consistiria no *debtor in possession*[131] e a administração de sociedade empresária permaneceria no controle do *debtor in possession* constituído pela entidade. Todavia, como afirma T. G. KELCH, essa constatação pouco revela sobre a natureza da posição e os deveres a ela inerentes.[132] E, justamente por revelar tão pouco acerca de fatores centrais, não seria apropriada a simples adoção dessa conclusão como solução ao problema colocado. Tampouco o fez a doutrina do país.

Raymond T. NIMMER e Richard B. FEINBERG, por exemplo, consideram que a resposta mais simples para essa questão seria identificar o *debtor in possession* ao devedor preexistente, nos termos da disposição legal mencionada, mas com direitos e obrigações modificados. Essa solução, porém, não resolveria problemas de governança em processos de reorganização envolvendo sociedades, em vez de devedores individuais. Os autores sustentam, então, que a melhor abordagem do tema envolve o reconhecimento de que o *debtor in possession* é, simultaneamente, a designação de um *status* e a criação de um ente legal artificial, por meio do qual várias funções importantes no procedimento disposto pelo *Chapter 11* seriam conduzidas e cujos caráter e disciplina deveriam ser determinados em relação direta com o papel exercido no processo de insolvência, fora do qual sequer existe.[133]

Também E. WARREN sustenta ser o *debtor in possession* uma elaboração ficcional, semelhante a um candidato de consenso, que teoricamente mantém a experiência da administração preexistente enquanto desenvolve novas independência e lealdade à massa, em formulação que refletiria a ambivalência fundamental da política de insolvência entre a promoção da reorganização e a proteção dos interesses dos credores.[134]

---

[131] Consideração também aplicável, em certa medida, às empresas de pequeno porte e capital fechado, confundindo-se nelas os sócios e o devedor em uma só entidade (H. R. MILLER, *Commentary on Professor Warren's paper* cit., p. 52).

[132] T. G. KELCH, *The phantom fiduciary* cit., pp. 1325-1326.

[133] R. T. NIMMER e R. B. FEINBERG, *Chapter 11 business governance: fiduciary duties, business judgement, trustes and exclusivity*, in *Bankr. Dev. J.* 6 (1989), pp. 20-21.

[134] E. WARREN, *A theory of absolute priority*, in *Ann. Surv. Am. L.* (1991), p. 34. Essa afirmação é feita a partir de consideração anterior da autora, quanto a consistir em um meio--termo desconfortável a determinação do *Bankruptcy Code* no sentido da atribuição do controle sobre o devedor em reorganização ao *debtor in possession*, de modo que as vantagens de uma administração com experiência e conhecimento durante o período de crise financeira

Indagando-se sobre se a criação dessa entidade substitui o devedor, T. G. KELCH aponta não ser essa interpretação apropriada. Isso porque o próprio *Bankruptcy Code*, ao versar sobre o tema, reserva direitos e deveres particulares ao devedor, distinto daquele mecanismo, a exemplo do benefício do *automatic stay* e da conservação do poder exclusivo de propor um plano de reorganização pelo prazo de 120 dias, caso não se determine período mais longo. Além disso, no momento da homologação do plano, o devedor seria totalmente ressuscitado e eximido das dívidas, exceto aquelas estabelecidas no plano. Nessa oportunidade, o *debtor in possession* deixaria de existir e o devedor retomaria o controle dos seus ativos.[135]

Parcela da doutrina defende, todavia, que o *debtor in possession* surgido com o ajuizamento do pedido configura uma nova "pessoa jurídica", distinta da anterior ao requerimento, com novas responsabilidades, deveres fiduciários relativos aos credores e supervisão judicial, ainda que contando com a mesma sede, os mesmos trabalhadores e a mesma administração de antes.[136] Essa perspectiva teórica teria ensejado efeitos práticos interessantes (e indesejáveis).

Realmente, destaca-se que a coexistência do devedor e do *debtor in possession* (este, na visão indicada, uma "nova pessoa" ou "*new entity*" distinta daquele) causou considerável confusão conceitual mesmo nos tribunais. Embora a distinção mencionada possa ser útil na análise de diversas questões no âmbito da insolvência, a adesão a essa teoria não tem sido unânime, o que pode decorrer da extensa medida em que alguns juízes a utilizaram, a exemplo daqueles que, em certo período, exigiam dois advogados em cada reorganização, um para o devedor, outro para o *debtor in possession*. A celeuma chegou à Suprema Corte dos Estados Unidos, que rejeitou a aplicação da teoria, com a conclusão de que o *debtor in possession* coincidiria com o devedor anterior à reorganização, ora investido de poderes e responsabilidades especiais legalmente

---

seriam contrapostas às desvantagens da ausência de uma administração independente, que observaria os interesses da massa e dos credores beneficiados pela gestão desse patrimônio.
[135] T. G. KELCH, *The phantom fiduciary* cit., pp. 1329-1330.
[136] M. J. HERBERT, *Understanding Bankruptcy* cit., pp. 133-134.

estabelecidos, bem como o dever fiduciário reconhecido jurisprudencialmente.[137]

Em sede doutrinária, também R. T. NIMMER e R. B. FEINBERG acreditam inexistir essa separação, afirmando que, em geral, o devedor somente passa a ostentar obrigações e poderes adicionais, indicando todavia ser recomendável em classificação nesses moldes que se observem as especificidades do *debtor in possession* em questão, em termos de controle e governança da empresa.[138] E, segundo T. G. KELCH, ainda que persista em alguma medida a aplicação da teoria da *new entity*, esta estaria sendo substituída por outro modelo conceitual de *debtor in possession*, que reconhece a diferença entre tal mecanismo e o devedor, vislumbrando dois papéis: aquele do devedor anterior ao processo, sem qualquer dever fiduciário especial aos seus credores, e aquele do *debtor in possession*, com seus deveres fiduciários especiais que devem exercidos em benefício dos novos interessados.[139]

No caso de devedores individuais, a equiparação entre devedor e *debtor in possession* é mais simples, conferindo-se àquele um papel adicional de representante do patrimônio em questão. No caso de devedores pessoas jurídicas, contudo, a identificação narrada seria mais complexa, sendo a entidade legal preexistente autônoma com relação aos seus "proprietários" individualmente considerados ou aos seus administradores. E, nesse cenário, tece-se a importante consideração de que os "proprietários" do devedor pré-reorganização não necessariamente retêm o controle total ou mesmo predominante dos seus administradores ou da pessoa jurídica após o ajuizamento do pedido. O *debtor in possession*, assim, é parcialmente separado dos sócios na empresa e se torna independente deles, ao menos em parte.[140]

Mais uma vez, prestar atenção ao contexto é determinante para as definições discutidas. A partir disso, pode-se obter respostas mais fiéis à realidade.

Nessa direção, para além do debate teórico – com efeitos práticos – acerca da relação entre devedor e *debtor in possession*, é possível, con-

---

[137] T. G. KELCH, *The phantom fiduciary* cit., pp. 1330-1334.
[138] *Chapter 11 business governance* cit., p. 23.
[139] T. G. KELCH, *The phantom fiduciary* cit., pp. 1333-1334.
[140] R. T. NIMMER e R. B. FEINBERG, *Chapter 11 business governance* cit., pp. 22-25.

siderando-se as particularidades do cenário americano (mais especificamente, das suas companhias abertas), identificar o *debtor in possession* com maior precisão. Segundo entendimento predominante na doutrina do país, a asserção de que o devedor mantém controle total sobre a operação do negócio em reorganização denota, na realidade, a permanência desse controle com a administração[141] do devedor no momento anterior ao processo concursal.[142]

Assim, conclui-se que o *debtor in possession*, um dos princípios fundamentais do *Chapter 11*, é caracterizado pela manutenção da administração preexistente da empresa devedora, competindo-lhe controlar as operações ordinárias do negócio, as suas decisões financeiras e de investimento e, sobretudo, a relevante decisão acerca do seu futuro – entre se reorganizar ou se liquidar –, além de conduzir as negociações entre a devedora e os vários grupos de credores na elaboração do plano, observando deveres fiduciários próprios do *trustee*.[143]

E, a despeito da confusão entre o *debtor in possession* e a administração preexistente, tratando-se de panorama em que a diluição do controle predomina[144] – ao menos com relação às companhias abertas –, defende-se que resta aos sócios ou acionistas da empresa em reorganização, a princípio, pouca ou nenhuma função no processo,[145] situação que poderia inclusive ser agravada por estar a administração, frequentemente, mais preocupada em se manter na função do que em preservar a participação dos sócios,[146] conquanto apresente deveres fiduciários não somente quanto aos credores, mas também àqueles.[147]

Além disso, embora se ressalvem as hipóteses em que sócios ou acionistas geralmente são, também, administradores, naquele país relacio-

---

[141] E, aqui, a referência a *"management"* pela doutrina abrange diretores e membros do conselho de administração da empresa devedora (David HAHN, *Concentrated ownership and control of corporate reorganizations*, in *JCLS* 4 [2004], p. 118).

[142] J. L. WESTBROOK et al., *A global view of business insolvency systems*, Leiden, Martinus Nijhoff Publishers, 2010, p. 76.

[143] D. HAHN, *Concentrated ownership* cit., p. 123.

[144] E. S. MUNHOZ, *Desafios do direito societário* cit., p. 124.

[145] M. J. HERBERT, *Understanding Bankruptcy* cit., p. 310.

[146] M. J. BIENENSTOCK, *Bankruptcy reorganization*, New York, Practising Law Institute, 1987, pp. 65-66.

[147] M. J. BIENENSTOCK, *Bankruptcy reorganization* cit., pp. 72-76.

1. O DEVEDOR E OS MODELOS GLOBAIS DE ADMINISTRAÇÃO DA SOCIEDADE EMPRESÁRIA...

nadas a companhias fechadas ou a *partnerships*,[148] quando tais agentes terão um papel importante no processo justamente por serem os gestores da empresa, afirma-se que como "proprietários" eles não apresentam relevância, exceto se convencerem os credores a permitirem que aqueles mantenham alguma participação no negócio após a reorganização.[149] De fato, especialmente em casos de companhias abertas, os acionistas seriam total ou parcialmente afastados da posição de "proprietários" da sociedade pelos credores, que ao cabo se tornariam acionistas do negócio reorganizado na medida desse afastamento. Tratando-se de negócios de menor porte (e, naquela realidade, com identificação entre sócios e administração), por outro lado, usualmente se procederia à venda dos ativos do devedor a investidores, quando os antigos sócios poderiam, sob determinadas circunstâncias, figurar como possíveis compradores,[150] em instituto explicado adiante.

Sabendo-se, entretanto, que a análise ora promovida deverá fornecer parâmetros para a avaliação da solução adotada pelo sistema de insolvência brasileiro quanto à condução da empresa em recuperação judicial

---

[148] Didaticamente definidas, em contraposição ao conceito de *Corporation* no âmbito do direito concursal americano, da seguinte forma: "the Bankruptcy Code defines a *corporation* as an association having a power or privilege that a private corporation, but not an individual or a partnership, possesses. The attributes of a private corporation are generally agreed to be: 1. Associates; 2. An objective to carry on business and divide the profits therefrom; 3. Continuity of life; 4. Centralization of management; 5. Limited liability, and 6. Free transferability of interests. A *general partnership* may possess the first four attributes, but normally it does not have the ability to limit liability or provide for the free transferability of interests as does a corporation. The Code's definition of a corporation expressly excludes a limited partnership. A *limited partnership* is a partnership formed by two or more persons having as members one or more general partners and one or more limited partners, with such limited partners not being bound by the obligations of the partnership. Limited partnership interests are generally more readily transferable than a general partnership interest. The limited partnership, therefore, has some indicia of free transferability and limited liability. The general partner in a limited partnership, however, remains personally liable to the partnership's creditors. Also, a transferee of the general partner's interest does not succeed to the same status as the transferor general partner had in the partnership. These factors distinguish the limited partnership from the corporation" (Ralph C. ANZIVINO, *Partner and partnership bankruptcy*, New York, Wiley Law Publications, 1987, pp. 03-04).
[149] M. J. HERBERT, *Understanding Bankruptcy* cit., p. 310.
[150] M. J. HERBERT, *Understanding Bankruptcy* cit., p. 310.

e que a estrutura de capital verificada no Brasil é caracterizada pela concentração de controle, mostra-se essencial entender os efeitos da reorganização e do *debtor in possession* no que diz respeito aos sócios. São pontos relevantes nesse tocante, pelo que se extrai das considerações acima, as possibilidades de influência dos sócios (em especial, controladores) sobre a administração da empresa em reorganização – com base nos eventuais direitos que ostentem como partes interessadas no processo e nos possíveis poderes que apresentem como detentores de participação[151] –, bem como as hipóteses de interferências em sua participação societária ocasionadas pelo processo.

Pode-se vislumbrar alguns caminhos para elucidar tais questões, notando-se inclusive que a redução dos poderes dos sócios na reorganização é expressiva, mas não absoluta, mesmo naquele contexto de controle diluído. Veja-se.

Sustenta-se que, no âmbito do processo reorganizacional, esses sujeitos têm o direito de serem ouvidos nas matérias do seu interesse, como todas as partes, assim como de buscarem o afastamento da administração existente e a consequente nomeação de um *trustee*,[152] o que não seria usual exatamente pela sua falta de interesse no exercício desse poder, decorrente do fato de que, provavelmente, nada receberão sob o plano.[153] Seria facultada aos sócios e acionistas, ademais, a constituição de um comitê para assegurar a adequada representação dos seus interesses no processo reorganizacional.[154]

Na esfera societária, à primeira vista, tampouco parece restar influência significativa aos detentores de participação societária, diante da mudança de paradigma imposta à administração, que já não perseguiria como um dos seus objetivos primordiais o enriquecimento dos sócios, sendo função do *debtor in possession* (e, claro, da sua administração) atuar em prol dos ativos do devedor, com reflexo no surgimento, muitas vezes contraditório, de deveres fiduciários quanto aos diversos *stakeholders* envolvidos no processo, sobretudo credores.[155] Há inúmeros outros

---

[151] M. J. HERBERT, *Understanding Bankruptcy* cit., p. 310.
[152] Cuja atuação se assemelharia à de um CEO (*Chief Executive Officer*), conforme relata M. J. BIENENSTOCK, in *Bankruptcy reorganization* cit., p. 285.
[153] *Understanding Bankruptcy* cit., p. 311.
[154] M. J. HERBERT, *Understanding Bankruptcy* cit., p. 310.
[155] M. J. HERBERT, *Understanding Bankruptcy* cit., p. 311.

exemplos de restrições potencialmente impostas aos sócios no contexto da reorganização. A venda ou arrendamento de bens pelo *debtor in possession*, fora do curso normal dos negócios, por exemplo, não pode ocorrer sem que o juízo seja informado e as partes interessadas possam ser ouvidas, a despeito de disposição sobre a matéria em sentido contrário no âmbito do direito societário. O mesmo se pode dizer de eventual poder de veto ostentado por determinado acionista ou sócio no tocante a tais operações, que seria superado pelas determinações do *Bankruptcy Code*.[156] Olhar mais atento, porém, mostra a conservação de alguns direitos relevantes dos sócios, embora balizados pelo direito concursal.

A eleição do conselho de administração, por exemplo, é um direito ainda assegurado aos acionistas naquele contexto, desde que não enseje interferências no processo, cabendo esclarecer que o mais importante poder desse órgão – substituir a diretoria – também não pode ser exercido unilateralmente pelo menos até a homologação do plano, sendo bastante esvaziado.[157] O conselho de administração, todavia, permanece com o importante papel de formular o plano de reorganização.[158] Assim, embora bastante fragilizados em sua essência, os direitos dos sócios majoritários de serem representados por membros do conselho de administração e, nessa medida, de controlarem as políticas da empresa persistem relevantes, apenas podendo sofrer interferências em caso de claro abuso, consistente em séria ameaça à própria reorganização.[159]

Aliás, diante da conservação desses direitos no campo societário, permitindo-se aos acionistas a renovação da composição do conselho de administração da companhia, sem que este possa necessariamente, em seguida, proceder à indicação de novos diretores, e também de ponderação sobre desvantagens na nomeação de um *trustee*, a exemplo dos elevados custos envolvidos nessa escolha e do tempo despendido até que o agente se estabeleça efetivamente na função,[160] há quem questione se as soluções ofertadas pela legislação concursal americana para a hipó-

---

[156] R. BROUDE, *Reorganizations under Chapter 11* cit., pp. 6.49-6.50.
[157] M. J. HERBERT, *Understanding Bankruptcy* cit., p. 311.
[158] R. BROUDE, *Reorganizations under Chapter 11* cit., p. 6.52.
[159] R. BROUDE, *Reorganizations under Chapter* cit., pp. 6.50.1-6.53. No mesmo sentido, cf. M. J. BIENENSTOCK, *Bankruptcy reorganization* cit., pp. 68-72.
[160] Pontos que serão abordados em detalhes adiante, no item 1.3.4.

tese de incompetência da administração não são excessivamente rígidas em alguns aspectos, apontando que poderia ser mais benéfico a credores e outras partes interessadas, em alguns desses casos, a simples substituição dos membros da diretoria ou do conselho de administração.[161] É verdade que medida nesse sentido poderia configurar intervenção judicial severa na estrutura corporativa da devedora, mas ao mesmo tempo é difícil não reconhecer que a nomeação de um *trustee*, determinação que se encontra na alçada do juízo da reorganização, é ainda mais grave e extrema. Em contexto de concentração de controle, porém, tudo indica que não seria um avanço. Afinal, não é sem justificativa que, no panorama de coincidência entre participação societária e administração, fortalece-se a relevância da observância de deveres fiduciários e da fiscalização do *debtor in possession* pela corte competente.[162]

Tem-se, de todo modo, que os elementos que usualmente caracterizam a governança corporativa são profundamente afetados pelo processo de reorganização.[163] Mesmo na condução da devedora, atribuída precipuamente à administração preexistente, também podem existir papéis a serem exercidos por outras figuras inseridas no âmbito do processo de reorganização. Segundo M. J. ROE, nesse sentido, se a reorganização consistisse em algo instantâneo, seria adequado persistir no que chama de *"shareholder-oriented corporate governance"*, de maneira que, após a imediata transformação dos credores em "donos" da devedora, esta seguiria sua rotina regular de governança corporativa, conforme os seus novos sócios. Como, porém, o processo reorganizacional leva tempo e a empresa deve ser conduzida por alguém nesse ínterim, o autor aponta que não só a administração, mas também o comitê de credores, o *trustee*, o U.S. *Trustee*,[164]

---

[161] R. BROUDE, *Reorganizations under Chapter 11* cit., pp. 6.50-6.50.1.
[162] R. T. NIMMER e R. B. FEINBERG, *Chapter 11 business governance* cit., p. 41.
[163] M. J. ROE, *Bankruptcy and corporate reorganization* cit., p. 551.
[164] O *United States Trustee Program*, estabelecido pelo *Bankruptcy Code*, consiste em órgão integrante do *Department of Justice* dos EUA que visa a promover a eficiência e a proteger a integridade do sistema concursal federal americano, monitorando a conduta das partes e de *trustees* nomeados em processos de insolvência (que tem a responsabilidade de indicar, em certas hipóteses – permite-se também a eleição desse agente pelos credores), supervisionando funções administrativas relacionadas e atuando para assegurar que leis e procedimentos aplicáveis sejam observados nessa esfera, além de identificar e auxiliar

o *examiner*¹⁶⁵ e o juiz exercem ou podem exercer papéis determinantes nesse tocante.¹⁶⁶

Com relação às possíveis interferências do processo de reorganização na participação dos sócios, cumpre descrever brevemente a *new value exception*, formulação comum na doutrina americana segundo a qual detentores de participação no capital social da devedora poderiam adquirir participação na empresa reorganizada mediante novo investimento em dinheiro (e não capital humano, abrangendo *expertise* e tempo dedicado)¹⁶⁷, configurando-se uma aparente exceção à regra de priori-

---

outros órgãos competentes em investigações sobre fraudes e abusos no âmbito da insolvência (M. J. ROE, *Bankruptcy and corporate reorganization* cit., pp. 552-553). D. A. SKEEL JR., contudo, indica que o *U.S. Trustee* apresenta deveres que consistem em um "eco pálido" do papel exercido pela *SEC* no regime concursal anteriormente vigente (*Debt's dominion* cit., p. 181). E, além disso, aponta-se que os propósitos almejados com a criação do órgão, relacionados à atribuição das tarefas administrativas do processo a outro agente que não o juiz, não foram alcançados (H. R. MILLER, *The changing face of chapter 11: a reemergence of the bankruptcy judge as producer, diretor, and sometimes star of the reorganization passion play*, in *Am. Bankr. L. J.* 69 [1995], pp. 454-455). Ainda que as funções conferidas ao *U. S. Trustee* fossem devidamente observadas, enfim, tem-se que estariam muito distantes do papel fiscalizatório próximo exercido por órgão do processo, nomeado especificamente para tanto. Ao que parece, aquele órgão se dedica a uma supervisão mais distante e relacionada à verificação do cumprimento de prazos e de disposições legais pertinentes, além de questões administrativas como a revisão de pedidos de compensação e reembolso.

¹⁶⁵ Afirma-se que, no sistema concursal americano, é facultado ao juízo da insolvência nomear, em vez de um *trustee*, um *examiner*, o qual, diferente daquela figura, não substitui o devedor, mas apresenta o dever de investiga-lo, assim como sua conduta anterior ao processo e suas relações financeiras. Sua nomeação poderia ocorrer a pedido de parte interessada ou do *United States Trustee* e se destinaria à investigação de alegações sobre a ocorrência de fraudes, má-fé, incompetência, má gestão ou conduta irregular na gestão dos negócios do devedor pela administração atual ou antiga, desde que esse esforço reflita o melhor interesse de credores, acionistas e outros interessados ou que a dívida de credores não garantidos, com exceção de certas categorias, supere o montante de US$ 5.000.000,00. (Robert A. SORIANO, *Chapter 84 – Debtor in Possession*, in Alan N. RESNICK e Henry J. SOMMER [coords.], *COLLIER Bankruptcy Practice Guide*, v. 5, Lexis Nexis, 2016, pp. 30-31).

¹⁶⁶ M. J. ROE, *Bankruptcy and corporate reorganization* cit., p. 551.

¹⁶⁷ K. GROSS, *Failure and forgiveness* cit., pp. 128-130. A autora apoia, nesse mesmo intervalo de páginas, que também seja permitida a configuração da *new value exception* por meio da contribuição de capital humano, o que consistiria em forte demonstração do espirito de reabilitação que, para aquela, deveria orientar o sistema concursal americano.

dade absoluta.¹⁶⁸ A própria finalidade do mecanismo revela que, em tese, não seria preservada a participação ostentada pelos sócios com o desfecho do processo. O instituto é alvo de críticas na doutrina, de variadas orientações e por diversos motivos.

Conquanto possa parecer, a princípio, uma inovação importante aos antigos sócios da empresa em reorganização, permitindo que adquiram participação na entidade reorganizada, há quem indique a sua desnecessidade, pois o sistema concursal americano já comportaria a possibilidade de conservação do negócio sob a mesma propriedade, com base na perspectiva histórica de reabilitação do negócio.¹⁶⁹ Pesquisa empírica realizada poucos anos após o advento do *Bankruptcy Code* parece amparar essa opinião, porquanto identificou não apenas a ausência de verdadeira distinção entre a participação no capital social das empresas em reorganização e a sua administração, mas também que em 75% das empresas analisadas que haviam sobrevivido ao período da pesquisa ocorrera a manutenção dos mesmos "proprietários" e administração.¹⁷⁰

O alcance do mecanismo, na prática, também seria muito limitado.¹⁷¹ Mesmo perspectivas mais favoráveis à utilização do instituto apresentam

---

¹⁶⁸ Deve-se ressaltar, contudo, que a jurisprudência americana balizou esse instituto justamente de modo a respeitar a *absolute priority rule*, em especial durante a análise do plano de reorganização apresentado no caso da 203 North LaSalle Street partnership, cuja homologação apenas ocorreria mediante *cram down*, superando-se objeção de credores. Nesse sentido, passou-se a entender que os antigos sócios da empresa poderiam adquirir participação no negócio reorganizado, desde que investindo capital novo neste em valor equivalente ao da participação adquirida e desde que se comprovasse que a oportunidade de compra dessa participação também fora disponibilizada a terceiros, demonstrando-se que a aquisição realizada pelos antigos sócios não decorria de sua posição na empresa anterior ao processo (M. J. ROE, *Bankruptcy and corporate reorganization* cit., pp. 116-117).

¹⁶⁹ Visão demonstrada por H. R. MILLER e outros em *Commentary on Professor Warren's paper* cit., notando-se que a manutenção do devedor como beneficiário da reorganização geralmente é justificada, também, com fundamento na proteção do empreendedorismo – ainda que a força do argumento seja reduzida no caso de companhias abertas – e de outros valores, referentes aos empregados, a objetivos concorrenciais e à estabilidade de comunidades (J. L. WESTBROOK, *The globalisation of insolvency reform* cit., pp. 410-411).

¹⁷⁰ L. M. LOPUCKI, *The debtor in full control – Systems failure under Chapter 11 of the bankruptcy code?*, in *Am. Bankr. L. J.* 57 (1983), p. 264.

¹⁷¹ Há pesquisa empírica demonstrando que no máximo 12% dos planos de reorganização deixam de observar a *absolute priority rule* em benefício de sócios (Kenneth M. AYOTTE e Edward R. MORRISON, *Creditor control and conflict in chapter 11*, in *J. Legal Analysis* 1 [2009],

crítica à sua denominação, porque inexistiria em sua aplicação, propriamente, uma exceção às disposições do *Bankruptcy Code* ou uma permissão a que os antigos sócios obtenham quaisquer vantagens com base em sua situação anterior à insolvência, notando-se que já não haveria uma restrição legal à participação dos antigos sócios como adquirentes de ativos da empresa após a reorganização – inclusive do seu controle.[172]

Enfrentados os difíceis temas relativos à caracterização do *debtor in possession* e ao papel dos sócios na estrutura do *Chapter 11*, resta examinar alguns aspectos marcantes da reorganização delineada pelo *Bankruptcy Code*, o que inclui observações sobre a sua prática e a aparente mudança verificada em sua orientação inicial. Passa-se, então, a esse derradeiro tópico do presente item.

Conforme se apontou no item 1.3.1.1., com o advento do *Chapter 11* teria prevalecido uma orientação mais flexível, simplificada e favorável à reabilitação, o que seria demonstrado pela forte inclinação da legislação ao conceito do *debtor in possession* e pela ausência de previsão quanto à supervisão do processo pela *SEC*. E esses não seriam os únicos atrativos da disciplina reorganizacional inaugurada pelo *Bankruptcy Code* para os devedores.

Entre os demais fatores que ampliariam a relativa "zona de conforto" conferida pelo *Chapter 11* aos devedores e à sua administração, incentivando a busca pela reorganização antes que a situação econômico-finan-

---

p. 538). Além disso, há dúvidas sobre o verdadeiro alcance do instituto da *new value* na realidade americana, havendo quem sustente ser muito mais limitado do que se acredita, aplicando-se essencialmente a processos "menores" envolvendo assuntos imobiliários (David Gray CARLSON e Jack F. WILLIAMS, *The truth about the new value exception to bankruptcy's absolute priority rule*, in *Cardozo L. Rev.* 21 [1999-2000], pp. 1.305-1.306). Aponta-se que esse mecanismo passou a ser adotado, com o advento do *Bankruptcy Code*, sobretudo por pequenas empresas, as quais no regime do *Chapter XI* do *Chandler Act* não se submetiam, em tese, às mesmas regras de prioridade impostas às empresas de grande porte, deparando-se agora com essa exigência. De fato, durante a vigência do *Chandler Act*, especificamente na aplicação das disposições do seu *Chapter XI*, não era utilizada a *new value exception*, pois aquela disciplina já abarcava a retenção da participação detida pelos sócios da devedora, além de, passado algum tempo, ter deixado de apresentar a necessidade de observância da *absolute priority rule* (D. A. SKEEL Jr., *Debt's dominion* cit., pp. 233--234).

[172] E. WARREN, *A theory of absolute priority* cit., pp. 41-42. Para a autora, o instituto poderia ser nomeado mais adequadamente como "*scrutinize old equity participation rule*".

ceira da empresa se deteriore a ponto de tornar inviável sua reabilitação, estão a suspensão das ações contra o devedor, suas propriedades e as propriedades em sua posse no início do processo; o amplo poder financeiro conferido aos devedores; a autorização ao devedor para que rejeite contratos em execução; uma definição mais abrangente da propriedade da massa; a recuperação e o retorno de propriedades da massa transferidas ou removidas do *debtor in possession* antes de iniciado o processo; a expansão dos poderes administrativos do devedor e, enfim, a detenção pelo devedor do direito exclusivo de propor o plano de reorganização e de solicitar a deliberação sobre ele dentro do prazo de 180 dias.[173]

O propósito das disposições mencionadas é, claramente, favorecer o início do processo de reorganização assim que identificada a crise empresarial, enquanto o salvamento do negócio ainda seja viável. Diante da importância desse aspecto para o êxito do processo, é justificada a estrutura delineada para o *Chapter 11*.

Ademais, isso não significa que o mesmo *Chapter 11* tenha ignorado a necessidade de proteger os interesses de credores e investidores. De fato, as disposições protetivas de outros interessados, que não os devedores, incluem a possibilidade de início involuntário do processo de reorganização;[174] a atribuição aos credores garantidos da prerrogativa de pedirem a chamada *adequate protection* quanto aos seus interesses no patrimônio do devedor, evitando a depreciação do seu valor; a decisão sobre o plano de reorganização, cuja obtenção é escopo do processo, ocorrer mediante deliberação por maioria em várias classes de credores e sócios com direitos atingidos; a necessidade de aprovação judicial de uma declaração contendo as informações adequadas aos credores e aos sócios para que possam votar de maneira esclarecida, antes da passagem à deliberação sobre o plano; a supervisão da administração do caso pelo gabinete do *U.S. Trustee*; a necessidade de observância, pelo devedor, do devido processo legal, cientificando-se e ouvindo-se os credores, por exemplo, antes de determinações e decisões, e, enfim, a necessidade

---

[173] H. R. MILLER e S. Y. WAISMAN, *Is chapter 11 bankrupt?* cit., pp. 143-144.

[174] Embora a ampla maioria dos casos de insolvência seja iniciada, historicamente, mediante pedido do devedor, formulado voluntariamente, ainda que em resposta a esforços de cobrança dos credores (Susan BLOCK-LIEB, *Why creditors file so few involuntary petitions and why the number is not too small*, in Brook. L. Rev. 57 [1991-1992], pp. 803-804).

de atendimento, pelo plano proposto, aos requisitos para sua homologação, incluindo um padrão de viabilidade elevado e o *best interest of creditors test*.[175]

Há na doutrina, por sinal, teoria que relaciona a própria existência do *debtor in possession* à finalidade de proteção dos interesses de outros *stakeholders*, inclusive credores. Com efeito, à luz da *Team Production Theory*,[176] defende-se que o *debtor in possession*, como principal agente do processo de reorganização – a quem compete, apresentando deveres fiduciários a todas as partes interessadas, fornecer informações relevantes, formular e executar o plano de negócios, negociar o plano de reorganização e conduzir a proposta ao longo do processo –, teria sua utilização justificada exatamente porque, continuando a existir o conselho de administração durante o processo de reorganização (assim como o controle exercido pelo órgão previamente, também mantido), não seria seu papel atuar em observância do interesse dos sócios, mas sim daqueles ostentados pelos "*team members*" relativos à sociedade empresária (abarcando-se, aqui, os credores e os sócios, entre outros interessados), de modo a determinar as distribuições de rendas e excedentes entre eles.[177]

Extrai-se da estrutura do *Chapter 11* que as suas disposições, sistematicamente consideradas, visam a atingir um equilíbrio entre o devedor e os credores. Por vezes, no entanto, existe uma diferença notável entre os efeitos esperados na promulgação de um diploma legal e a realidade imposta por sua aplicação.

No caso, a despeito da previsão de instrumentos que assegurariam o equilíbrio indicado na reorganização, afirmou-se, poucos anos após a entrada em vigor do *Bankruptcy Code*, que não se lograra êxito nesse

---

[175] H. R. MILLER e S. Y. WAISMAN, *Is chapter 11 bankrupt?* cit., pp. 144-145.
[176] Cujo foco no âmbito da reorganização é resumido, com clareza, na seguinte consideração de L. M. LoPUCKI: "(...) but if the *Team Production* theorists are right, independent directors should use their freedom in the first instance to preserve and continue the firm and in the second to serve all corporate constituencies fairly" (*A team production* cit., p. 779).
[177] L. M. LoPUCKI, *A team production* cit., pp. 770-772. Imprescindível esclarecer, porém, que essa teoria pressupõe a independência do conselho de administração com relação aos sócios, diretores ou credores, porquanto, do contrário, o surgimento de expressivos conflitos de interesses corromperia a aventada divisão de rendas e excedentes e a própria tomada de decisão na empresa (L. M. LoPUCKI, *A team production* cit., pp. 751-752).

esforço. Nesse sentido, L. M. LoPucki, em pesquisa empírica realizada durante três anos após o advento da legislação, demonstrou que a constituição do comitê de credores, destinado em grande medida à supervisão do devedor, ocorrera em 40% dos casos de reorganização analisados, sendo que menos da metade desses comitês contratou assessoria jurídica ou contábil, e que em geral os comitês não funcionaram conforme esperado. Na mesma direção, revelou-se inexistir qualquer evidência de que as disposições do novo diploma permitindo aos credores a proposição de plano tinham causado real impacto no equilíbrio de poder entre o devedor e os credores. Nos processos examinados, além disso, os devedores foram quase invariavelmente capazes de continuar a operar o negócio, desde que optassem por isso e pudessem pagar as suas despesas correntes. Os credores, por seu turno, não foram capazes de colocar fim às operações do devedor. Em nenhum dos casos avaliados, outrossim, os credores puderam impor uma mudança na administração ou no controle do devedor.[178]

Sustenta-se que, a despeito do estabelecimento de mecanismos, no *Chapter 11*, destinados a descobrir e aprimorar ou substituir a má administração, como a previsão das possibilidades de nomeação de um *examiner* ou *trustee* pelo juízo da reorganização e da constituição de um comitê de credores com poderes para fiscalizar a empresa, contratar especialistas para tanto e pedir ao juízo a indicação de um *trustee* ou *examiner*, além da atribuição de expressiva importância à negociação entre a administração, os sócios e os credores para obtenção da homologação do plano proposto, o modelo imaginado não funcionaria como planejado. Isso porque, conforme se extraiu da pesquisa realizada, foram raras as nomeações de *examiners*. As nomeações de *trustees*, embora mais frequentes, não conferiam a tais agentes a função de identificar e eliminar a causa da crise sofrida pela empresa, mas sim de promover seu "enterro", diante do abandono do negócio pelo devedor. Os comitês de credores, por sua vez, seriam formados apenas na menor parte dos casos, não obtendo o auxílio de especialistas e raramente conduzindo investigações sobre a causa da crise empresarial ou se opondo seriamente às escolhas do deve-

---

[178] L. M. LoPucki, *The debtor in full control* cit., pp. 99-103.

dor, sendo malsucedidos nos casos em que tentaram. As negociações pretendidas pelo sistema, igualmente, pareciam ter falhado.[179]

O dever imposto ao *debtor in possession* logo após o início do processo quanto à apresentação de relatórios periódicos ao juízo da reorganização e ao *U.S. Trustee's Office*, com a finalidade de manter as partes interessadas informadas sobre a situação financeira do devedor e contribuir à tomada de suas decisões, além disso, não seria devidamente observado. Esses relatórios, na prática, seriam apresentados somente depois de períodos mais longos, sobretudo em casos maiores, prejudicando a capacidade dos credores de avaliarem as finanças do devedor nesse momento crucial do processo. Tais documentos, ademais, geralmente conteriam apenas as receitas e despesas das empresas, não ofertando maiores elementos sobre sua situação. Em outras palavras, informações essenciais sobre a empresa devedora não necessariamente chegariam aos credores.[180]

O efeito das falhas do sistema estruturado no *Chapter 11*, somadas, segundo L. M. LoPucki, foi a capacidade dos devedores analisados para continuarem em pleno controle dos seus negócios durante o processo reorganizacional.[181] Com a ressalva dos credores garantidos ou deten-

---

[179] L. M. LoPucki, *The debtor in full control* cit., pp. 271-272.
[180] J. B. Johnston, *The Bankruptcy Bargain* cit., pp. 288-289.
[181] A incapacidade do procedimento estabelecido no *Chapter 11* para ocasionar uma reorganização concreta e afastar a administração quando necessário seria uma consequência previsível da concepção dos idealizadores da legislação, na perspectiva de L. M. LoPucki equivocada, de que os devedores buscariam entrar em reorganização, voluntariamente, pelo propósito de reorganizar seu negócio e reestruturar o seu passivo. Segundo o autor, porém, esse tipo de devedor, para o qual o procedimento foi delineado, é relativamente raro. O devedor típico, que ajuíza o pedido de reorganização com a finalidade de impedir os seus credores e reduzir o seu passivo, mas sem a intenção de arriscar uma mudança no controle ou na gestão da empresa, não seria atendido adequadamente pelo *Chapter 11*. A partir disso, defende L. M. LoPucki que, sendo a necessidade mais frequente na reorganização empresarial uma mudança na administração do negócio, a reorganização não pode ser um processo inteiramente voluntário. Os administradores, que geralmente são também os controladores, não promoverão o próprio afastamento, de modo que um processo de reorganização efetivo precisaria impor ao devedor insolvente reformas que este não adotaria voluntariamente. Na visão indicada, ainda, deve-se reconhecer como preponderante o interesse dos credores nos ativos da empresa em crise (L. M. LoPucki, *The debtor in full control* cit., p. 273).

tores de prioridades, que puderam negociar o tratamento dispensado aos seus interesses no plano proposto, os credores foram efetivamente excluídos do processo, não logrando obter informação suficiente para identificar as causas da crise, fechar o negócio ou mudar sua administração e, no caso dos credores sem garantias, compelir o devedor a oferecer pagamento maior do que uma pequena parcela do seu crédito.[182]

Entretanto, deve-se ressaltar que, em pesquisa publicada alguns anos depois, cujo foco foi investigar mudanças no controle e na propriedade de empresas de capital aberto que deixam de adimplir suas dívidas (e ingressam em processo de insolvência ou reestruturação extrajudicial dos débitos), evidenciou-se alteração no controle sobre os recursos da empresa, da diretoria e do conselho administrativo para credores e *blockholders* de fora, de modo que, em média, somente 46% dos membros do conselho de administração e 43% dos CEOs permaneceriam na empresa quando da conclusão do processo adotado.[183] Ao que parece, esses dados indicavam, já naquela época, o que viria a ser uma alteração na orientação da reorganização.

Com efeito, tem-se afirmado, mais recentemente, que a ênfase do *Bankruptcy Code* na reabilitação, facilmente reconhecível quando do seu advento, encontra-se em declínio, com a crescente influência dos credores no processo de reorganização previsto no *Chapter 11*, o que estaria relacionado ao aumento da incidência de cessões de créditos no âmbito da insolvência e da concessão de financiamento ao *debtor in possession* (*DIP financing*). Nesse sentido, fala-se inclusive em *creditor in possession* nos processos de reorganização atuais,[184] com ampla interferência de credores na própria administração da empresa quando se identifica sua crise.[185]

---

[182] L. M. LoPucki, *The debtor in full control* cit., pp. 272-273.
[183] Stuart C. Gilson, *Bankruptcy, boards, banks, and blockholders – Evidence on changes in corporate ownership and control when firms default*, in *Journal of Financial Economics* 27 (1990), p. 386.
[184] H. R. Miller e S. Y. Waisman, *Is chapter 11 bankrupt?* cit., pp. 150-166.
[185] D. G. Baird, The *elements of bankruptcy* cit., pp. 211-212. Para uma visão geral sobre o aumento na relevância dos credores na prática do *Chapter 11*, cf. Gerard McCormack, *Corporate Rescue Law – An Anglo-American Perspective*, Cheltenham, Edward Elgar Publishing Limited, 2008, pp. 111-115. Acerca do tema, destaca-se também pesquisa empírica que confirmou estar o controle dos processos de reorganização, na atualidade, com os credores, além de apontar a existência de conflitos entre as classes de credores com e sem garantia

Relata-se que na prática moderna da reorganização, nos Estados Unidos, o próprio afastamento da administração, com a consequente nomeação de um *trustee* para a função, já não tem ocorrido como no passado, mediante pedido ao juízo do processo. Isso porque, atualmente, os credores com frequência poderiam ensejar mudanças na gestão da sociedade devedora sem tal intervenção judicial,[186] no bojo do financiamento concedido à empresa em reorganização, simultaneamente impedindo que outro agente além dos credores obtenha o controle, como ocorreria com a regular indicação de *trustee*.[187] Aponta-se, nessa direção, existirem atualmente administradores especializados na superação da crise empresarial, os *"turnaround managers"*, a quem frequentemente se atribuiria a responsabilidade de gerir as empresas em reorganização no contexto americano.[188]

1.3.2. O afastamento do devedor: solução concursal clássica

No modelo global de posicionamento do devedor que acarreta o seu afastamento em relação à condução da empresa em reorganização, remove-se o controle daquele sobre o negócio[189], nomeando-se um órgão do processo reorganizacional para assumir as suas funções no

---

e de resultados diferentes para a negociação conforme as garantias dos credores superem ou não o valor dos ativos da empresa, entre outros elementos (K. M. AYOTTE e E. R. MORRISON, *Creditor control and conflict* cit., pp. 511-551). Sobre o assunto, cf. ainda D. A. SKEEL JR., *Creditors' ball: the "new" new corporate governance in chapter 11*, in U. Pa. L. Rev. 152 (2003--2004).

[186] E, de fato, estudo sobre empresas de grande porte em crise indicou que 70% dos CEOs são substituídos nos dois anos que antecedem o pedido de reorganização (K. M. AYOTTE e E. R. MORRISON, *Creditor control and conflict* cit., p. 538).

[187] D. G. BAIRD, The *elements of bankruptcy* cit., p. 225.

[188] M. J. ROE, *Bankruptcy and corporate reorganization* cit., p. 124. Ao versar sobre hipóteses de controle externo em 1976, F. K. COMPARATO já delineava situação na qual o credor, em virtude do seu direito de crédito, passa a dominar a devedora, comandando a sua exploração empresarial, conquanto ausente processo concursal e, por vezes, justamente sob a ameaça do seu surgimento (F. K. COMPARATO e C. SALOMÃO FILHO, *O poder de controle* cit., pp. 78-79).

[189] W. W. McBRYDE e A. FLESSNER ensinam que, no afastamento, o que se transfere do devedor é a capacidade de controlar ativos, medida que não necessariamente envolve uma mudança na propriedade dos bens (*Principles of european insolvency law* cit., pp. 37-38).

tocante à administração da empresa.[190] Algumas vezes, compete a esse agente imparcial até mesmo apresentar a proposta de plano para a reorganização, cabendo-lhe também função relevante na condução do processo.[191] Trata-se da solução concursal clássica.[192]

Seguindo-se o exemplo do item concernente ao modelo do *debtor in possession*, teria lugar neste item, a princípio, breve síntese acerca do surgimento e da evolução do modelo de afastamento. Por se saber, contudo, que o procedimento de insolvência em sua formulação clássica ocasiona a substituição do devedor por um administrador, a quem compete gerir os bens da empresa e promover sua liquidação,[193] não sendo o afastamento do devedor durante o processo concursal, historicamente, uma novidade,[194] tem-se que a realização de escorço histórico nesses moldes é prescindível no caso. De fato, tratando-se de antigo paradigma da insolvência, apresentar resumo sobre a sua evolução histórica consistiria em tarefa hercúlea, confundindo-se seu desenvolvimento com aquele do próprio direito concursal, e pouco proveitosa ao estudo, pois os aspectos relevantes do modelo já serão evidenciados pelos sistemas concursais examinados, em perspectiva atual.[195]

Não se pode dispensar, porém, breve excurso sobre os sistemas concursais adotados para a análise do modelo de afastamento do devedor, apresentando-se pequena contextualização sobre cada um, bem como se justificando a sua classificação. É o que se faz em seguida. A configuração atual do modelo, por sua vez, será exposta após essa síntese.

---

[190] UNCITRAL, *Legislative guide* cit., p. 164.
[191] N. MARTIN, *The role of history* cit., p. 45.
[192] W. W. MCBRYDE e A. FLESSNER, *Principles of european insolvency law* cit., p. 86.
[193] W. W. MCBRYDE e A. FLESSNER, *Principles of european insolvency law* cit., p. 86.
[194] Catarina SERRA, *Os efeitos patrimoniais da declaração de insolvência – quem tem medo da administração da massa pelo devedor?*, in Armando Marques GUEDES et. al. (coords.), *Estudos em Homenagem ao Prof. Doutor José Lebre de Freitas*, v. II, Coimbra, Coimbra Editora, 2013, p. 540.
[195] De todo modo, para exposição sobre o desenvolvimento histórico relativo aos objetivos e interesses protegidos pela disciplina jurídica concursal, com considerações acerca do tratamento dispensado ao devedor, cf. S. C. NEDER CEREZETTI, *A Recuperação Judicial de Sociedade por Ações* cit., pp. 27-87.

1.3.2.1. Breve apresentação dos sistemas concursais utilizados na análise do modelo de afastamento: contextualização e justificativa da sua classificação

A estrutura e o funcionamento do modelo de afastamento do devedor em relação à condução da sociedade em reorganização serão estudados a partir dos sistemas concursais alemão, britânico e português. Neste item, busca-se contextualizar os direitos de insolvência a serem analisados e apresentar breve justificativa para sua inserção no modelo de afastamento.

Deve-se destacar, de antemão, que o enquadramento desses regimes de insolvência no modelo de afastamento não decorre da ausência de mecanismos de manutenção do devedor durante a crise empresarial – mais especificamente, ao longo dos processos visando à solução desta – em cada realidade examinada. Sustentam W. W. McBryde e A. Flessner, com efeito, que os ordenamentos jurídicos em geral oferecem, atualmente, alternativa à clássica hipótese de afastamento, abarcando a manutenção do devedor e a tentativa de reorganização da empresa.[196] No caso das disciplinas da crise empresarial da Alemanha, do Reino Unido e de Portugal, não é diferente.

Como exposto no item 1.3., todavia, a análise dos sistemas de condução da empresa em reorganização deve focar, precipuamente, nos agentes de atuação preponderante em cada disciplina, bem como considerar os seus efeitos na prática. Conforme adiantado na ocasião, a observância desses aspectos pode, até mesmo, ensejar a classificação do regime examinado em modelo diverso daquele no qual se incluiria em princípio, com base apenas no seu arranjo legal. Por vezes, a realidade se impõe às disposições legais isoladamente consideradas e às consequências almejadas com seu advento.

Essa conclusão acerca da categorização promovida neste trabalho é bastante importante, sobretudo, no tocante aos sistemas concursais alemão e português, notando-se que a experiência oriunda da aplicação das suas legislações de insolvência desafia, ao menos em tese, as expectativas concernentes à estrutura estabelecida nos diplomas. Realizado esse esclarecimento, pode-se passar ao breve panorama dos sistemas referidos.

---

[196] *Principles of european insolvency law* cit., p. 86.

Primeiramente, apresenta-se o sistema de insolvência empresarial da Alemanha, que tem adotado, historicamente, visão que prestigia o interesse dos credores, enxergando os ativos do devedor e os créditos sobre eles em uma perspectiva de mercado.[197] Nessa concepção, espera-se que a estrutura estabelecida pelo sistema concursal daquele país conceda aos credores o poder de decisão sobre se mantêm o seu investimento na empresa ou se o retiram, como fariam em condições de mercado.[198] Disso resulta ser exigível naquele cenário, por exemplo, que a reorganização empresarial assegure aos credores, no mínimo, a quantia ou o valor que poderiam ter obtido na imediata liquidação dos ativos.[199] O senso comum alemão sobre o devedor, tradicionalmente considerado culpado naquela sociedade, em contraposição à tradição americana de lhe oferecer um *fresh start*, certamente exerceu influência marcante nas escolhas do legislador.[200]

A *Insolvenzordnung*,[201] ou simplesmente *InsO*, é o diploma legal que disciplina a insolvência empresarial na Alemanha.[202] Apesar do seu advento em 1994, a *InsO* apenas entrou integralmente em vigor no ano de 1999, introduzindo no ordenamento jurídico alemão, pela primeira vez, um procedimento de reorganização plenamente desenvol-

---

[197] A. FLESSNER, *Philosophies of business bankruptcy law* cit., p. 24.

[198] Realmente, como ensina Manfred BALZ, a finalidade explícita da *InsO* (lei concursal alemã, abordada em detalhes adiante) é estabelecer um sistema que confira aos processos de insolvência conformidade com o mercado, estimulando-se e até se simulando, quando necessário, processos eficientes de trocas de mercado (*Market conformity of insolvency proceedings: policy issues of the german insolvency law*, in Brook. J. Int'l Law 23 [1997-1998], p. 171).

[199] A. FLESSNER, *Philosophies of business bankruptcy law* cit., p. 24.

[200] Eckart EHLERS, *Statutory corporate rescue proceedings in Germany – the insolvenzplan procedure*, in Katarzyna Gromek BROC e R. PARRY, *Corporate rescue – an overview of recent developments*, 2ª edição, Alphen aan den Rijn, Kluwer Law International, 2006, p. 153.

[201] Para maiores detalhes acerca de fatores que ensejaram o advento da *InsO* e dos objetivos desta, cf. Susana COROTTO, *Modelos de reorganização empresarial brasileiro e alemão – Comparação entre a Lei de Recuperação e Falências de Empresas (LRFE) e a Insolvenzordnung (InsO) sob a ótica da viabilidade prática*, Porto Alegre, Sergio Antonio Fabris Editor, 2009, pp. 56-62.

[202] Tradução da *InsO* para o português, conquanto já bastante desatualizada, pode ser encontrada em Dora BERGER, *A insolvência no Brasil e na Alemanha – Estudo comparado entre a lei de insolvência alemã de 01.01.1999 (traduzida) e o projeto de lei brasileiro nº 4.376 de 1993 (com as alterações de 1999) que regula a falência, a concordata preventiva e a recuperação de empresas*, Porto Alegre, Sergio Antonio Fabris Editor, 2001, pp. 219-373.

vido.²⁰³ De fato, no direito concursal alemão anterior à *InsO*, que abrangia disposições diferentes para os territórios que tinham pertencido, no passado, à Alemanha Ocidental e à Alemanha Oriental, apenas se encontrava mecanismo similar à reorganização empresarial nesta, apontando-se que nela, em certa medida, os devedores até mesmo obtinham a *discharge*, conceito desconhecido na outra porção do país. Tratava-se, porém, de instrumento distante daquele estruturado no *Chapter 11*, por exemplo.²⁰⁴⁻²⁰⁵

Indica-se que, no delineamento da *InsO*, utilizou-se o *Chapter 11* americano como modelo,²⁰⁶ com forte inspiração na doutrina de T. JACKSON.²⁰⁷ Nesse sentido, o objetivo da nova legislação concursal alemã seria eliminar negócios inviáveis do mercado, limitando a interferência exercida por sua artificial manutenção no livre mercado e na concorrência, e facilitar uma eficiente satisfação de interesses dos credores, substituindo-se a cobrança individual e descoordenada de seus créditos, que geraria como resultado a alienação dos ativos do devedor com valor depreciado, por um mecanismo coletivo para o adimplemento dessas obrigações. A criação de uma estrutura legal para negociações entre as partes, conduzindo-se ao modo mais eficiente de atendimento aos direitos dos credores, além disso, também seria uma finalidade da *InsO*.

---

²⁰³ Klaus KAMLAH, *The new german Insolvency Act: Insolvenzordnung*, in Am. Bankr. L. J. 70 (1996), p. 417.

²⁰⁴ K. KAMLAH, *The new german Insolvency Act* cit., pp. 417-418. Também sobre o histórico do direito concursal alemão até o advento da *InsO*, cf. C. G. PAULUS e Matthias BERBERICH, *National Report for Germany*, in Dennis FABER et al., *Commencement of insolvency proceedings*, Oxford, Oxford University Press, 2012, pp. 313-314.

²⁰⁵ Christoph G. PAULUS, porém, chega a afirmar que, na verdade, como matéria de lei concursal, nunca existira na Alemanha nada como a *discharge* após o fim do processo (*Germany: lessons to learn from the implementation of a new insolvency code*, in Conn. J. Int'l L. 17 [2001--2002], p. 90).

²⁰⁶ K. KAMLAH, *The new german Insolvency Act* cit., pp. 421-422. Nesse tocante, sustentou-se que, a despeito do ágil afastamento dos administradores quando a empresa recorre ao processo de insolvência e do início de cada caso como liquidação, o então novo diploma concursal alemão apresentava um claro distanciamento do tradicional procedimento de liquidação (D. A. SKEEL JR., *Debt's dominion* cit., pp. 241-242).

²⁰⁷ M. BALZ, nesse sentido, afirma que pela primeira vez na história legislativa alemã a *análise econômica do direito* e os preceitos da economia institucional tiveram um impacto direto e explícito na política de leis do país (*Market conformity of insolvency proceedings* cit., p. 168).

Tanto a liquidação quanto a reorganização seriam vistas, nesse contexto, como meios igualmente apropriados para a satisfação dos credores.[208] E, de fato, tem-se na Alemanha que a legislação de insolvência não deve apresentar preferência pela reorganização em relação à liquidação.[209]

É bastante clara, dessa forma, a escolha do sistema concursal alemão pela perspectiva que privilegia a satisfação dos credores como propósito a ser perseguido,[210] o que certamente reflete em toda a disciplina que estabelece.[211] Ainda assim, o diploma legal sofreu críticas, entre outros aspectos, justamente por adotar o modelo dos EUA, que seria muito pró-devedor, ineficiente e burocrático na percepção alemã.[212]

Muito embora a *InsO* abarque mecanismo destinado a permitir a manutenção do devedor na condução da empresa durante o processo de insolvência, identifica-se que, na prática, a utilização da autoadministração é incomum, diante da hostilidade de profissionais da área no país com relação ao conceito (entre outras possíveis razões), prevalecendo o afastamento daquele somado à nomeação de administrador como solução concursal usual. Inclusive, tal diploma legal sofreu importante reforma em 2011, buscando-se popularizar o uso do instituto. Ainda é cedo, porém, para conclusões sobre eventual mudança na aplicação das suas disposições, especialmente pela persistência dos amplos poderes conferidos aos credores. Todos esses pontos serão discutidos com profundidade oportunamente, no item seguinte, servindo desde logo, entretanto, como fundamentos à classificação adotada.

O direito de insolvência britânico, por sua vez, é disciplinado no *Insolvency Act 1986*, cujo surgimento decorreu do esforço de unificação e modernização da legislação concursal daquele país a partir de 1976 e de relatório preparado com essa finalidade em 1982. O diploma legal mencionado reúne disposições de insolvência civil e empresarial e foi modifi-

---

[208] K. KAMLAH, *The new german Insolvency Act* cit., pp. 421-422.
[209] M. BALZ, *Market conformity of insolvency proceedings* cit., p. 168.
[210] S. COROTTO, *Modelos de reorganização empresarial* cit., p. 74.
[211] Com efeito, aponta-se que o próprio objetivo de promover a reorganização de devedores insolventes, conquanto declarado pelo diploma, não reflete adequadamente nas suas disposições, que deixariam a decisão sobre o processo diretamente nas mãos dos credores. A continuidade da empresa em reorganização, a longo prazo, também parece não estar contemplada pela lei referida (N. MARTIN, *The role of history* cit., p. 49).
[212] K. KAMLAH, *The new german Insolvency Act* cit., pp. 422-423.

cado, posteriormente, pelo *Insolvency Act 1994* e pelo *Insolvency Act 2000*, além do relevante *Enterprise Act 2002*, coexistindo ainda com normas relativas à insolvência transnacional e *Insolvency Rules* surgidas em 1986 e alteradas de tempos em tempos desde então.[213]

Nesse regime, contraposta à *liquidation*, com finalidade liquidatória, encontra-se a *administration*, estruturada como um procedimento de salvamento, visando a facilitar a sobrevivência do negócio em parte ou no todo.[214-215] E, no Reino Unido, o controle do *rescue* tem sido colocado principalmente nas mãos de profissional independente (um *insolvency practitioner*), que atua como administrador.[216] Tal sistema chega a ser chamado, inclusive, de *"practitioner in possession – PIP"*.[217]

A orientação favorável aos interesses dos credores e a predominância do afastamento do devedor em relação à condução da empresa durante o processo concursal são evidentes no sistema britânico, prescindindo-se de maiores explicações acerca da sua inclusão no âmbito do modelo em exame. Essa clara adesão ao afastamento, inclusive, confere verdadeira utilidade à análise da solução britânica, a despeito das peculiaridades do ordenamento jurídico em que se insere, porque permite que se avaliem os aspectos e os efeitos mais importantes de sistema com tama-

---

[213] Gerard McCormack, *National report for England*, in Dennis Faber et al., *Commencement of insolvency proceedings*, Oxford, Oxford University Press, 2012, p. 234. Para maiores detalhes acerca do desenvolvimento do atual sistema concursal britânico e de suas características, cf. G. McCormack, *Corporate Rescue Law* cit., pp. 43-77. Especificamente sobre a *administration*, cf. Harry Rajak, *Company Rescue and Liquidation*, 3ª edição, Londres, Sweet & Maxwell, 2013, pp. 75-127, e Rizwaan Jameel Mokal, *Corporate Insolvency Law – Theory and Application*, Oxford, Oxford University Press, 2005, pp. 225-261.

[214] Cumpre lembrar, porém, que há outros mecanismos formais de insolvência disponíveis naquele ordenamento, os quais por vezes podem ser utilizados conjuntamente, além da possibilidade de realização de *consensual workouts*, fora de procedimentos concursais formais, no chamado *London approach* (G. McCormack, *National report for England* cit., pp. 236-241).

[215] E, realmente, aponta-se que os procedimentos de insolvência empresarial britânicos estão preocupados, quando muito (em termos de salvamento), em resgatar o negócio, não a sociedade por meio da qual é operado. Inclusive, os sócios não teriam qualquer papel relevante na *administration*, em que seus eventuais pleitos seriam formalmente desconsiderados, não haveria previsão de assembleia os abarcando e caberia aos credores a aprovação das propostas (G. McCormack, *Corporate Rescue Law* cit., p. 75).

[216] V. Finch, *Control and co-ordination in corporate rescue*, in Legal. Stud. 25 (2005), p. 374.

[217] V. Finch, *Control and co-ordination* cit., p. 375.

nha aversão à manutenção do devedor – ao menos em seus mecanismos de insolvência mais tradicionais.

Por fim, resta apresentar o sistema concursal de Portugal. Adianta-se, nesse ponto, que algumas das suas principais características e a justificativa para sua classificação no modelo de afastamento se assemelham àquelas relativas ao sistema alemão.

O regime de insolvência português, fundamentalmente disciplinado no Código da Insolvência e da Recuperação de Empresas (CIRE, de 2004),[218] nesse sentido, também é caracterizado pela preponderância do propósito de satisfação dos credores,[219] o que se extrai do seu art. 1º, 1.[220] De fato, indica-se que nesse sistema concursal os credores são vistos como "proprietários econômicos da empresa", os quais seriam responsáveis pela "(...) decisão de recuperar a empresa, e em que termos, nomeadamente quanto à sua manutenção na titularidade do devedor insolvente ou na de outrem (...)".[221]

Chegou-se até mesmo a questionar, antes da reforma promovida no diploma legal em 2012, a presença da expressão "recuperação de empresas" na sua designação, em que poderia ser suficientemente adotada "Código da Insolvência", diante do caráter secundário atribuído àquela em suas disposições, sequer consistindo em processo específico, mas somente em um fim possível, entre outros, do plano de insolvência[222] inserto no processo de insolvência.[223] A inclusão da "recuperação" no título da legislação teria decorrido da tentativa de diminuição do eventual impacto social negativo ensejado pelo desaparecimento da finali-

---

[218] Inspirado essencialmente na *Insolvenzordnung* alemã (Luís Manuel Teles de Menezes Leitão, *Direito da insolvência*, 5ª edição, Coimbra, Almedina, 2013, p. 69).

[219] Alexandre de Soveral Martins, *Um curso de direito da insolvência*, Coimbra, Almedina, 2015, pp. 12-13.

[220] Dispositivo com a seguinte redação: "o processo de insolvência é um processo de execução universal que tem como finalidade a satisfação dos credores pela forma prevista num plano de insolvência, baseado, nomeadamente, na recuperação da empresa compreendida na massa insolvente, ou, quando tal não se afigure possível, na liquidação do património do devedor insolvente e a repartição do produto obtido pelos credores.".

[221] A. de S. Martins, *Um curso de direito da insolvência* cit., p. 13.

[222] Cuja apresentação compete ao devedor, ao administrador da insolvência, a credor ou grupo de credores que atenda a certos requisitos ou, enfim, a responsável legal pelas dívidas da insolvência (A. de S. Martins, *Um curso de direito da insolvência* cit., pp. 401-405).

[223] L. M. T. de M. Leitão, *Direito da insolvência* cit., p. 70.

dade de recuperação.²²⁴ A filosofia geral do Código teria sido atenuada em parte, mas não destruída, pelo posterior advento de um novo processo especial, de revitalização,²²⁵ disposto nos arts. 17º-A e seguintes do CIRE com o objetivo de conferir ao devedor em situação de insolvência iminente ou em situação econômica difícil a possibilidade de tentar obter novos financiamentos dos seus credores.²²⁶

A persistência da primazia da satisfação dos credores no CIRE seria demonstrada, por exemplo, pela drástica limitação imposta aos poderes do juiz em favor da "soberania dos credores", como se verifica na prerrogativa destes de escolherem livremente, por meio de assembleia, o administrador da insolvência, inclusive substituindo aquele designado pelo magistrado.²²⁷⁻²²⁸ No sistema concursal português, aliás, também preva-

---

²²⁴ A. de S. MARTINS, *Um curso de direito da insolvência* cit., p. 13.

²²⁵ Incluído por C. SERRA entre os procedimentos que combinam uma fase informal (ou negocial) e uma fase formal (judicial), integrantes da chamada "segunda geração" ou "*second degree of enhanced workout procedures*" (*Emendas à (lei da insolvência) portuguesa – primeiras impressões*, in *Direito das Sociedades em Revista* 7 [2012], pp. 122-123).

²²⁶ L. M. T. de M. LEITÃO, *Direito da insolvência* cit., p. 72.

²²⁷ L. M. T. de M. LEITÃO, *Código da insolvência e da recuperação de empresas anotado*, 8ª edição, Coimbra, Almedina, 2015, p. 52.

²²⁸ Outro exemplo que evidencia a preponderância atribuída aos interesses dos credores no CIRE é a disposição, em seu preâmbulo, de que "3 - O objectivo precípuo de qualquer processo de insolvência é a satisfação, pela forma mais eficiente possível, dos direitos dos credores. Quem intervém no tráfego jurídico, e especialmente quando aí exerce uma actividade comercial, assume por esse motivo indeclináveis deveres, à cabeça deles o de honrar os compromissos assumidos. A vida económica e empresarial é vida de interdependência, pelo que o incumprimento por parte de certos agentes repercute-se necessariamente na situação económica e financeira dos demais. Urge, portanto, dotar estes dos meios idóneos para fazer face à insolvência dos seus devedores, enquanto impossibilidade de pontualmente cumprir obrigações vencidas. Sendo a garantia comum dos créditos o património do devedor, é aos credores que cumpre decidir quanto à melhor efectivação dessa garantia, e é por essa via que, seguramente, melhor se satisfaz o interesse público da preservação do bom funcionamento do mercado. Quando na massa insolvente esteja compreendida uma empresa que não gerou os rendimentos necessários ao cumprimento das suas obrigações, a melhor satisfação dos credores pode passar tanto pelo encerramento da empresa, como pela sua manutenção em actividade. Mas é sempre da estimativa dos credores que deve depender, em última análise, a decisão de recuperar a empresa, e em que termos, nomeadamente quanto à sua manutenção na titularidade do devedor insolvente ou na de outrem. E, repise-se, essa estimativa será sempre a melhor forma de realização do interesse público de regulação do mercado, mantendo em funcionamento as empresas viáveis e expurgando

lece a nomeação de administrador, com o afastamento do devedor, na esfera dos processos reorganizacionais.

Conquanto prevista legalmente, a administração da massa pelo devedor não ostenta utilização expressiva, tampouco havendo elementos suficientes para conclusão quanto a eventuais alterações nesse cenário a partir de iniciativas legislativas posteriores ao advento do CIRE. Insere-se com clareza no modelo de afastamento, portanto, o sistema concursal português.

Realizada a breve apresentação dos sistemas concursais a serem utilizados na análise do modelo de afastamento e justificada a sua inserção no âmbito deste – exercícios que revelaram, por sinal, terem os três regimes de insolvência, em comum, orientação que privilegia a satisfação dos credores –, passa-se, em seguida, ao exame sobre a configuração atual do modelo. Nesse ponto, almeja-se entender e demonstrar a sua estrutura e o seu funcionamento.

1.3.2.2. Estrutura e funcionamento do modelo de afastamento

Com o início de processo concursal, o mundo do devedor se transforma.[229] E, quando o procedimento envolve a perda do seu controle sobre os ativos da empresa, amplifica-se a intensidade dessa transformação. É esse, em síntese, o objeto deste item do presente estudo.

Com efeito, por meio das disciplinas da crise empresarial na Alemanha, no Reino Unido e em Portugal e dos aspectos marcantes da sua estrutura e do seu funcionamento quanto ao posicionamento do devedor em relação à condução da empresa durante processos de natureza reorganizacional, almeja-se conhecer o modelo de afastamento com profundidade e evidenciar as suas vantagens e desvantagens. Adiantados, no item anterior, os panoramas gerais de cada legislação indicada, demonstrando-se que compartilham orientação favorável à *satisfação dos*

---

dele as que o não sejam (ainda que, nesta última hipótese, a inviabilidade possa resultar apenas do facto de os credores não verem interesse na continuação). Entende-se que a situação não corresponde necessariamente a uma falha do mercado e que os mecanismos próprios deste conduzem a melhores resultados do que intervenções autoritárias. Ao direito da insolvência compete a tarefa de regular juridicamente a eliminação ou a reorganização financeira de uma empresa segundo uma lógica de mercado, devolvendo o papel central aos credores, convertidos, por força da insolvência, em proprietários económicos da empresa".
[229] W. W. McBryde e A. Flessner, *Principles of european insolvency law* cit., p. 34.

credores, o presente item dispensará novas introduções, iniciando-se a pretendida análise desses sistemas já com foco nos elementos mais específicos – e importantes – da sua estrutura e do seu funcionamento.

Principia-se pelo sistema concursal alemão, delineando-se o seu processo de reorganização e, em seguida, discutindo-se os aspectos concernentes à condução da empresa de modo específico.

A *InsO* estabelece que o processo de insolvência se inicia, por iniciativa dos credores ou do devedor, como liquidação, podendo ser convertido em procedimento de reorganização[230] a qualquer tempo após a primeira assembleia de credores,[231] o que retiraria do devedor a vantagem de buscar a reorganização quando o seu êxito não fosse provável apenas para impedir a ação de credores, mas ocasionaria a desvantagem de obstar a oportuna tomada de decisões relevantes pelo administrador.[232]

Apresentado o requerimento, o juízo competente pode adotar as providências que entender necessárias para preservar os ativos da empresa, inclusive determinar que o devedor se abstenha de alienar bens ou nomear um administrador interino (que ficará sob supervisão judicial e dos credores, assim como o administrador "final")[233]. Esse administrador interino é investido de poderes para administrar a empresa devedora e, se preciso, dispor dos seus ativos, competindo-lhe continuar a atividade exercida por aquela e até, possivelmente, auxiliar o juízo na avaliação sobre a viabilidade do negócio.[234] Faculta-se a esse agente, inclusive, autorizar o devedor a exercer certos atos.[235] Posteriormente, estando o juízo convencido de que existe base para iniciar o processo e de que há ativos suficientes para custear a sua administração,

---

[230] Somente por meio de plano de insolvência, em contraposição ao "processo regular" (notando-se, porém, que difere do saneamento do titular de direito da empresa o saneamento da própria empresa, no qual há sua transferência total ou parcial a novo titular e que pode ocorrer em "processo regular" ou plano de insolvência), conforme S. COROTTO, *Modelos de reorganização empresarial* cit., pp. 76-77.

[231] Segundo afirma S. COROTTO, todavia, os planos de insolvência correspondiam, em meados da década de 2000, a menos de 1% dos processos de insolvência de empresas abertos na Alemanha, mostrando-se inexpressivos (*Modelos de reorganização empresarial* cit., p. 209).

[232] K. KAMLAH, *The new german Insolvency Act* cit., pp. 424-425.

[233] C. G. PAULUS e M. BERBERICH, *National Report* cit., p. 336.

[234] K. KAMLAH, *The new german Insolvency Act* cit., p. 426.

[235] C. G. PAULUS e M. BERBERICH, *National Report* cit., p. 332.

determina a abertura do procedimento e, em regra, nomeia um administrador permanente.[236-237]

Afirma-se que, na InsO, os credores apresentam amplos poderes[238], sendo-lhes permitido inclusive nomear um administrador, além de decidir o destino da empresa. A apresentação de um plano de reorganização, porém, cabe somente ao devedor ou ao administrador.[239]

O plano deve passar por exame de admissibilidade pelo juízo da insolvência, que pode promover sua rejeição de ofício nas hipóteses de inobservância das prescrições legais cabíveis quanto à apresentação e ao conteúdo da proposta (caso não possa ser sanada a tempo); de evidente ausência de perspectiva de aprovação pelos credores ou de homologação judicial; e, enfim, de manifesta impossibilidade do atendimento das pretensões atribuídas às partes pelo plano.[240] Posteriormente, deve ocorrer a sua aprovação por grupos de credores e, tendo sido o documento apresentado pelo administrador da insolvência, pelo devedor (necessidade que pode ser superada em determinas hipóteses).[241]

Enfim, tem lugar a homologação judicial do plano de insolvência, exceto se o juízo verificar inobservância de prescrições processuais ou se, a pedido de credor, verificar-se que sua posição econômica na liquidação seria presumivelmente melhor.[242] Com o trânsito em julgado da homologação, extingue-se o cargo do administrador da insolvência, cabendo ao devedor cumprir o plano aprovado.[243]

É esse o procedimento estabelecido pela InsO para a reorganização, em resumo que permite vislumbrar, desde logo, a importância conferida ao administrador da insolvência no sistema concursal alemão. A partir

---

[236] K. KAMLAH, *The new german Insolvency Act* cit., p. 426.

[237] Deve-se destacar que o exame de admissibilidade, antes realizado apenas em casos iniciados por iniciativa de credores, passou também a ser promovido em casos iniciados pelo devedor, com a finalidade de serem evitados abusos, obstando-se o prosseguimento de pedidos infundados em prejuízo dos credores (S. COROTTO, *Modelos de reorganização empresarial* cit., p. 160).

[238] Afirmando-se inclusive a autonomia dos credores como ideia por trás do plano de insolvência (E. EHLERS, *Statutory corporate rescue proceedings in Germany* cit., p. 164).

[239] K. KAMLAH, *The new german Insolvency Act* cit., pp. 429-430.

[240] S. COROTTO, *Modelos de reorganização empresarial* cit., p. 99.

[241] S. COROTTO, *Modelos de reorganização empresarial* cit., pp. 106-111.

[242] S. COROTTO, *Modelos de reorganização empresarial* cit., p.113.

[243] S. COROTTO, *Modelos de reorganização empresarial* cit., p. 117.

dessas considerações, pode-se apresentar mais detidamente os aspectos concernentes à condução da empresa nesse regime.

Deve-se destacar, primeiramente, que a *InsO* passou por reforma em 2011, ocasionando-se modificação expressiva no tratamento dispensado a essa matéria, com foco em determinados pontos da disciplina vistos como insatisfatórios. E esse esforço de aprimoramento da solução adotada pelo sistema concursal alemão acerca da condução da empresa durante o processo de insolvência (e de outros elementos relacionados ao devedor), essencial ao entendimento da sua atual estrutura, justificava-se.

Mesmo a doutrina que enumera vantagens na indicação do administrador da insolvência pelos grandes credores,[244] com base no interesse efetivo que estes apresentariam no processo e na medida em que seriam afetados por seus resultados, ressalta que essa prerrogativa deveria ser utilizada com responsabilidade, visando-se ao aumento da eficiência das disposições da *InsO*, não à obtenção de vantagens indevidas, como ocorreria na prática. De fato, a indicação de administradores pró-bancos e a sua atuação em benefício desses credores, em detrimento das disposições legais e de outros credores, teria sido identificada em alguns casos.[245] Ademais, os requerimentos de abertura dos processos de insolvência eram, em geral, tardios em relação à identificação da crise.[246] Os profissionais atuantes na área da insolvência, por sua vez, relutavam em promover a aplicação da versão local do *debtor in possession*. Realmente, os juízes e os credores, em particular, eram extremamente céticos acerca da confiabilidade do novo instituto, de modo que, frequentemente, impunham novos óbices à sua utilização e limitavam essa possibilidade legal a uma simples hipótese teórica.[247] Haveria também dificuldades para a previsão de cláusulas no plano que afetassem os direitos dos sócios.[248]

---

[244] Apesar da previsão legal sobre a independência do administrador nomeado, relata-se que a tradição anterior ao diploma, de conferir aos principais credores garantidos o poder de escolher tal administrador, teria sido realmente mantida (N. MARTIN, *The role of history* cit., p. 49).
[245] C. G. PAULUS, *Germany: lessons to learn* cit., pp. 92-93.
[246] C. G. PAULUS e M. BERBERICH, *National Report* cit., p. 314.
[247] C. G. PAULUS, *Germany: lessons to learn* cit., p. 91.
[248] C. G. PAULUS e M. BERBERICH, *National Report* cit., p. 314.

Nesse contexto, buscando-se revigorar o procedimento de manutenção do devedor na administração da empresa – abordado adiante em maiores detalhes –, diante da sua rara utilização, promoveu-se a apontada reforma na *InsO*, de modo a, entre outras medidas, tentar tornar a continuidade prática padrão, havendo pleito do devedor nesse sentido e o atendimento aos requisitos legais pertinentes. Nessa direção, um novo procedimento extrajudicial, anterior à abertura do processo de insolvência, mas posterior à formulação do seu pedido, forneceria ao *debtor in possession* alemão algum tempo (no máximo, três meses) para elaborar um plano.[249] Os obstáculos existentes para a reorganização com fundamento em plano de insolvência e a inviabilidade, até então, de interferências do direito de insolvência nos direitos dos sócios, os quais não poderiam ser obrigados pelos credores, por exemplo, a abrirem mão de sua participação na sociedade e aceitarem que terceiro passasse a administrar o negócio mediante a aplicação de capital novo,[250] também teriam sido considerados pela reforma operada.[251]

Superada a necessária digressão relativa à reforma de 2011, que demonstra o insucesso da solução de afastamento como regra na disciplina alemã e, assim, fornece elementos importantes à análise sobre esse modelo, pode-se apresentar, especificamente, os aspectos concernentes à condução da empresa na *InsO*, bem como alguns pontos relevantes do tratamento dispensado aos sócios durante o processo. As mudanças promovidas na legislação concursal da Alemanha durante a reforma mencionada estão abarcadas nas considerações tecidas a seguir.

A princípio, nos casos de liquidação ou de reorganização, o devedor perde o direito de dispor dos seus bens quando o juízo inicia o processo de insolvência, ocasião em que tais ativos passam a ser geridos por um administrador[252], nomeado pelo juízo ou eleito pelos credores, que

---

[249] C. G. PAULUS e M. BERBERICH, *National Report* cit., pp. 314-315.

[250] Para crítica sobre o tema, cf. E. EHLERS, *Statutory corporate rescue proceedings in Germany* cit., pp. 171-173.

[251] C. G. PAULUS e M. BERBERICH, *National Report* cit., pp. 314-315.

[252] O *insolvenzverwalter*, administrador da insolvência, é, segundo A. FLESSNER, o principal agente no processo (*National report for Germany*, in W. W. McBRYDE, A. FLESSNER e S. C. J. J. KORTMANN (coords.), *Principles of european insolvency law* cit., p. 325). Acerca da natureza jurídica do cargo de administrador da insolvência, têm-se três teorias principais, segundo as quais sua atuação ocorre como órgão de representação da massa (*Organtheorie*), como

ostentará o exclusivo direito de disposição sobre eles.[253] Tem-se, aqui, a solução concursal clássica.

Permite-se ainda, porém, a chamada autoadministração (atribuindo--se ao devedor, em geral, poder para administrar os ativos da empresa sob fiscalização de um supervisor[254] e dispor de bens se autorizado judicialmente), desde que o devedor formule tal pedido junto ao pleito de abertura do processo[255] e que nenhuma circunstância conhecida leve o juízo a presumir que tal medida será prejudicial aos credores. O terceiro requisito antes existente, referente à necessidade de anuência dos credores que tenham pedido a abertura do feito, foi suprimido pela reforma legislativa de 2011, porquanto seria utilizado frequentemente, na prática, para impedir a autoadministração sem justificativa legítima. A autoadministração também pode ser aprovada na primeira assembleia de credores. Se o pedido é negado pelo juízo, o devedor não tem direito de recorrer. Em contrapartida, o juízo deve ouvir o comitê de credores preliminar previamente à sua decisão e, existindo consenso neste sobre apoiar o pleito do devedor, não poderá rejeitar o pedido com fundamento no prejuízo potencial aos credores.[256]

Como indicado, no entanto, o mecanismo da autoadministração é pouco utilizado na prática do sistema concursal alemão, em virtude da desconfiança dos profissionais da área sobre o instituto. Prevalece, no regime de insolvência em exame, a solução de afastamento. As mencionadas alterações promovidas na *InsO* em 2011, quem sabe, logrem êxito em transformar paulatinamente esse cenário, tarefa difícil diante de compreensão tão arraigada na cultura jurídica do país.

Para incentivar essa mudança de panorama, a própria reforma de 2011 estabeleceu limitações à atuação do juízo concursal, que deve se abster de determinar o afastamento preliminar do devedor ou de

---

representante do devedor (*Vertretungstheorie*) ou como exercente de uma função judiciária (*Amtstheorie*). A última delas prevaleceria sobre as demais, conforme S. COROTTO, *Modelos de reorganização empresarial* cit., p. 169.

[253] K. KAMLAH, *The new german Insolvency Act* cit., pp. 432-433.
[254] Chamado por D. BERGER de "comissário" (*A insolvência no Brasil e na Alemanha* cit., p. 105).
[255] Também chamado "autoconfissão" (S. COROTTO, *Modelos de reorganização empresarial* cit., p. 156).
[256] C. G. PAULUS e M. BERBERICH, *National Report* cit., pp. 332-333.

nomear um administrador concursal interino "forte" (com poder de disposição de bens e administração)[257] a consentir com os atos daquele, não sendo o pleito de autoadministração manifestamente improcedente, designando-se, em vez disso, um supervisor interino. E, com a finalidade de encorajar o devedor a ajuizar o pedido em tempo hábil,[258] no caso de insolvência iminente, o marco legal concede a ele inclusive o direito de retirar seu pleito se houver indicação de que o juízo não considerou os requisitos cabíveis atendidos. A disponibilização de processo extrajudicial preliminar, já mencionado, para a preparação da reestruturação a ser realizada também surgiu com a reforma.[259]

No entanto, alguns mecanismos presentes na legislação referida parecem refutar essa perspectiva de mudança, como a possibilidade de encerramento do regime de autoadministração pelo juízo, com a nomeação de um administrador concursal, se houver pedido da assembleia de credores (observada maioria qualificada por montante de créditos e por cabeças) ou do devedor nesse sentido ou, ainda, se algum credor conseguir demonstrar um prejuízo substancial.[260] Evidentemente, persiste a ampla atribuição de poderes aos credores na *InsO*, a constituir eventual óbice à autoadministração nos moldes almejados pelo legislador alemão.

E, de todo modo, a versão alemã do *debtor in possession* está sujeita a diversas balizas, necessitando de anuência do supervisor para se obrigar em negócios que não sejam rotineiros na gestão da empresa e do comitê de credores com relação a qualquer ato que possa impactar o processo, caso requerido pelos credores em assembleia, notando-se que lhe é imposto um controle muito mais severo, em geral, do que aquele praticado na realidade americana. Aliás, os profissionais da insolvência na Alemanha, que são particularmente hostis quanto ao conceito do *debtor in possession*, como visto, tampouco apreciam a ideia de supervisor.[261]

---

[257] Embora se afirme que, na prática, a nomeação do administrador provisório "fraco" é usual (S. COROTTO, *Modelos de reorganização empresarial* cit., p. 165).

[258] A denotar o insucesso da *InsO*, antes, em incentivar a oportuna solução da crise empresarial, quando o sistema era voltado com ainda maior destaque ao afastamento do devedor.

[259] C. G. PAULUS e M. BERBERICH, *National Report* cit., pp. 334-335.

[260] C. G. PAULUS e M. BERBERICH, *National Report* cit., p. 334.

[261] K. KAMLAH, *The new german Insolvency Act* cit., p. 433.

Em resumo, processos conduzidos sem a nomeação de qualquer agente, ainda que indicado apenas para supervisionar a autoadministração, inexistem na prática do direito concursal alemão.[262]

Quanto ao administrador ou supervisor nomeado, exige-se que seja independente e experiente em matéria de negócios.[263] Em termos de fiscalização do seu desempenho, destaca-se o papel do juízo concursal em supervisionar o administrador interino, o administrador concursal[264] e o supervisor do devedor, podendo aquele requerer destes toda a informação necessária e os relatórios pertinentes, bem como exigir o cumprimento dos seus deveres por meio de diferentes medidas, inclusive multa ou demissão. A fiscalização promovida, no entanto, restringe-se à análise de legalidade das providências adotadas, não configurando avaliação sobre a sua adequação – o mérito das decisões gerenciais, por exemplo.[265]

Para além do afastamento ou das restrições delineadas, todavia, cabe ressaltar que o devedor conserva sua capacidade jurídica, permanecendo livre para exercer todos os atos legais que não interfiram nos processos de insolvência. Outrossim, órgãos da empresa conservam seus poderes sob a lei societária, incluindo os poderes de representar a sociedade, de conduzir assuntos internos e de administrar eventuais bens não onerados que tampouco sejam parte da massa sujeita ao processo. Portanto, restringe-se a competência dos órgãos societários apenas com relação à gestão dos ativos abarcados no processo, que compete ao administrador nomeado (e que consiste, ao mesmo tempo, no limite de atuação deste). Por isso, o administrador indicado não apresenta, normalmente, qualquer competência no tocante à estrutura interna da empresa.[266]

Em contrapartida, aponta-se que, na autoadministração, o conselho de administração ou a assembleia de sócios do devedor não têm influência na ulterior condução do negócio, já estando a sua diretoria sob fiscalização do supervisor, da assembleia de credores e do comitê de cre-

---

[262] E. EHLERS, *Statutory corporate rescue proceedings in Germany* cit., p. 162.
[263] C. G. PAULUS e M. BERBERICH, *National Report* cit., p. 338.
[264] Cujo poder é limitado, realmente, pela fiscalização do juízo da insolvência, mas também pela fiscalização do comitê de credores e pela possibilidade de responsabilização pessoal (S. COROTTO, *Modelos de reorganização empresarial* cit., p. 174).
[265] C. G. PAULUS e M. BERBERICH, *National Report* cit., p. 341.
[266] C. G. PAULUS e M. BERBERICH, *National Report* cit., p. 332.

dores na observância aos interesses dos credores. O consentimento do supervisor para contratação ou demissão de diretores também se mostra necessário.[267]

Por fim, cumpre frisar que ao devedor também são conferidos deveres de colaboração,[268] cabendo-lhe por exemplo observar, quando da abertura do processo, extenso dever de informação, segundo o qual se deve divulgar todas as circunstâncias relacionadas à demanda ao juízo concursal, ao administrador nomeado, ao comitê de credores e, caso determinado judicialmente, à assembleia de credores. O devedor deve cooperar, ademais, com o administrador indicado no exercício das suas funções. Tais deveres abrangem, inclusive, membros da administração.[269]

Nota-se, na prática do sistema concursal alemão, portanto, uma arraigada tradição de afastamento do devedor em relação à condução da empresa durante o processo de insolvência, inclusive daquele com propósito reorganizacional. Ao mesmo tempo, todavia, é possível vislumbrar um claro movimento do legislador do Estado em direção à popularização do mecanismo de autoadministração – conquanto a hostilidade com relação ao instituto entre os profissionais da área e certos dispositivos legais em contradição com essa finalidade persistam. Como mencionado, essa mudança decorre, ao que parece, da insatisfação gerada pela solução de afastamento no contexto alemão, porquanto obstaria o início oportuno do processo visando à superação da crise – ou mesmo à liquidação da empresa – e por vezes ensejaria a falta de independência dos agentes nomeados. Resta saber se as modificações promovidas, as quais podem, na prática, acarretar o deslocamento do regime concursal alemão ao modelo de manutenção do devedor na condução da empresa em reorganização, sob supervisão de órgão do processo, realmente apresentarão os efeitos desejados. Isso, só o tempo mostrará.

Outro sistema concursal que passou por alterações legislativas, com o propósito de tornar mais comum a utilização de processo de insolvência para o salvamento empresarial, foi o britânico. Em tal regime,

---

[267] C. G. PAULUS e M. BERBERICH, *National Report* cit., pp. 334-335.
[268] Os quais existem, por sinal, mesmo na hipótese de afastamento, conforme A. FLESSNER, *National report for Germany* cit., p. 324.
[269] C. G. PAULUS e M. BERBERICH, *National Report* cit., pp. 332-333.

entretanto, a preocupação está – quando muito – em resgatar o negócio, não a sociedade que o opera, conforme indicado anteriormente. E, nesse sentido, a solução claramente predominante no Reino Unido é a nomeação de um profissional independente para conduzir a empresa (e o processo) durante a *administration* – que, consistindo em processo de salvamento, estará no foco da análise. Por isso, a despeito das particularidades do ordenamento jurídico do Estado e da estrutura estabelecida para os seus processos concursais, mostra-se realmente útil analisar a configuração e os efeitos da disciplina britânica concernente ao posicionamento do devedor em relação à condução da empresa durante a *administration*, ainda que mediante abstração sobre elementos procedimentais próprios daquela realidade. Passa-se, a seguir, a esse exame.

Tanto a *liquidation* quanto a *administration* envolvem a nomeação de um profissional de insolvência qualificado para conduzir a empresa e o afastamento do conselho de administração preexistente da função administrativa.[270] Na *administration*, cuja iniciativa compete à própria empresa e também aos seus credores, a indicação do *administrator* pode ocorrer tanto judicialmente como extrajudicialmente (pela própria empresa ou por um credor garantido com direitos que atendam a certos requisitos).[271-272] A esse agente, reserva-se papel determinante no processo.

A legislação britânica, com efeito, atribui ao *administrator* o dever de exercer as suas funções com o objetivo de resgatar a empresa como um *going concern* ou de alcançar um resultado melhor aos credores como um todo do que seria provável se a empresa fosse liquidada (sem passagem prévia pela *administration*) ou, ainda, de vender ativos para realizar distribuição a um ou mais credores garantidos ou preferenciais.[273] Esses

---

[270] G. McCormack, *National report for England* cit., p. 238.

[271] G. McCormack, *National report for England* cit., p. 238. Para aprofundamento nesse tema, cf. G. McCormack, *Corporate Rescue Law* cit., pp. 118-123.

[272] Para maiores detalhes sobre a indicação do *administrator* e o seu regime de deveres e responsabilidades, cf. Gavin Lightman et al., *The law of administrators and receivers of companies*, 5ª edição, Londres, Sweet & Maxwell, 2011, pp. 32-34 e 338-378.

[273] G. McCormack, *National report for England* cit., p. 235.

propósitos, inclusive, estão dispostos em ordem de preferência, hierárquica.[274]

O *administrator*, quando nomeado, deve tomar em sua guarda todos os bens insertos no patrimônio da empresa, obrigando-se a gerir as relações, os negócios e a propriedade desta. A sociedade em *administration* ou os seus diretores não podem exercer poderes de administração sem a anuência do *administrator*. Aliás, os diretores da empresa permanecem nos cargos, mas perdem seus poderes administrativos durante o processo, conquanto um *administrator* possa lhes delegar determinadas tarefas rotineiras, retendo controle estratégico global.[275] Os poderes do *administrator* são amplos e, no tocante à diretoria, abarcam inclusive as prerrogativas de demitir seus membros e de contratar qualquer pessoa para a função.[276] Outro papel crucial atribuído ao *administrator*, em detrimento da preexistente administração da empresa, encontra-se na formulação de propostas para a condução e a conclusão do processo, inclusive sobre eventuais vendas de ativos ou convolação em liquidação.[277]

A atuação do profissional nomeado no processo seria orientada, em um primeiro momento, pelo juízo competente e, após a aprovação de sua proposta pelos credores, pelo conteúdo desta.[278-279] O *administrator* é

---

[274] R. PARRY, *England and Wales: Administration Orders*, in K. G. BROC e R. PARRY, *Corporate rescue* cit., pp. 63-64. Afirma-se, todavia, que, na prática, a finalidade de salvamento é atingida em pouquíssimos casos, ao menos no sentido que se refere à pessoa jurídica original continuando as operações da empresa de maneira reabilitada. Na maioria dos casos, a *administration* enseja a venda dos ativos da empresa a um comprador que pode continuar o negócio original, no todo ou em parte, utilizando-se de uma nova pessoa jurídica como veículo ou é adotada como uma forma de "quase liquidação" (G. MCCORMACK, *National report for England* cit., p. 235). No mesmo sentido, cf. Sarah PATERSON e Alan KORNBERG, *Out-of-Court vs Court-Supervised Restructurings*, in Rodrigo OLIVARES-CAMINAL et al., *Debt restructuring*, 1ª edição, Oxford, Oxford University Press, 2011, p. 128.

[275] G. MCCORMACK, *National report for England* cit., p. 259.

[276] G. MCCORMACK, *National report for England* cit., p. 261.

[277] S. PATERSON e A. KORNBERG, *Out-of-Court* cit., p. 130.

[278] G. MCCORMACK, *National report for England* cit., p. 262.

[279] Há quem defenda, todavia, que o *administrator* é um oficial do juízo, com privilégios e responsabilidades adicionais em virtude do seu *status* (em comparação com o *administrative receiver*), entre as quais estaria administrar o negócio sob seu controle em benefício de todos aqueles interessados no patrimônio da empresa insolvente, devendo assegurar o equilíbrio entre todas essas partes (G. LIGHTMAN et al., *The law of administrators* cit., p. 8).

fiscalizado pelo juízo competente e deve exercer as suas funções no interesse dos credores da empresa como um todo.[280]

No sistema concursal britânico, assim, a administração preexistente raramente sobrevive à reorganização de uma companhia aberta, pois a sua substituição geralmente será uma condição para obtenção de concordância das instituições financeiras à iniciativa. Em companhias fechadas, nas quais haveria com maior frequência identidade entre administradores e acionistas, porém, essa modificação seria mais difícil, ocorrendo em virtude da própria atuação dos bancos credores ao promoverem o início de sua *administration* ou *receivership*, seguido da venda dos ativos do negócio como um *going concern*. A possibilidade de responsabilização de administradores por *wrongful trading* naquele ordenamento também constitui incentivo para que não permaneçam por muito tempo nas empresas em crise.[281]

A doutrina menciona, ainda, o estranhamento causado pela combinação entre o cenário de companhias com capital amplamente disperso característico do Reino Unido e a solução de afastamento da administração adotada em sua legislação concursal, entre os quais haveria, supostamente, incompatibilidade.[282] Essa abordagem, diferente da americana a despeito da similaridade entre as estruturas de capital verificadas nas realidades dos dois Estados, decorreria de divergências entre outros fatores relevantes em ambos, como a postura de cada sociedade com relação ao empreendedorismo, a dívidas e à assunção de riscos (mais aceitos, sem dúvidas, nos Estados Unidos), os incentivos e as sanções relacionados ao início do processo com agilidade (em síntese, faltariam sanções no contexto americano e incentivos no contexto britânico), a natureza do trabalho a ser desenvolvido durante o processo de reorganização (relacionado ao caráter profissional e à *expertise* daqueles que conduzem o negócio ao longo do processo, o que poderia estar ligado à ênfase da venda de ativos na *administration* – fazendo sentido, por exemplo, a atuação de um profissional de contabilidade no processo – e da

---

[280] R. Parry, *England and Wales* cit., pp. 69-72.
[281] John Armour, *Overview of the treatment of stakeholders in UK corporate insolvencies*, in Henry Peter, Nicolas Jeandin e Jason Kilborn (coords.), *The challenges of insolvency law reform in the 21st century*, Basel, Schulthess, 2006, pp. 107-108.
[282] G. McCormack, *Corporate Rescue Law* cit., p. 126.

preservação das estruturas empresariais existentes no *Chapter 11* – conferindo alguma lógica à manutenção da administração preexistente), a chamada *path dependency* e, enfim, a natureza de cada mercado financeiro (em perspectiva que atribuiria a solução de afastamento britânica, entre outras razões, à concentração das dívidas em poucos bancos no Reino Unido).[283]

De todo modo, os efeitos da nomeação do *administrator* cessam automaticamente após o período de um ano, ainda que esse prazo possa ser estendido, com a anuência de credores, em até 6 meses ou, com a autorização do juízo, na medida necessária.[284]

Enfim, deve-se esclarecer que, tradicionalmente, a *administration* não tem sido utilizada como procedimento autônomo no Reino Unido, servindo primordialmente como porta de entrada a outros procedimentos, seja um acordo com credores via *company voluntary arrangement*[285] ou *scheme of arrangement*, seja a liquidação e a dissolução da sociedade.[286] Ademais, sustenta-se que o impacto inicial do procedimento de *administration*, surgido no âmbito das reformas de 1985-1986, foi decepcionante, o que decorreria do predomínio da *administrative receivership* e de certas características desta que favoreceriam credores garantidos.[287] Após as reformas legislativas de 2002,[288] que teriam limitado a disponibilidade da *administrative receivership* a casos bastante excepcionais e atribuído àqueles credores o direito de nomear o *administrator* na então

---

[283] G. McCormack, *Corporate Rescue Law* cit., pp. 125-150.

[284] R. Parry, *England and Wales* cit., p. 82.

[285] Especificamente quanto a tal mecanismo, conquanto seja apontado como um procedimento de negociação, podendo ensejar, em tese, um plano de reabilitação formulado entre credores e sócios, indica-se que a sua utilização geralmente ocorre, na prática, em conjunto com a *administration* e sem envolver a reorganização da empresa, focando mais na venda do negócio como um *going-concern* ou na alienação de ativos individualmente (G. McCormack, *Corporate Rescue Law* cit., p. 75).

[286] G. McCormack, *National report for England* cit., p. 239.

[287] E, de fato, a legislação concursal britânica era vista, ao menos antes do *Enterprise Act 2002*, como amplamente favorável aos interesses dos credores, chegando a ser chamada de paraíso de banqueiros (G. McCormack, *Corporate Rescue Law* cit., p. 45).

[288] Afirma-se que o *Enterprise Act 2002* buscou ajudar empresas em dificuldades, tornando o regime de insolvência britânico mais propício à perspectiva de salvamento (V. Finch, *Control and co-ordination* cit., p. 374).

renovada *administration*,²⁸⁹ a utilização deste mecanismo teria aumentado de maneira substancial.²⁹⁰

Apresentada a disciplina concursal britânica, que, em sua solução de salvamento, preconiza a nomeação de profissional de insolvência para a condução da empresa e do processo em substituição à administração preexistente, evidenciando-se mais uma vez a ampla atribuição de poderes aos credores que acompanha essa estrutura legal, pode-se passar ao exame do último sistema concursal selecionado para o presente estudo e classificado no modelo de afastamento do devedor, o português.

Como apontado no item anterior, o regime concursal português, disciplinado essencialmente no Código de Insolvência e da Recuperação de Empresas – CIRE, ostenta orientação favorável à satisfação dos credores. A filosofia do CIRE, surgido em 2004, teria sido parcialmente amenizada após reforma legislativa ocorrida em 2012, mas mantida. E, especificamente no tocante à administração da insolvência, também é marcante o predomínio do interesse dos credores no sistema concursal de Portugal.

No Processo Especial de Revitalização (PER), por exemplo, recebido o requerimento respectivo, o juiz nomeia imediatamente administrador judicial provisório, conforme o art. 17º-C, nº 4, do CIRE. E, diante dessa nomeação, "a empresa fica impedida de praticar atos de especial relevo, tal como definidos no art. 161º,²⁹¹ sem que previamente obtenha autorização para a realização da operação pretendida por parte do administrador judicial provisório", nos termos do art. 17º-E, nº 2, do diploma. A tal agente compete, entre outras medidas, participar das negociações, de modo a orientar e a fiscalizar o decurso dos trabalhos e a sua regulari-

---

²⁸⁹ Essa medida comportaria críticas por ensejar, potencialmente, concentração excessiva de poder nas mãos de credores poderosos, mas também geraria efeitos positivos, pois tais credores garantidos, geralmente bancos, provavelmente teriam melhores informações em comparação com outros credores e interesses suficientes em questão para desejarem adotar uma iniciativa o quanto antes, o que poderia combater as consequências da usual relutância da administração da empresa em admitir suas dificuldades financeiras e a necessidade de ajuda (R. PARRY, *England and Wales* cit., p. 60).

²⁹⁰ R. PARRY, *England and Wales* cit., pp. 58-60.

²⁹¹ Conforme C. SERRA, inserem-se nesse ponto, essencialmente, atos de disposição relativos à empresa, como a venda desta, de partes dela ou de ativos necessários à continuação de sua atividade (*Emendas à (lei da insolvência)* cit., p. 126).

dade (art. 17º-D, nº 9 daquela lei). Durante as negociações realizadas ao longo do processo e para permitir que ocorram de modo transparente e equitativo, a empresa deve fornecer aos credores e ao administrador provisório toda a informação pertinente, atualizada e completa, segundo o art. 17º-D, nº 6, da legislação.

Há quem acredite que a utilidade na nomeação do administrador judicial provisório em todos os casos e/ou em toda a extensão de poderes é duvidosa, pois sua presença, a representar restrição à livre administração dos bens pelo devedor, poderia ensejar constrangimento à atuação deste e prejudicar, mais do que favorecer, o andamento do processo.[292] Veja-se que essa crítica se dirige ao PER, instituto disciplinado de forma menos severa ao devedor do que o processo de insolvência, com a aplicação de mecanismo próximo ao modelo de manutenção do devedor na condução da empresa em reorganização, sob supervisão de órgão.

Já no processo de insolvência, cuja declaração deve ser requerida pelo devedor (art. 18º, nº 1, do CIRE) e pode ser pleiteada por outros legitimados, abarcando quem seja legalmente responsável pelas dívidas daquele, qualquer credor e o Ministério Público (art. 20º, nº 1, do CIRE), tem-se a previsão de "medidas cautelares", as quais teriam lugar na existência de "(...) justificado receio da prática de actos de má gestão (...)", sendo que, nesse cenário, "(...) o juiz, oficiosamente ou a pedido do requerente, ordena as medidas cautelares que se mostrem necessárias ou convenientes para impedir o agravamento da situação patrimonial do devedor, até que seja proferida sentença" (art. 31º, nº 1, do CIRE). Tais medidas, segundo o nº 2 do mesmo dispositivo, "(...) podem designadamente consistir na nomeação de um administrador judicial provisório com poderes exclusivos para a administração do património do devedor, ou para assistir o devedor nessa administração".

A escolha da entidade que atuará como administrador judicial provisório ocorre com base em "lista oficial de administradores de insolvência", mantendo-se essa nomeação até a prolação de sentença relativa à declaração de insolvência, com possibilidade de recondução como admi-

---

[292] C. SERRA, *Emendas à (lei da insolvência)* cit., p. 130.

nistrador da insolvência (art. 32º, nºs 1 e 2, do CIRE), em caráter preferencial.[293]

Os poderes conferidos pelo sistema concursal português ao administrador judicial provisório[294] são relevantes, seja quando lhe couber administrar o patrimônio do devedor com exclusividade, prezando por sua preservação e pela continuidade da atividade – exceto se entender como mais favorável aos interesses dos credores sua suspensão e obtiver autorização judicial nesse sentido – , seja quando for incumbido apenas de assistir o devedor na gestão do seu patrimônio, com deveres e competências a serem delineados pelo magistrado (art. 33º do CIRE).

Na sentença de declaração de insolvência, posteriormente, nomeia-se o administrador da insolvência, órgão obrigatório do processo,[295] determinando-se a administração da massa insolvente pelo devedor apenas na presença de pressupostos indicados no próprio diploma legal (art. 36º, nº 1, da lei). Excetuada tal hipótese, de administração pelo devedor, com a declaração da insolvência se "(...) priva imediatamente o insolvente, por si ou pelos seus administradores, dos poderes de administração e de disposição dos bens integrantes da massa insolvente,[296] os quais passam a competir ao administrador da insolvência" (art. 81º, nº 1, do CIRE),[297] que, por seu turno, "(...) assume a representação do devedor para todos os efeitos de carácter patrimonial que interessem à insolvência",[298] não

---

[293] Maria do Rosário EPIFÂNIO, *Manual de direito da insolvência*, 6ª edição, Coimbra, Almedina, 2015, p. 60.
[294] Cuja natureza, sustenta-se, seria de poderes-deveres ou poderes funcionais, a serem exercidos no interesse de terceiros, sobretudo dos credores, conquanto possam também observar, em certas circunstâncias, a pessoa e o "agregado familiar" do insolvente (M. do R. EPIFÂNIO, *Manual de direito* cit., p. 65).
[295] M. do R. EPIFÂNIO, *Manual de direito* cit., p. 59.
[296] Para M. do R. EPIFÂNIO, um "patrimônio autônomo", separado do patrimônio geral (*Manual de direito* cit., p. 95).
[297] A solução de privação seria justificada pela desconfiança ocasionada pela declaração de insolvência quanto à capacidade de administração do devedor, a qual pode, inclusive, ter sido a causa da situação sofrida (L. M. T. de M. LEITÃO, *Direito da insolvência* cit., pp. 147--148).
[298] A doutrina é crítica com relação à adoção do termo "representação" nessa disposição, porquanto consistiria em resquício da antiga compreensão do falido como incapaz, apontando-se como mais apropriada a consideração de que o insolvente é substituído pelo administrador da insolvência, o que inclusive se coaduna com a ideia de que é função primordial

se estendendo essa função à intervenção do devedor no âmbito do próprio processo de insolvência (art. 81º, nºs 4 e 5, do CIRE).[299]

Sustenta-se que a privação do poder de disposição e de administração[300] configura uma consequência fundamental da declaração de insolvência, com o propósito de conservação dos bens do insolvente existentes na ocasião e daqueles que passem a integrar seu patrimônio posteriormente, o que protegeria os credores concursais.[301] Aponta-se porém que, na verdade, tal privação tem um alcance menos abrangente do que, a princípio, seria possível imaginar, não consistindo em efeito absoluto, havendo bens que continuam na disponibilidade do devedor, nem sendo um efeito exclusivo da declaração de insolvência, podendo ocorrer antes dessa medida, além de sequer caracterizar efeito imprescindível dela, com a possibilidade de administração pelo devedor, abordada adiante.[302]

É interessante destacar que o CIRE, em seu artigo 6º, denominado "noções de administradores e de responsáveis legais", estabelece serem considerados administradores, para os efeitos do diploma, "não sendo o devedor uma pessoa singular, aqueles a quem incumba a administração ou liquidação da entidade ou patrimônio em causa, designadamente os titulares do órgão social que para o efeito for competente" e "sendo o devedor uma pessoa singular, os seus representantes legais e mandatários com poderes gerais de administração". Não se trata, propriamente, de definição acerca do termo "devedor", mas de disposição que esclarece quais serão os sujeitos atingidos pelos efeitos do diploma em variadas hipóteses, simplificando a interpretação do texto legal.

---

deste perseguir os interesses de terceiros, não do devedor (M. do R. Epifânio, *Manual de direito* cit., p. 65).

[299] Para descrição detalhada das funções do administrador da insolvência, cf. A. de S. Martins, *Um curso de direito da insolvência* cit., pp. 198-205.

[300] A natureza jurídica dessa privação é objeto de debates doutrinários, existindo teses, por exemplo, acerca da incapacidade ou da ilegitimidade do insolvente nesse âmbito, entre outras, mas prevalecendo atualmente a teoria da indisponibilidade, que versaria sobre a ausência de poder para atuar sobre determinado bem, por pertencer a outrem ou por se encontrar afetado a determinado fim, ensejando-se a ineficácia do ato praticado quanto aos bens atingidos, não sua invalidade (M. do R. Epifânio, *Manual de direito* cit., pp. 109-115).

[301] M. do R. Epifânio, *Manual de direito* cit., p. 94.

[302] C. Serra, *Os efeitos patrimoniais* cit., p. 542-543.

E, à luz desse dispositivo, quanto ao âmbito subjetivo de aplicação da proibição de administração e de disposição dos ativos presentes e futuros do devedor, tem-se que, em caso de insolvente pessoa singular, incidirá de modo direto sobre o próprio devedor e também os seus administradores, e, em caso de insolvente pessoa coletiva, incidirá sobre o insolvente no tocante à sua atuação por meio dos administradores, titulares do órgão social competente na circunstância.[303]

Frise-se, todavia, que "os órgãos sociais do devedor mantêm-se em funcionamento após a declaração de insolvência,[304] não sendo os seus titulares remunerados, salvo no caso previsto no artigo 227º" (art. 82º, nº 1, da lei) e que o devedor apresenta deveres de apresentação e de colaboração no processo (art. 83º do diploma).[305]

O administrador nomeado, como adiantado, pode ser substituído por outro, eleito pelos credores, inscrito ou não na lista oficial (dentro de certos parâmetros), não se atribuindo maior discricionariedade ao juiz nesse caso (art. 53º do CIRE). Evidencia-se novamente, nesse ponto, a intensidade dos poderes conferidos aos credores no regime português.

A atuação do administrador no sentido da obtenção e do fornecimento de informações, sob fiscalização da comissão de credores, se existente, também é importante na estruturação de suas funções (arts. 55º, nºs 5 e 6, e 61º).[306] Também compete ao juiz fiscalizar a atividade do administrador (art. 58º do diploma). A assembleia de credores, igualmente, apresenta papel nesse tocante.[307]

Aliás, além da sujeição a processos disciplinares ou contraordenacionais disciplinados em estatuto próprio, o administrador da insolvência se submete a um regime de responsabilidade pelos prejuízos causados no exercício da função, disposto no art. 59º do CIRE, abarcando possi-

---

[303] M. do R. Epifânio, *Manual de direito* cit., p. 95.
[304] Solução que seria dificilmente justificável, porquanto não estaria em harmonia com as competências conferidas ao administrador de insolvência e a regra de privação dos poderes de administração e disposição dos bens pelo devedor (L. M. T. de M. Leitão, *Código da insolvência* cit., p. 140).
[305] Acerca da vinculação do devedor por obrigações de colaboração, informação e apresentação, cf. L. M. T. de M. Leitão, *Direito da insolvência* cit., pp. 153-154.
[306] Falando-se em "dever de informação e de prestação de contas" do administrador da insolvência (M. do R. Epifânio, *Manual de direito* cit., p. 67).
[307] A. de S. Martins, *Um curso de direito da insolvência* cit., pp. 207-208.

bilidades de responsabilização por danos sofridos pelo devedor e pelos credores em virtude da violação culposa dos deveres inerentes ao cargo, entre outras hipóteses.[308]

Como apontado anteriormente, entretanto, conquanto se costume dizer que a privação dos poderes de administração e de disposição de bens do devedor seja um efeito clássico da declaração de insolvência,[309] tem-se que essa compreensão comporta exceções. De fato, a administração pelo devedor, considerada instituto sem precedentes no ordenamento concursal português,[310] pode ser determinada pelo juiz na sentença declaratória da insolvência, observando-se que o devedor tenha formulado pedido nessa direção, que já tenha apresentado ou se comprometa a apresentar em 30 dias do julgado plano de insolvência prevendo a continuidade da exploração da empresa por si próprio,[311] que inexistam motivos para recear atrasos no andamento do processo ou outras desvantagens aos credores e que o requerente da insolvência (não sendo o devedor) concorde com o pleito, ou após essa declaração, mediante pedido do devedor e deliberação favorável dos credores em assembleia, independentemente da aferição de ausência de razões para recear atrasos e sobre desvantagens aos credores e da concordância do requerente da insolvência (art. 224º do CIRE).

Nesse caso, haverá a intervenção do administrador da insolvência, a quem caberá fiscalizar a administração da massa insolvente pelo devedor e anuir com obrigações do devedor que configurem atos de gestão extraordinária ou com outros atos elencados pelo juiz, facultando-se ao administrador, ainda, exigir que os recebimentos em dinheiro e pagamentos fiquem a seu cargo (art. 226º do CIRE). Com exceção dessa faculdade, desprovida de requisitos ou de prévia avaliação judicial, reputa-se equilibrado esse regime de repartição de funções.[312]

A remuneração cabível ao devedor por sua manutenção na administração varia, tratando-se de pessoa coletiva ou singular. Naquele caso, são mantidas as remunerações dos seus administradores e membros dos

---

[308] Para maiores detalhes, cf. M. do R. EPIFÂNIO, *Manual de direito* cit., pp. 69-70.
[309] C. SERRA, *Os efeitos patrimoniais* cit., p. 539.
[310] M. do R. EPIFÂNIO, *Manual de direito* cit., p. 256.
[311] Exigência que seria justificada pela evidente ligação entre a administração pelo devedor e a recuperação e continuidade da empresa (C. SERRA, *Os efeitos patrimoniais* cit., p. 556).
[312] C. SERRA, *Os efeitos patrimoniais* cit., p. 560.

respetivos órgãos. Neste, confere-se ao devedor "o direito de retirar da massa os fundos necessários para uma vida modesta dele próprio e do seu agregado familiar, tendo em conta a sua condição anterior e as possibilidades da massa", em disposição de difícil concretização.[313]

A administração pelo devedor pode ser encerrada, mediante decisão judicial, na existência de requerimento do insolvente nesse sentido, de deliberação da assembleia de credores nessa direção, de afetação do devedor consistente em pessoa singular pela qualificação da insolvência como culposa, de pleito de credor diante do surgimento de razões para recear atrasos no andamento do feito ou outras desvantagens aos credores ou da falta de apresentação do plano de insolvência, tempestivamente, pelo devedor (bem como da inadmissão, reprovação ou rejeição da proposta).[314] Critica-se, nesse âmbito, que a assembleia de credores possa deliberar a cessação da administração pelo devedor independentemente de qualquer causa.[315]

Indica-se que a administração da massa pelo devedor, introduzida no direito português em 2004 por influência direta da InsO alemã, não teve efetiva adesão, sendo o regime pouco claro e ensejando diversas dúvidas interpretativas.[316] Nesse sentido, ainda que o requerimento pelo devedor demonstrando seu interesse em permanecer na gestão da empresa e a necessidade da existência de um plano sejam vistos como requisitos justificados, existem dúvidas acerca dos demais. O critério referente ao receio de atrasos no andamento do processo ou outras desvantagens aos credores dependeria exclusivamente de avaliação do juiz e dificultaria muito o deferimento do pedido, sequer se demandando a ocorrência de razão concreta para receios. Com relação à necessidade de anuência do requerente, conquanto possa ser útil em determinadas hipóteses, nas quais os fundamentos trazidos em oposição ao pleito sejam importantes para a decisão a ser tomada sobre o pedido, tem-se que os poderes de investigação do juiz já abarcariam a possibilidade de oitiva do reque-

---

[313] C. SERRA, Os efeitos patrimoniais cit., pp. 561-563. Essa diferenciação, para L. M. T. de M. LEITÃO, mostra-se incompreensível (Código da insolvência cit., p. 245).
[314] M. do R. EPIFÂNIO, Manual de direito cit., p. 260. Diante dessa disposição, L. M. T. de M. LEITÃO afirma que a administração de bens pelo devedor é encarada como situação transitória e excepcional (Código da insolvência cit., p. 245).
[315] C. SERRA, Os efeitos patrimoniais cit., pp. 563-564.
[316] C. SERRA, Os efeitos patrimoniais cit., pp. 554-555.

rente e que o processo de insolvência não se coaduna com a individualização dos interesses dos sujeitos, o que tornaria pouco justificável a concessão de especial relevância ao interesse do requerente da insolvência.[317]

Para além da inadequação de alguns dos requisitos legais indicados, imputa-se a ausência de utilização visível da administração pelo devedor em Portugal a dois motivos, quais sejam, a atitude dos tribunais (a disciplina legal do tema não seria apropriada e os juízes não confiariam na administração da empresa, com receio de majoração de prejuízos) e a atitude do devedor (diante da aparente hostilidade do regime e da perspectiva de destituição repentina e irrecorrível de seus poderes que inibiriam sua iniciativa oportuna).[318]

Estabelece o art. 233º, nº 1, "a", do CIRE, enfim, que encerrado o processo "cessam todos os efeitos que resultam da declaração de insolvência, recuperando designadamente o devedor o direito de disposição dos seus bens e a livre gestão dos seus negócios, sem prejuízo dos efeitos da qualificação da insolvência como culposa e do disposto no artigo seguinte".

Por meio de incidente de qualificação da insolvência, apura-se se esta é fortuita ou culposa e, na última hipótese, imputam-se sérias consequências às pessoas afetadas (devedor e/ou administradores, de direito e de fato, entre outros), cuja responsabilização pode ensejar impossibilidade de administração de patrimônios de terceiros e de exercício de comércio por 2 a 10 anos e condenação ao pagamento de indenização aos credores (art. 189º do CIRE).[319] Diante da gravidade da privação dos poderes de administração e de disposição de bens pelo devedor operada, em regra, com a declaração da insolvência, entretanto, sustenta-se que a inibição imposta não teria grande utilidade, de modo que tornar mais comuns os casos de administração da massa pelo devedor atribuiria maior relevo prático ao instituto (em termos punitivos), a exemplo da solução adotada pelo sistema concursal espanhol.[320]

---

[317] C. SERRA, *Os efeitos patrimoniais* cit., p. 557.
[318] C. SERRA, *Os efeitos patrimoniais* cit., p. 567.
[319] Para críticas a respeito das sanções previstas no âmbito da qualificação da insolvência e do instituto em geral, cf. C. SERRA, *Emendas à (lei da insolvência)* cit., pp. 99-106.
[320] C. SERRA, *Os efeitos patrimoniais* cit., pp. 549-554.

1.3.3. A manutenção do devedor na administração da empresa, sob a supervisão de órgão imparcial do processo concursal

O modelo global a ser analisado no presente item é caracterizado pela manutenção do devedor na condução da empresa em reorganização, com a designação de órgão do processo de insolvência para fiscalizar a sua atividade ou até, em alguma medida, dela participar. No mesmo sentido, costuma-se conferir ao devedor, em tal estrutura, função relevante na condução do processo.

É justamente nesse modelo que se incluiriam, a princípio, o sistema concursal brasileiro[321] e, também, as hipóteses de regimes híbridos de governança no âmbito do processo reorganizacional[322] – os quais têm sido reconhecidos por parte da doutrina como alternativas adequadas, em comparação com a mera adoção do modelo clássico de nomeação do administrador da insolvência ou do modelo relativo ao *debtor in possession*, conquanto persista a discordância entre teóricos acerca do sistema ideal de governança corporativa na reorganização.[323] Evidencia-se, de todo modo, a importância dos elementos a serem obtidos na presente análise para o estudo.

Notando-se que a breve síntese acerca do surgimento e da evolução do modelo de simples manutenção do devedor na condução da empresa em reorganização – ou *debtor in possession* – promovida no item 1.3.1.1. abrange o desenvolvimento do modelo ora examinado, que conta com o acréscimo da supervisão de órgão do processo concursal – fator, por sua vez, inspirado em características do modelo de afastamento –, também não se mostra necessária a realização de escorço histórico neste item. Esse esforço seria repetitivo e pouco proveitoso ao trabalho.

É indispensável, por outro lado, promover-se breve excurso sobre os sistemas de insolvência selecionados para a análise do modelo de manutenção do devedor na condução da empresa em reorganização, sob

---

[321] S. C. Neder Cerezetti, *A Recuperação Judicial de Sociedade por Ações* cit., pp. 389-390.

[322] Como, por exemplo, a sugestão de modelo de governança bifurcada, no qual a administração preexistente da empresa em reorganização seria responsável por operar o negócio e tomar as suas decisões financeiras e de investimento, competindo ao *trustee* nomeado negociar com os credores e elaborar o plano de reorganização – ou mesmo decidir pela liquidação da devedora (E. S. Adams, *Governance in chapter 11* cit., p. 634).

[323] Yaad Rotem, *Contemplating a corporate governance model for bankruptcy reorganizations: lessons from Canada*, in *Va. L. & Bus. Rev.* 3 (2008), p. 129.

supervisão de órgão do processo concursal, contextualizando-se resumidamente cada um e se apresentando justificativa para a sua classificação, a exemplo do efetuado no item 1.3.2.1. acima. É o que se faz a seguir, expondo-se, logo após, a configuração atual do modelo e, por fim, debatendo-se seu caráter intermediário (ou não) entre os demais modelos examinados.

1.3.3.1. Breve apresentação dos sistemas concursais utilizados na análise do modelo de manutenção sob supervisão: contextualização e justificativa da sua classificação

A estrutura e o funcionamento do modelo global de manutenção do devedor na condução da sociedade empresária em reorganização, sob a supervisão de órgão do processo concursal, serão estudados a partir dos sistemas de insolvência italiano, espanhol e argentino.[324] Neste item, promovem-se a contextualização dos direitos concursais a serem examinados e a apresentação de breve justificativa para a sua inclusão no modelo indicado.

As considerações tecidas nos itens 1.3. e 1.3.2.1. sobre estar o foco da análise nos agentes de atuação preponderante em cada sistema selecionado e nos efeitos práticos da legislação verificados em cada realidade, com a necessária abstração acerca dos seus aspectos menos expressivos e até das suas disposições legais desconsideradas na prática, permanecem aplicáveis neste item. Realizado esse importante esclarecimento, é possível passar ao resumido panorama dos sistemas adotados.

De início, apresenta-se o sistema de insolvência da Itália,[325] que interessa sobremaneira ao presente estudo não só pela sua classificação no

---

[324] O sistema concursal brasileiro, ao que tudo indica, também poderia estar incluído neste item, mas, diante da profunda análise acerca do seu regime com relação ao posicionamento do devedor realizada no capítulo seguinte, inclusive de modo a identificar se as impressões iniciais sobre a solução adotada no direito de insolvência do Brasil quanto à condução da empresa em recuperação judicial estão corretas, não faria sentido a sua prévia abordagem nesta oportunidade.

[325] Cujo funcionamento, durante a vigência do Decreto nº 267 de 1942 e antes da reforma de 2005, mencionando-se tendência do país a enfrentar crises em grandes empresas, especialmente de setores econômicos estratégicos, com acentuado intervencionismo estatal, é sinteticamente descrito em Alberto JORIO, *Insolvency Procedures in Italy*, in K. G. BROC e R. PARRY, *Corporate Rescue* cit., pp. 241-250.

modelo de manutenção sob supervisão, mas também por disciplinar uma realidade semelhante à brasileira, notando-se que, no contexto econômico italiano, tanto as pequenas empresas quanto aquelas médias e grandes apresentam, frequentemente, caráter familiar, com o envolvimento dos sócios na administração do negócio.[326] A consideração desse fator na estruturação de qualquer regime concursal é determinante, diante dos benefícios ocasionados pelo oportuno início do processo, assim que identificada a crise empresarial, e da consequente necessidade de incentivos para que a administração da empresa em questão adote as medidas cabíveis com celeridade, o que é dificultado pela perspectiva de perda da prerrogativa de conduzir o negócio pelos sócios-administradores.[327]

O sistema de insolvência italiano passou, na última década, por ampla reforma legislativa, cujos fundamentos refletem na solução adotada pelo país quanto à condução da empresa em reorganização, tanto que, em seu ensejo, houve alterações diretamente relacionadas ao tema.

A reforma promovida na legislação concursal da Itália em meados de 2005 e também no início de 2006,[328] cujo desenvolvimento efetivo começara em 2001, apresentava como objetivos, a princípio, superar o contraste entre as necessidades de proteger credores e de preservar empresas, na medida em que permitir aos empreendimentos a continuidade de suas operações seria benéfico ao sistema produtivo em geral, inclusive credores da empresa insolvente, muitos dos quais poderiam se tornar, no futuro, fornecedores desta, sob nova administração, tudo

---

[326] Federica PASQUARIELLO, *Italian bankruptcy code moving towards a reform era*, in *Il diritto fallimentare e dele società commerciali* 2 (2016), pp. 350-351.

[327] F. PASQUARIELLO, *Italian bankruptcy code* cit., pp. 350-351. No mesmo sentido, apontando que os modelos de *debtor in possession* ou de *debtor in possession* com adaptações podem ser particularmente úteis para empresas de capital fechado e administração familiar, por reduzirem a relutância dos administradores quanto à iniciativa de buscar o processo de reorganização, já que em outros cenários haveria sua automática substituição, cf. J. L. WESTBROOK et al., *A global view* cit., p. 77.

[328] E, no âmbito da *Amministrazione Straordinaria*, procedimento de caráter precipuamente administrativo, especificamente, deve-se mencionar que ocorreu importante reforma em 2003, na esteira da crise de grandes proporções verificada na Parmalat, com o advento da *Legge Marzano*. Para maiores detalhes acerca do tema, cf. Brian McCARTHY, *Imprevedibilità!: an analysis of Italy's failure to create or maintain a stable and efficient insolvency system*, in *Conn. J. Int'l L.* 25 (2009-2010).

a demonstrar a relevância da identificação de meios para combinar a necessidade dos credores em recuperar seu capital, conquanto parcialmente, com a necessidade do sistema industrial em preservar o negócio de uma forma viável; estabelecer novas normas que também denotassem a aplicação de princípios já utilizados em sistemas legais mais desenvolvidos e, nesse sentido, adotar os aspectos positivos dos sistemas anglo--saxões e continentais que poderiam ser abarcados pelo sistema legal italiano, preservando, ao mesmo tempo, elementos que consistiriam em "herança" do sistema normativo do país; identificar os instrumentos para prevenção e alerta que poderiam reduzir o tempo necessário para intervenção nos negócios em crise, embora fossem conhecidas as dificuldades para a definição de soluções ideais nesse campo, devendo--se atentar à esfera da autonomia privada, abrangendo as decisões independentes do empreendedor, até o momento no qual a crise ainda não seja evidente ao público; construir um sistema de regras que estimulasse negócios em crise a obterem pronto acesso a um regime apropriado de proteção jurídica, visando-se a permitir o estabelecimento do melhor ajuste possível com seus credores, envolvendo a adoção de mecanismos de incentivo e sanções adequados em certas hipóteses de demora do devedor para declarar a sua própria insolvência; e, enfim, adotar regras para todos os procedimentos relativos à crise que tornassem os processos menos extensos, mais flexíveis e apropriados para permitirem uma melhor e mais rápida satisfação dos credores.[329]

Segundo A. JORIO, muitas dessas metas foram atingidas com a reforma realizada entre 2005 e 2006 (por meio da lei nº 80/2005 e do decreto legislativo nº 5/2006).[330] A Lei de Falências italiana de 1942, ao término dessa fase, já sofrera modificações significativas, mas o movimento de reformas não havia se encerrado. De fato, a legislação concursal italiana sofreu novas alterações posteriormente, em 2010 (lei nº 122/2010), em 2012 (com extensa regulação promovida pela lei nº

---

[329] A. JORIO, *Insolvency Procedures in Italy* cit., pp. 250-251.
[330] Além do decreto corretivo nº 169/2007, conforme indicado por A. A. DASSO (*Derecho Concursal comparado* cit., p. 918).

134/2012)³³¹, em 2013 (por meio da lei nº 98/2013)³³² e em 2015 (lei nº 135/2015).³³³

Ao final desse ciclo de alterações legislativas, consolidam-se, para além da tradicional falência, três instrumentos que visam à superação da crise empresarial naquele ordenamento, o *piano di risanamento attestato*, o *accordo di ristrutturazione dei debiti* e o *concordato preventivo*.³³⁴

Entretanto, o *piano di risanamento attestato* e o *accordo di ristrutturazione dei debiti* não são considerados, essencialmente, procedimentos judiciais, embora ambos possam comportar alguma participação do poder judiciário (sobretudo este, que, na mesma medida, oferece maior proteção aos bens do devedor, melhores possibilidades de obtenção de financiamento e maior segurança no adimplemento de obrigações em relação àquele).³³⁵ O *concordato preventivo*, por seu turno, configura-se como um procedimento judicial existente na Itália desde 1903, sendo modificado estruturalmente e também em seu escopo, contudo, pelas reformas realizadas no diploma. Com tais modificações, em especial aquelas operadas pela lei nº 134/2012, o instituto permite que uma empresa em situação de crise continue suas atividades, como um *going concern*.³³⁶

Como se nota facilmente, o mecanismo concursal italiano mais próximo à recuperação judicial brasileira é o *concordato preventivo*, que será o cerne da investigação acerca da estrutura e do funcionamento do regime de insolvência da Itália quanto ao posicionamento do devedor, no item

---

[331] Também conhecida por *Decreto Sviluppo*, conforme Alessandro DANOVI, *Introduzione – Il concordato preventivo dopo le modifiche del 'decreto Sviluppo'*, in *I quaderni della scuola di alta formazione Luigi Martino* 43 (2012), p. 9.

[332] Lorenzo STANGHELLINI, *Linee-guida per il finanziamento alle imprese in crisi*, 2ª edição, 2015 (disponível em http://www.nuovodirittofallimentare.unifi.it/upload/sub/Corso%202015/7%20luglio%202015%20Linee-guida%20-%20II%20edizione%202015%20%28finale,%2024-4-2015%29-1.pdf, acessado em 04.04.2017), p. 4.

[333] Sobreveio, realmente, nova mudança em 2015, com o aparente fim da tendência do diploma que seria mais favorável ao devedor, prevendo-se ainda a ocorrência de nova reforma em pouco tempo (F. PASQUARIELLO, *Italian bankruptcy code* cit., pp. 347-350). Tal previsão doutrinária mostrou-se acertada após a entrega da dissertação que resultou nesta obra, sabendo-se que, recentemente, ocorreu a aprovação de ampla alteração do sistema concursal italiano, mediante lei que logo ganhará vigência completa.

[334] L. STANGHELLINI, *Linee-guida per il finanziamento* cit., p. 7.

[335] L. STANGHELLINI, *Linee-guida per il finanziamento* cit., pp. 7-8.

[336] L. STANGHELLINI, *Linee-guida per il finanziamento* cit., p. 9.

seguinte. E nesse instituto, em conformidade com os princípios que nortearam a reforma narrada,[337] a administração do negócio permanece com o devedor, podendo o juízo nomear um auxiliar, o *commissario giudiziale*, agente com competências relativas à fiscalização e ao fornecimento de informações à justiça e aos credores.[338] Por isso, justifica-se a categorização da disciplina concursal italiana junto ao modelo de manutenção do devedor na condução da empresa em reorganização, sob supervisão de órgão do processo concursal.

O direito de insolvência espanhol, por sua vez, é disciplinado pela lei nº 22/2003, que foi aprovada em julho de 2003 e entrou em vigor em setembro de 2004, após décadas de debates acerca da necessidade de mudanças no regime concursal do país.[339] Nos anos seguintes, em especial durante a forte recessão decorrente da crise global de 2008, a chamada *Ley Concursal* ainda passaria por inúmeras outras reformas com a finalidade de correção das suas disfuncionalidades evidenciadas ao longo do período, diante de cenário em que os processos concursais da Espanha terminariam em liquidação da empresa em 95% dos casos. No total, de 2009 a 2015, o diploma concursal espanhol passou por seis reformas.[340]

Para além de reformas que alteraram sobretudo mecanismos de insolvência de pessoa física, em 2013 e 2015, consideram-se importantes as modificações no diploma legal introduzidas em 2009 (estendendo-se o âmbito de aplicação do procedimento abreviado a empresas de maior porte e se facilitando as propostas antecipadas de *convenio*, entre outras medidas), em 2011 (aprofundando-se a ampliação do procedimento abreviado, fomentando-se os chamados *acuerdos de refinanciación* como via alternativa ao *concurso*, criando-se o chamado *concurso exprés* e,

---

[337] A. JORIO, *Insolvency Procedures in Italy* cit., p. 252.
[338] L. STANGHELLINI, *Linee-guida per il finanziamento* cit., p. 12.
[339] A. A. DASSO, *Derecho Concursal comparado*, t. I, Buenos Aires, Legis Argentina, 2009, pp. 493-494.
[340] Miguel GARCÍA-POSADA e Raquel VEGAS, *Las reformas de la Ley Concursal durante la gran recesión*, Madrid, Banco de España, 2016, disponível em https://www.bde.es/f/webbde/SES/Secciones/Publicaciones/PublicacionesSeriadas/DocumentosTrabajo/16/Fich/dt1610.pdf, acessado em 08.09.2017, p. 7.

enfim, redefinindo-se a administração concursal,[341] que passou a contar com maior profissionalização e a estar geralmente composta por um só membro,[342] em vez dos três anteriores,[343] exceto em processos de especial relevância pelo grande porte da empresa, nos quais o juiz poderia nomear um segundo administrador entre determinadas classes de credores), em março de 2014 (aperfeiçoando-se a regulação dos *acuerdos de refinanciación*) e em setembro de 2014 (promovendo-se mudanças na disciplina do *convenio*).[344]

Atualmente, dessa maneira, os procedimentos disponíveis na Espanha para o gerenciamento dos casos de crise empresarial são o *concurso de acreedores*, os *acuerdos extrajudiciales de pagos* e os *acuerdos de refinanciación*, todos disciplinados pela mencionada *Ley Concursal*.[345]

O *concurso de acreedores*, mecanismo mais utilizado pelas empresas, conta com fase inicial comum, em que se nomeia um *administrador concursal* – cujos poderes podem ter extensões diversas, variando da mera supervisão dos administradores preexistentes, mantidos na função, até a própria administração da empresa, a depender da origem do processo em pedido do devedor, naquele caso, ou de credores, neste caso –, e com fase posterior, que pode resultar em *convenio*, abarcando a reestru-

---

[341] Para conhecer com profundidade a estrutura delineada na *Ley Concursal*, originalmente, quanto à *administración concursal*, cf. Ignacio Tirado, *Los administradores concursales*, Cizur Menor, Aranzadi, 2005, e Esperanza Gallego Sánchez, *La administración concursal*, in *Estudios sobre la Ley Concursal – Libro homenaje a Manuel Olivencia*, t. II, Madrid, Marcial Pons, 2005, pp. 1.221-1.358.

[342] Sobre a reforma da legislação de insolvência espanhola em 2011, no tocante especificamente à *administración concursal*, cf. Leopoldo E. López Máñez, *Administración concursal y auxiliares delegados tras la reforma de la ley 22/2003*, in *Revista de Derecho Concursal y Paraconcursal* 16 (2012).

[343] A adoção do modelo de administrador único, em detrimento da regra anterior que previa, em geral, um trio de administradores, sofreu críticas da doutrina, pois o regime de administração colegiada teria sido acertado e gerado bons resultados, demonstrando funcionalidade e competência por sua natureza profissional e diversa, apontando-se ainda que o custo excessivo a ele imputado não lhe seria inerente, mas decorreria de tarifas estabelecidas pelo governo (Manuel Olivencia, *La reforma de la Ley Concursal*, in *Revista de Derecho Mercantil* 285 [2012], p. 22).

[344] M. García-Posada e R. Vegas, *Las reformas de la Ley* cit., pp. 13-14.

[345] M. García-Posada e R. Vegas, *Las reformas de la Ley* cit., p. 12.

turação das dívidas e a sobrevivência da empresa, ou em liquidação.[346] Diante dessas características, é esse o instituto que estará no foco da análise promovida, com destaque para o *convenio*.

E, embora o direito concursal espanhol também possa envolver a substituição do devedor na administração da empresa, a depender da via processual utilizada, como visto, deve-se ressaltar que a sua inclusão entre os ordenamentos nos quais tem destaque a perspectiva de manutenção do devedor na condução da empresa em reorganização, sob supervisão de órgão do processo, é mesmo adequada.

Isso porque, conforme apontam pesquisas empíricas realizadas sobre o tema, no ano de 2016, por exemplo, 4.421 casos tramitaram naquele país como *concursos voluntarios* (via pela qual o devedor permanece na administração, em regra), contra somente 333 *concursos necesarios* (via pela qual, em regra, tem vez o afastamento do devedor).[347] Ademais, pesquisas também evidenciaram que, no ano de 2016, em 80,1% dos *concursos voluntários* houve mera *intervención* (manutenção do devedor na administração mediante supervisão da *administración concursal*). Mesmo em *concursos necesarios*, 13,6% dos casos comportaram simples *intervención* em 2016.[348] Por fim, cumpre somente esclarecer, nesse tocante, que o entendimento ora exposto não é alterado pelo fato de que apenas 8,6% dos casos, em 2016, ensejaram a aprovação de *convenio*,[349] sendo o foco deste estudo justamente a condução das empresas ao longo do processo de reorganização e se considerando que o procedimento em questão é, a princípio, único.

Resta contextualizar, enfim, o sistema concursal argentino, que é disciplinado pela lei nº 24.522/1995 (com modificações operadas, por exemplo, pelas leis nº 25.589 e nº 26.086, entre outras) e que tem como mecanismo de utilização mais frequente o *concurso preventivo*, cuja iniciativa compete exclusivamente ao devedor e persegue a finalidade da obtenção de acordo com os credores, por maioria, vinculando-se os

---

[346] M. García-Posada e R. Vegas, *Las reformas de la Ley* cit., p. 12.
[347] Instituto Nacional de Estadística – INE, *Notas de prensa – Estadística der Procedimiento Concursal (EPC) – Cuarto trimestre de 2016 y año 2016*, disponível em http://www.ine.es/en/daco/daco42/epc/epc0416_en.pdf, acessado em 11.09.2017.
[348] Esteban van Hemmen Almazor, *Estadística Concursal – Anuario 2016*, Madrid, Colegio de Registradores de la Propiedad, Bienes Muebles y Mercantiles de España, 2017, pp. 24-25.
[349] E. H. Almazor, *Estadística Concursal* cit., p. 32.

demais mediante o atendimento a determinados requisitos.[350] Evidencia-se o caráter reorganizacional desse instituto, em que focará o exame promovido no item a seguir.

E, no *concurso preventivo* argentino, conserva-se a administração do patrimônio da empresa com o devedor, sob supervisão do *síndico*,[351] agente – ou agentes, em comarcas com maior população – designado(s) em cada *concurso* por meio de sorteio público entre os integrantes de listas previamente formadas e com funções relativas, por exemplo, ao fornecimento de informações acerca dos créditos e, também, de dados econômicos e jurídicos do devedor.[352] Assim, justifica-se a sua inserção no âmbito do modelo de manutenção do devedor na condução da empresa em reorganização, sob supervisão de órgão do processo concursal.

Apresentados os sistemas de insolvência que serão utilizados na análise e justificada a sua classificação para tanto, é possível passar ao exame almejado, de modo a investigar a configuração atual do modelo mencionado. Nesse exercício, com efeito, espera-se compreender e demonstrar a sua estrutura e o seu funcionamento.

1.3.3.2. Estrutura e funcionamento do modelo de manutenção do devedor na administração da empresa em reorganização, sob a supervisão de órgão do processo concursal

O presente item tem como objetivo apresentar em detalhes o modelo global de manutenção do devedor na condução da empresa em reorganização, sob supervisão de órgão do processo concursal, e ressaltar os aspectos mais relevantes de sua configuração – ou de suas possíveis configurações. Esse exercício será viabilizado mediante a análise das disciplinas da crise empresarial da Itália, da Espanha e da Argentina, que se inserem em tal modelo, focando-se nos elementos marcantes da sua estrutura e do seu funcionamento no tocante ao posicionamento do devedor em relação à condução da empresa durante processos reorganizacionais.

---

[350] A. A. Dasso, *Derecho Concursal* cit., p. 117.
[351] Roberto A. Baravalle e Ernesto I. J. Granados, *Ley de concursos y quiebras 24.522*, t. I, Rosario, Liber, 1995, p. 75.
[352] A. A. Dasso, *Derecho Concursal* cit., pp. 151-152.

E, tecidas considerações no item anterior acerca dos panoramas gerais de cada legislação adotada, a análise promovida a seguir dispensará a reiteração de introduções quanto aos sistemas concursais selecionados, passando diretamente aos fatores específicos da estrutura e do funcionamento destes, nos moldes delineados. Inicia-se o exame pelo regime italiano.

O *concordato preventivo* italiano, parcialmente baseado no modelo de reorganização empresarial adotado nos Estados Unidos da América,[353] é iniciado pelo devedor, esclarecendo a situação econômica e financeira da empresa, descrevendo seu patrimônio, propondo um plano para a superação da crise – atestado como viável por um especialista – e requerendo a aprovação dos credores, possivelmente divididos em classes conforme categorias com interesses homogêneos.[354] O juiz, então, verifica os documentos apresentados em sua clareza e verossimilhança, com a finalidade de permitir aos credores a tomada de uma decisão informada. Atendidos tais pressupostos, o magistrado defere que se inicie o processo, seguindo-se a manifestação de consentimento (ou não) dos credores e a sua homologação (ou não) pela corte competente.[355]

Entre as alterações mais relevantes ocasionadas pela reforma de 2012, encontra-se o surgimento da *domanda "con riserva"*, ou seja, da possibilidade de ajuizamento do pedido de *concordato preventivo* apresentando-se somente, em um primeiro momento, demonstrações contábeis referentes aos três últimos anos e a relação de credores, sendo permitido o fornecimento dos demais documentos e informações necessários em fase processual posterior.[356] Assim, a proposta de reestruturação e o plano desenvolvido podem ser apresentados dentro de prazo estabelecido pelo juízo, entre o mínimo de 60 e o máximo de 120 dias (reduzido caso exista pedido de falência pendente ou, eventualmente, pelo juízo, caso considere a atividade da devedora manifestamente inadequada à preparação da proposta e do plano), havendo possibilidade de ampliação do período a depender da complexidade do processo.[357]

---

[353] A. Jorio, *Insolvency Procedures in Italy* cit., p. 255.
[354] A. Jorio, *Insolvency Procedures in Italy* cit., p. 252.
[355] A. Jorio, *Insolvency Procedures in Italy* cit., p. 252.
[356] L. Stanghellini, *Linee-guida per il finanziamento* cit., pp. 65-66.
[357] L. Stanghellini, *Linee-guida per il finanziamento* cit., pp. 65-66.

Afirma-se que a deliberação dos credores ocorre em um ambiente que confere, em tese, proteção adequada aos interesses do devedor e dos próprios detentores de créditos, diante da ampla participação do juiz e do comissário judicial no procedimento.[358] O papel do *professionista attestatore*, profissional independente e registrado em órgão competente, também é bastante relevante no procedimento em exame, especialmente ao atestar a viabilidade do plano, servindo à proteção de terceiros. Esse agente é indicado pelo devedor, não se confundindo com eventuais consultores deste na estruturação da proposta.[359] Prevê-se ainda, no *concordato preventivo*, a imposição aos credores de um *automatic stay*, semelhante ao adotado na reorganização americana. Com o processo se evitam, além disso, a aplicação de disposições do Código Civil italiano acerca da redução ou perda de capital social e a consequente dissolução da sociedade.[360]

E, como adiantado, no *concordato preventivo* a administração da empresa permanece com o devedor, podendo o juízo nomear um auxiliar, o *commissario giudiziale*, agente com competências relativas à fiscalização e ao fornecimento de informações à justiça e aos credores.[361-362] Durante o processo, todavia, segundo o artigo 161, § 7º, da legislação concursal italiana, o devedor apenas pode praticar atos de administração ordinária, precisando de autorização judicial para a prática de atos extraordinários (ouvindo-se o *commissario*, se nomeado). Nos dois cenários, atribui-se prioridade aos créditos decorrentes dessas operações.[363]

---

[358] L. STANGHELLINI, *Linee-guida per il finanziamento* cit., p. 12.

[359] L. STANGHELLINI, *Linee-guida per il finanziamento* cit., pp. 21-23.

[360] L. STANGHELLINI, *Linee-guida per il finanziamento* cit., p. 12.

[361] L. STANGHELLINI, *Linee-guida per il finanziamento* cit., p. 12. Para maiores detalhes sobre o papel do *commissario* e sua evolução com a reforma do sistema concursal italiano, cf. Alberto DE BERNARDI, *Il Commissario Giudiziale*, in *I quaderni della scuola di alta formazione Luigi Martino* 43 (2012), pp. 111-117.

[362] De fato, com o objetivo de atenuar a assimetria de informação entre os credores e o devedor, exige-se do *commissario giudiziale* também, por exemplo, que forneça informações a credores almejando apresentar contraproposta de pagamento àquela ofertada pelo devedor (o que é permitido se a oferta de adimplemento contida nesta for inferior a 40% do valor devido) e que formule um relatório comparando em detalhes todas as propostas recebidas (Giulia BATTAGLIA e Antonio TAVELLA, *The italian settlement with creditors procedure*, in *Insolvency & Restructuring Int'l* 9 [2015], p. 31).

[363] L. STANGHELLINI, *Linee-guida per il finanziamento* cit., p. 67.

De acordo com o art. 161, § 8º, do diploma legal, ademais, no caso de *domanda "con riserva"*, o juízo deve determinar a apresentação de relatórios mensais pelo devedor contendo informações sobre a administração do negócio, as atividades exercidas com a finalidade de preparar a proposta e o plano e a situação financeira do negócio, a serem depositados no registro pertinente. A violação desse dever enseja a aplicação de consequências previstas no art. 162, §§ 2º e 3º, daquela legislação, com a possível declaração de falência da empresa.[364]

A administração ordinária da empresa, exercida pelo devedor, persistiria visando à proteção dos ativos daquela, mas, diante da crise enfrentada, buscaria também observar os interesses dos credores, não se olvidando da dificuldade presente na verificação sobre o cumprimento desse dever, sobretudo na ausência de plano.[365] Nesse ponto, sustenta-se que, após o ajuizamento do pedido de *concordato preventivo* sem a apresentação concomitante do plano, deve o empresário gerir o negócio com transparência e responsabilidade, realizando as operações e transações necessárias à sua continuidade como um *going concern* prudentemente.[366] Isso, claro, caso não se conclua que a continuidade será negativa.[367]

O art. 186-bis do diploma concursal italiano disciplina o *concordato* com previsão de continuidade do negócio[368], seja mediante administra-

---

[364] L. STANGHELLINI, *Linee-guida per il finanziamento* cit., p. 68.

[365] A doutrina indica, realmente, que, em não havendo nessa etapa processual plano apresentado, seria inviável avaliar se os atos praticados são compatíveis ou não com a tutela dos interesses dos credores. A nomeação do *commissario giudiziale*, nesse ponto, poderia limitar os efeitos de uma conduta danosa do devedor, mas não sua responsabilidade (L. STANGHELLINI, *Linee-guida per il finanziamento* cit., p. 68).

[366] L. STANGHELLINI, *Linee-guida per il finanziamento* cit., p. 68.

[367] Aponta-se, com efeito, que a decisão sobre a continuidade das atividades exercidas pela devedora não deveria ser automática, configurando em vez disso objeto de análise cuidadosa pelos administradores. Em virtude dessa avaliação, seria possível concluir como mais vantajoso aos credores encerrar as suas atividades, no todo ou em parte, ou reduzir suas operações até que se compreendesse com clareza como e se poderia ser superada a crise (L. STANGHELLINI, *Linee-guida per il finanziamento* cit., p. 68).

[368] Nesse tocante, menciona-se que a previsão expressa de uma nova tipologia de *concordato con continuità aziendale*, introduzida no sistema concursal italiano pelo *Decreto Sviluppo*, parece inclusive ter alterado a orientação desse sistema, geralmente apontada como favorável aos credores, em benefício do devedor. Nesse sentido, indica-se que o legislador italiano, talvez pressionado pela conjuntura do país, pode ter adotado a tese da continui-

ção do devedor³⁶⁹, seja por meio de alienação ou transferência a novas empresas, inclusive recentemente constituídas, ou mesmo no ensejo de operações mais complexas, como uma cisão. A liquidação de bens prescindíveis ao esforço de continuidade também é abarcada em tais previsões legais.³⁷⁰

Entre os elementos dispostos na disciplina do *going concern* italiano, destacam-se a obrigatoriedade de previsão, no plano, dos custos e receitas esperados, dos recursos financeiros necessários e dos meios para sua obtenção, assim como a necessidade de declaração pelo *professionista attestatore* acerca da viabilidade da continuidade do negócio como instrumento para assegurar a melhor satisfação dos credores (em comparação com um cenário de descontinuidade) e a possibilidade de postergação, por até um ano após a homologação, do pagamento de credores com garantia real ou privilégio, exceto se a liquidação dos bens objetos das garantias for estabelecida no plano.³⁷¹

Nesse contexto, verifica-se que a vislumbrada orientação da legislação de insolvência da Itália em favor do devedor pode não corresponder à realidade, porquanto são inúmeras as balizas estabelecidas ao longo do trâmite do *concordato preventivo* pelo diploma. A continuidade do negócio e a manutenção do devedor em sua condução, com efeito, dependem do atendimento a uma série de requisitos.

---

dade do negócio a exemplo do sistema concursal estadunidense, em forte oscilação pendular na direção de orientação favorável ao devedor. A doutrina que cuidou do tema ressalta, porém, que tal continuidade não deve ser assumida dogmaticamente como valor principal, à custa da tutela dos interesses de outros *stakeholders*, sob pena de se distorcer o sistema (A. DANOVI, *Introduzione – Il concordato preventivo* cit., pp. 12-14).

³⁶⁹ Para panorama geral acerca das críticas formuladas ao mecanismo na Itália, cf. Andrea LOLLI, *Il concordato com continuità aziendale mediante l'intervento di terzi nel processo di risanamento: alcune considerazioni*, in *Contratto e impresa* 4-5 (2013), pp. 1.088-1.092.

³⁷⁰ L. STANGHELLINI, *Linee-guida per il finanziamento* cit., p. 70. No mesmo sentido, sobre as diversas formas contidas na categoria de *concordato con continuità aziendale*, entre o *concordato di ristrutturazione* (ou continuidade direta) e o *concordato com cessione* (ou continuidade indireta), além de formulações mistas, em contraposição à noção de *concordati liquidatori*, cf. Patrizia RIVA, *Concordato preventivo e operazioni straordinarie*, in *I quaderni della scuola di alta formazione Luigi Martino* 43 (2012), p. 17.

³⁷¹ A. DANOVI, *Introduzione – Il concordato preventivo* cit., p. 12. No mesmo sentido, cf. L. STANGHELLINI, *Linee-guida per il finanziamento* cit., p. 70.

Essa impressão parece ser confirmada, igualmente, por outras disposições legais. Os prazos para apresentação do pedido, por exemplo, podem ser abreviados pelo juízo com o objetivo de reduzir riscos dos credores, quando as atividades exercidas pelo devedor não forem adequadas à proposta e ao plano formulados. No mesmo sentido, o *concordato preventivo* envolvendo a continuidade do negócio pode ser interrompido pelo juízo quando as atividades exercidas sejam evidentemente danosas aos credores.[372] Além disso, após as modificações realizadas na legislação concursal italiana em 2013 e 2015, conferiu-se ao juízo do *concordato preventivo* a possibilidade de obter informações juntos aos credores[373] e se permitiu aos credores, em certas hipóteses, a apresentação de planos alternativos,[374] também se estabelecendo requisitos mais rígidos aos planos em geral.[375]

Em matéria societária, por fim, tem-se que, mesmo no regime de *concordato preventivo*, os órgãos da sociedade empresária mantêm seus poderes e funções na medida compatível com relação à finalidade do processo, cujas normas seriam destinadas à tutela dos interesses dos credores sociais.[376] Com os órgãos representativos da sociedade, o *commissario* constituiria uma relação dialética, visando a evitar conduta incompatível com a finalidade do *concordato*, mas deixando de forçar a atuação daqueles órgãos à necessária realização do propósito único do processo concursal, sendo-lhes possível também atuar em função de outras finalidades. Desse modo, a sobreposição do sistema de proteção concursal do

---

[372] L. STANGHELLINI, *Linee-guida per il finanziamento* cit., p. 12.
[373] L. STANGHELLINI, *Linee-guida per il finanziamento* cit., p. 67.
[374] José GARRIDO, *Insolvency and enforcement reforms in Italy*, in *IMF working papers* 134 (2016), p. 8.
[375] F. PASQUARIELLO, *Italian bankruptcy code* cit., p. 348.
[376] Nesse sentido, em contraposição a entendimento bastante difundido naquele país que, além da restrição externa consistente na "compatibilidade" do exercício de poderes e funções dos órgãos societários quanto ao escopo do processo, vislumbra também uma limitação de caráter interno aos poderes e funções desses órgãos durante o *concordato preventivo* (exigindo que seu exercício seja necessário no tocante ao processo), cf. Luca BOGGIO, *Amministrazione e controllo dele società di capitali in concordato preventivo (dalla domanda all'omologazione)*, in *Amministrazione e controllo nel diritto dele società – Liber amicorum Antonio Piras*, Torino, G. Giappichelli Editore, 2010, pp. 883-884. A refutação desse limite de caráter interno decorre de não ser atribuído a tais órgãos o dever de perseguirem exclusivamente os fins inerentes ao *concordato*.

interesse dos credores ao processo decisório no âmbito da sociedade não alteraria as regras de responsabilidade relativas a tais órgãos.[377]

Apresentados a estrutura e o funcionamento do sistema concursal italiano quanto ao posicionamento do devedor em relação à condução da empresa em *concordato preventivo*, nota-se que a solução de continuidade do negócio como um *going concern*, com a manutenção do devedor em sua administração, demanda naquele ordenamento o atendimento a diversas exigências legais, especialmente no tocante ao plano proposto. O papel atribuído ao juiz e ao comissário judicial nesse regime também se destaca, sobretudo com relação à fiscalização do devedor, vislumbrando-se, ainda, que este apresenta deveres importantes relativos à observância do interesse dos credores em sua atuação e ao fornecimento de informações no curso do processo. Concluída essa análise, pode-se passar ao exame da solução espanhola.

O *concurso de acreedores*, adotado como foco da presente análise, consistia originalmente no único procedimento do sistema de insolvência da Espanha[378] e persiste como o mecanismo concursal mais utilizado pelas empresas naquela realidade, como apontado no item antecedente. Tal instituto se divide entre o *concurso ordinário* e o *concurso abreviado*, este uma versão mais simples e rápida, e pode ser requerido por qualquer dos credores ou pelo devedor. Tratando-se de sociedade, a empresa devedora apresenta o dever de solicitar *concurso* no prazo de dois meses de sua situação de insolvência, sob pena de se presumir a culpa dos seus administradores e de aplicação das possíveis sanções disso decorrentes. O pedido formulado, por sua vez, será analisado por um *juez de lo Mercantil*, que pode aceitar ou rejeitar o pleito.[379]

Declarado o *concurso*, cujo caráter seria fundamentalmente conservativo,[380] tem início a fase comum, com a finalidade de reduzir assimetrias de informação entre os diversos credores e o devedor. Assim, o juiz nomeia um *administrador concursal*,[381] que deverá ser advogado, econo-

---

[377] L. Boggio, *Amministrazione e controllo* cit., p. 884.
[378] No que teria seguido o formato adotado pela *Insolvenzordnung* (A. A. Dasso, *Derecho Concursal* cit., p. 494).
[379] M. García-Posada e R. Vegas, *Las reformas de la Ley* cit., p. 12.
[380] A. A. Dasso, *Derecho Concursal* cit., p. 504.
[381] Órgão cuja caracterização tem sido objeto de longo debate no direito concursal espanhol, inclusive no tocante às vantagens e desvantagens de modelos colegiados ou unipes-

mista, auditor ou *titulado mercantil* e a quem caberá a realização de diversas atividades relevantes durante o processo, a exemplo de elaborar a relação das dívidas e dos ativos da sociedade, auxiliando na identificação de sua viabilidade, e de ostentar faculdades amplas de controle sobre a empresa, a depender de quem pediu o *concurso*.[382]

Percebe-se, desde logo, que são relevantes os poderes atribuídos à *administración concursal*, órgão auxiliar do juízo do *concurso*,[383] mesmo em casos de manutenção da administração preexistente. A detalhada disciplina conferida pelo regime de insolvência espanhol à atuação da *administración concursal* e aos seus efeitos pode fornecer elementos importantes para a reflexão acerca da configuração de modelos de manutenção do devedor, sob supervisão de órgão do processo, ainda que esse sistema abarque também hipóteses de substituição.[384]

Realmente, tratando-se de *concurso voluntario*, pleiteado pela própria sociedade devedora, em regra sua administração permanece no controle do patrimônio e da atividade empresarial[385], sob supervisão do administrador, cuja autorização se torna necessária para todas as transações não relacionadas à gestão cotidiana do negócio.[386] Por outro lado, sendo o *concurso necesario*, iniciado pelos credores, em regra a administração preexistente é afastada e a empresa passa a ser gerida pelo administrador

---

soais de administração concursal (Lourdes V. Melero BOSCH, *Hacia la societarización de la administración concursal*, in *Revista de Derecho Concursal y Paraconcursal* 15 [2011], pp. 252-253).

[382] M. GARCÍA-POSADA e R. VEGAS, *Las reformas de la Ley* cit., p. 12.

[383] Sobre as inúmeras teorias relativas à natureza jurídica da *administración concursal*, cf. I. TIRADO, *Los administradores* cit., pp. 15-66.

[384] Têm-se, como exemplo, os debates existentes na doutrina concursal espanhola acerca do modelo mais adequado de administração ou desenvolvimento do processo, no tocante à participação (ou não) de credores, do juízo ou de órgão auxiliar em tais funções e à medida das suas atuações (bem ilustrados nos ensinamentos, por sinal contrários à alocação do poder decisório nesse âmbito unicamente com os credores ou o juiz e enfatizando, portanto, o papel da *administración concursal* – de caráter privado e visando ao interesse do *concurso* –, de I. TIRADO, em *Los administradores* cit., pp. 285-313).

[385] Inovação destacada pela doutrina quando do advento da *Ley Concursal*, pois romperia com a finalidade repressiva e a "dureza" que caracterizariam o sistema concursal espanhol até então (Isabel Candelario MACÍAS, *Impresiones sobre los efectos de la declaración del concurso a la vista de la futura ley concursal*, in *Revista de Derecho Privado* julho/agosto [2003], p. 529).

[386] Afirma-se que, desde a entrada em vigor da *Ley Concursal*, cerca de 94% dos *concursos* têm sido voluntários (M. GARCÍA-POSADA e R. VEGAS, *Las reformas de la Ley* cit., p. 12).

nomeado.³⁸⁷ O juiz, porém, pode determinar, de modo fundamentado, a substituição do devedor na gestão do negócio em *concurso voluntario* ou a sua manutenção, com mera intervenção da *administración concursal*, em *concurso necesario*.³⁸⁸

Mesmo a "mera" intervenção da *administración concursal* na hipótese de manutenção do devedor na condução da empresa, todavia, apresenta efeitos expressivos. Nesse sentido, por exemplo, a disposição do art. 44.2 da *Ley Concursal*, ao estabelecer que "(...) *con el fin de facilitar la continuación de la actividad profesional o empresarial del deudor, la administración concursal podrá determinar los actos u operaciones propios del giro o tráfico de aquella actividad que, por razón de su naturaleza o cuantía, quedan autorizados con carácter general.*" Evidencia-se o controle conferido ao *administrador concursal* sobre a atuação do devedor na condução da empresa em *concurso*. E ao devedor, conquanto afastado, impõe-se o dever de colaborar com a *administración concursal*, o que em última análise também serviria ao seu interesse.³⁸⁹

Após essa fase comum, o processo entra na fase seguinte, que poderá consistir em um *convenio*³⁹⁰ entre devedor e credores (a configurar uma reestruturação da dívida, com a sobrevivência da empresa) ou na liquidação da empresa (o que ocorre na grande maioria dos casos).³⁹¹ Não resultando o *concurso* em liquidação, a proposta negociada entre as partes se torna determinante à configuração do processo em seu prosseguimento.

De fato, tratando-se de *convenio*, via que comporta a iniciativa reorganizacional, estabelece o art. 133.2 da *Ley Concursal* que "*desde la eficacia del convenio cesarán todos los efectos de la declaración de concurso, quedando sustituidos por los que, en su caso, se establezcan en el propio convenio, salvo los deberes de colaboración e información establecidos en el artículo 42, que subsistirán hasta la conclusión del procedimiento* (...)", ressaltando-se que, nos termos do art.

---

³⁸⁷ M. García-Posada e R. Vegas, *Las reformas de la Ley* cit., p. 12.
³⁸⁸ A. A. Dasso, *Derecho Concursal* cit., p. 504.
³⁸⁹ I. Tirado, *Los administradores* cit., pp. 353-357.
³⁹⁰ Incluindo-se aqui as possibilidades de *propuesta anticipada* (ou *convenio anticipado*), apresentada pelo devedor já contando com adesão de parcela dos credores, e de *convenio ordinario*, oriundo do devedor ou de credores na ausência daquela e também de pedido de liquidação admissível (A. A. Dasso, *Derecho Concursal* cit., pp. 511-513).
³⁹¹ M. García-Posada e R. Vegas, *Las reformas de la Ley* cit., pp. 12-13.

137.1 do diploma, *"El convenio podrá establecer medidas prohibitivas o limitativas del ejercicio de las facultades de administración y disposición del deudor. Su infracción constituirá incumplimiento del convenio, cuya declaración podrá ser solicitada del juez por cualquier acreedor"*.

Ademais, sendo o devedor pessoa jurídica, seus órgãos societários são mantidos durante o processo, sem prejuízo dos efeitos da intervenção ou substituição ocorrida em seu funcionamento, notando-se ainda que a *administración concursal* tem direito de *"asistencia y de voz"* nas sessões dos órgãos colegiados do devedor, devendo ser convocada para tanto e sendo a sua presença requisito de validade de tais reuniões, além de acordos com consequências patrimoniais ou relacionadas ao *concurso* estarem sujeitos à sua anuência, sob pena de ineficácia.[392]

Pode-se extrair da análise do sistema concursal espanhol o amplo papel conferido ao órgão do processo, a *administración concursal*, no âmbito do *concurso de acreedores*, ainda que mantido na condução da empresa o devedor. Com efeito, a necessidade da sua concordância para inúmeros atos a serem praticados pela empresa e a sua participação nos órgãos societários denotam situação próxima a uma gestão compartilhada entre a administração preexistente e o agente nomeado pelo juiz. A semelhança entre o regime de insolvência da Espanha e aquele estabelecido na Alemanha também é clara, verificando-se, todavia, que a previsão da hipótese de autoadministração na disciplina espanhola encontrou, conforme os dados estatísticos apresentados no item anterior, adesão expressiva na prática. Resta apresentar, por fim, a solução argentina.

Como visto, o *concurso preventivo*, mecanismo concursal mais popular na Argentina, inicia-se mediante pedido do devedor, visando a atingir acordo com os credores.[393] E, nesse instituto, conserva-se a administração do patrimônio empresarial com o devedor, que passa a atuar sob a supervisão do *síndico*.[394]

O síndico – em comarcas com maior número de habitantes, pessoas físicas ou jurídicas, dispensando-se a *sindicatura plural* naquelas de menor população –, com título de contador e no mínimo cinco anos de

---

[392] Conforme o art. 48 da *Ley Concursal*.
[393] A. A. Dasso, *Derecho Concursal* cit., p. 117.
[394] R. A. Baravalle e E. I. J. Granados, *Ley de concursos y quiebras* cit., p. 75.

inscrição profissional (sendo que, na *sindicatura plural*, a maioria deve contar com tal experiência), é designado em cada *concurso* por meio de sorteio público entre os integrantes de listas previamente formadas, como adiantado no item anterior. Tratando-se de caso de complexidade e maior dimensão, tem-se a indicação da *sindicatura plural*.[395]

Ao longo do processo, o *síndico* apresenta múltiplas funções, em protagonismo que justificaria as exigências estabelecidas pela legislação quanto ao cargo. Entre as suas atribuições, que podem ser desempenhadas com o auxílio de profissionais jurídicos, encontra-se o fornecimento de informações sobre os créditos existentes e também, em caráter geral, sobre dados econômicos e jurídicos do devedor em termos amplos. O *síndico* é, aponta-se, o verdadeiro eixo do procedimento concursal, sempre sujeito à direção do juízo competente.[396]

O regime em questão impõe ao *concursado* limitações relativas à prática de determinados atos.[397] De fato, conforme o art. 16 da legislação concursal argentina, estão sujeitos a prévia autorização judicial os atos do devedor "*relacionados con bienes registrables; los de disposición o locación de fondos de comercio; los de emisión de debentures con garantía especial o flotante; los de emisión de obligaciones negociables con garantía especial o flotante; los de constitución de prenda y los que excedan de la administración ordinaria de su giro comercial*", ouvidos o síndico e o comitê de controle (órgão formado pelos três maiores credores quirografários e um representante dos trabalhadores da devedora eleito pelos trabalhadores, nos termos dispostos no art. 14 do diploma legal mencionado, que também apresenta papel relevante no *concurso preventivo* em funções relacionadas a informações, consulta e controle sobre o cumprimento do plano, a depender da fase do processo[398]).

A violação dessas restrições ao regime de administração, junto a outras condutas prejudiciais aos credores, por exemplo, pode ensejar o afastamento do devedor em relação à condução ou, conforme as circuns-

---

[395] A. A. Dasso, *Derecho Concursal* cit., p. 151.
[396] A. A. Dasso, *Derecho Concursal* cit., pp. 151-152.
[397] R. A. Baravalle e E. I. J. Granados, *Ley de concursos y quiebras* cit., p. 75.
[398] A. A. Dasso, *Derecho Concursal* cit., p. 152.

tâncias do caso, a designação de um *coadministrador*, um *veedor* ou um *interventor controlador*.[399]

Em qualquer dessas hipóteses, porém, a legislação indicada estabelece, em seu art. 17, que o devedor conserva, de maneira exclusiva, a legitimidade para a prática de atos processuais que caibam ao *concursado* nos termos da lei. Vislumbra-se possível separação, nesse ponto, entre o controle da administração empresarial – ou parte dele – e a condução do processo no que diz respeito à devedora.

Não logrando êxito o devedor em obter um acordo com os credores na forma da lei, seja pela inobservância de formalidades ou atos exigidos, seja pela falta de homologação judicial, o que no direito anterior daquele país ocasionaria a quebra da empresa, persiste a possibilidade do chamado *acuerdo por tercero*. Chega-se a sustentar, na doutrina, que este mecanismo configura o passo mais avançado no direito comparado com relação à transferência da empresa insolvente a um novo empresário, antes do estágio de quebra.[400] O instituto, que não se aplica a casos de *pequeño concurso*, tem vez após a constatação de que o acordo não foi alcançado no prazo legal ou que foi frustrado de modo a permitir a quebra, quando o juízo competente publica edital aos interessados na aquisição de 100% do capital social da sociedade *concursada*.[401]

Esse procedimento abreviado constituiria uma espécie de "segunda rodada" do *concurso preventivo*, na qual os interessados, credores ou não,[402] devem se inscrever e, dentro dos prazos legais, formular propostas de acordo aos credores. Quem conseguir obter concordância entre os credores na medida estabelecida pelo diploma, em maiorias análogas àquelas do período ordinário, recebe os instrumentos representativos de 100% do capital social da empresa. A disciplina do mecanismo abarca, ainda, um sistema de avaliação da empresa, a cargo de um avaliador *ad hoc*, porquanto se o resultado alcançado for positivo (atingindo-se um valor maior do que o correspondente ao passivo concursal), o adqui-

---

[399] A. A. Dasso, *Derecho Concursal* cit., p. 120.
[400] A. A. Dasso, *Derecho Concursal* cit., pp. 133-134.
[401] A. A. Dasso, *Derecho Concursal* cit., p. 134.
[402] Incluem-se aqui, especificamente, os credores, a cooperativa de trabalhadores da empresa, a própria *concursada* ou terceiros interessados (Francisco J. Camauer, *La relación deudor-acreedor y la insolvência en el marco del nuevo Código Civil y Comercial*, in *Revista Código Civil y Comercial* 03 [2016], p. 250).

rente deverá pagar aos antigos sócios ou acionistas o valor residual de suas participações (de acordo com a fórmula de determinação do valor disposta na lei), exceto se estes aceitarem por maioria de capital um pagamento inferior.[403]

Originalmente, a lei 24.522 excluía a sociedade *concursada* dessa possibilidade, mas, após a reforma realizada pela lei 24.589, passou-se a permitir a sua participação, competindo com terceiros inscritos em igualdade de condições. Sustenta-se que o modelo original consistia em uma verdadeira transferência compulsória da sociedade *concursada* a um terceiro empresário, enquanto, após a reforma, permitindo-se a concorrência entre os terceiros e a participação da própria devedora, teria se tornado algo semelhante a uma segunda chance para esta, com uma nova oportunidade para obter o acordo que não conseguiu atingir no período de exclusividade. Inúmeros *concursos* acabariam por esta via com êxito, por vezes com a efetiva "troca de empresário", evitando-se a quebra e a extinção da empresa.[404] A doutrina, porém, não deixa de apontar que o *salvataje*, como também é chamado o mecanismo, pode consistir em incentivo para que credores dissidentes tentem obstar a homologação do acordo, com a finalidade de adquirir as ações do devedor.[405]

Realizada a exposição da disciplina argentina, em que se demonstrou a importância da *sindicatura* na fiscalização do devedor, mantido na condução da empresa e do processo (ainda que afastado daquela), e a previsão da hipótese de interferência severa nos direitos dos sócios, a depender do destino do processo, finaliza-se o exame acerca da estrutura e do funcionamento das soluções concursais insertas no âmbito do modelo de manutenção do devedor na condução da empresa em reorganização, sob supervisão de órgão do processo.

Nesse ponto, diante da já mencionada proximidade entre o modelo analisado e aquele identificado com o *debtor in possession*, mas também das diferenças – por vezes sutis – entre ambos, pode-se questionar se o modelo de manutenção sob supervisão configura um modelo intermediário entre os modelos de simples manutenção e de afastamento, em que medida e, até, se a sua autonomia com relação àqueles é justificada. No

---

[403] A. A. Dasso, *Derecho Concursal* cit., p. 134.
[404] A. A. Dasso, *Derecho Concursal* cit., pp. 134-135.
[405] F. J. Camauer, *La relación deudor-acreedor* cit., p. 250.

item seguinte, procede-se a essa derradeira reflexão quanto ao modelo abordado.

1.3.3.3. Modelo intermediário entre a simples manutenção e o afastamento do devedor?

O modelo global caracterizado pela manutenção do devedor na condução da empresa, sob a supervisão de órgão do processo de reorganização, pode envolver a atribuição de diferentes níveis de controle a esse agente nomeado e, consequentemente, ao devedor. Geralmente, existe a supervisão do devedor pelo órgão do processo em alguma medida, abrangendo a fiscalização das atividades daquele e a necessidade de aprovação deste a transações expressivas, encarregando-se o devedor de continuar na administração da empresa e de tomar decisões rotineiras nesse âmbito.[406] O estabelecimento de funções administrativas do processo para esse órgão também se mostra presente. Todavia, nem sempre o modelo se estrutura dessa maneira. Os sistemas concursais analisados bem ilustram distintas possibilidades para a sua aplicação.

A solução espanhola, como exposto, estabelece a necessidade de autorização da *administración concursal* a todas as transações alheias à gestão cotidiana da empresa, conferindo ao órgão, inclusive, poderes para determinar quais atos e operações prescindem de sua anuência, em caráter geral, e para participar de órgãos da sociedade devedora. As soluções italiana e argentina, por outro lado, embora também imponham restrições a determinados atos e operações do devedor, atribuem maior controle diretamente ao poder judiciário (ainda que mediante oitiva dos agentes nomeados), reservando aos órgãos do processo (o *commissario giudiziale* e o *sindico*, respectivamente), em regra, funções precipuamente fiscalizatórias e informativas.

Independentemente da formulação adotada, tem-se que a adequada utilização desse modelo demanda a existência de regras claras e precisas quanto à divisão de responsabilidades entre o devedor e o órgão do processo.[407] A violação dessa disciplina – e também de outros deveres impostos pela legislação de insolvência em cada realidade – pode, por vezes, ocasionar sérias consequências, como a nomeação de *coadministra-*

---

[406] UNCITRAL, *Legislative guide* cit., p. 164.
[407] UNCITRAL, *Legislative guide* cit., p. 164.

dor ou a própria convolação do processo reorganizacional em liquidação, sendo mesmo imprescindível a previsão de instrumentos de proteção dos demais interessados no processo.[408]

Diante dessas considerações sobre a configuração do modelo examinado, pode parecer no mínimo imprecisa a asserção de que consiste em via intermediária entre os outros dois modelos analisados no presente estudo, já que a atuação do órgão do processo com poderes de supervisão sobre o devedor comporta focos e intensidades muito diversos. Nesse sentido, pode ser que o mecanismo do *debtor in possession*, por exemplo, envolva um grau de fiscalização do devedor – ainda que promovida pelos credores – mais elevado do que o verificado em determinado sistema inserto no modelo em análise.

Esse raciocínio, contudo, desconsidera um ponto fundamental do modelo de manutenção do devedor sob supervisão: a imparcialidade do agente em função fiscalizatória. Com efeito, a diferença entre os modelos que preconizam a manutenção do devedor não é, essencialmente, o maior ou menor nível de fiscalização que acarretam, mas a presença de órgão do processo, idealmente imparcial, com poderes para promover essa supervisão.[409]

Esse aspecto pode ser determinante ao adequado exercício da fiscalização em cada sistema de insolvência, estando-se diante de agente nomeado para a função que, em tese, não ostenta interesses na empresa devedora ou em seu processo de reorganização. Nesse contexto, as informações obtidas no exercício da supervisão devem apresentar maior

---

[408] No mesmo sentido, destaca-se também a importância da previsão legal de mecanismos para evitar, por exemplo, possíveis abusos de credores em pedidos de afastamento do devedor, como o estabelecimento da necessidade de deliberação dos credores por maioria antes da formulação de pleito nessa direção (UNCITRAL, *Legislative guide* cit., p. 165).

[409] Essa distinção, por sinal, apresentaria relação com as variadas realidades de aplicação dos modelos de manutenção. Sustenta-se, nessa direção, que o modelo de manutenção da administração preexistente funciona melhor em sistemas nos quais a administração apresenta deveres expressos com relação aos credores, os quais, por sua vez, exercem fiscalização ativa sobre o processo, a exemplo daquele estabelecido nos Estados Unidos. Para países em desenvolvimento, por outro lado, em virtude da pretensa fragilidade em suas regras de governança e capacidade institucional, defende-se a nomeação de um supervisor independente para trabalhar entre os credores e a administração ou até a designação de um administrador independente, se claramente incapaz a administração ou se verificada a prática de conduta imprópria (WORLD BANK, *Principles and guidelines* cit., pp. 32-33).

abrangência e, também, melhor qualidade, aumentando-se a transparência do processo de reorganização.

A importância da informação para o êxito do processo reorganizacional e o papel relevante de órgão independente e imparcial para a sua coleta e o seu fornecimento às partes interessadas não passam despercebidos pela doutrina, sobretudo aquela que busca soluções para a condução da empresa em reorganização nos regimes híbridos entre a simples manutenção e o afastamento do devedor em relação àquela.

Y. ROTEM, por exemplo, a partir de mecanismo adotado no sistema concursal canadense, delineia o chamado *Monitor Model*, que seria distinto dos modelos de simples manutenção (*debtor in possession*) e de afastamento (*trustee*) exatamente por apresentar caráter híbrido, diante da nomeação pelo juiz de um *monitor* à empresa em reorganização, com a função primordial de supervisionar o processo em nome do juízo concursal e dos credores sem se envolver na administração ordinária do negócio, servindo como intermediário na obtenção de informação,[410] além de avaliar as opções de alocação dos ativos da empresa e as pretensões dos credores e, por vezes, opinar acerca de questões *sub judice*, entre outras medidas. Esse profissional é considerado um agente do juízo da insolvência, independente e que deve permanecer imparcial em eventuais conflitos entre as partes interessadas, levando em consideração todos os interesses relevantes abarcados no caso.[411] E, realmente, o instituto é amplamente elogiado pelo autor porque atende com sucesso, em sua visão, ao que considera o parâmetro de avaliação da adequação de regimes de governança híbridos no âmbito da reorganização mais importante e também mais esquecido pela doutrina, qual seja, a extensão e a qualidade da informação fornecida à coletividade.[412]

---

[410] Y. ROTEM, *Contemplating a corporate governance* cit., p. 130.
[411] Y. ROTEM, *Contemplating a corporate governance* cit., pp. 145-146.
[412] O qual se soma aos demais quatro parâmetros elencados pelo autor: o início oportuno de um procedimento formal de reorganização e a *expertise* na administração da empresa e na reversão da situação enfrentada (ambos relacionados à possibilidade de manutenção da administração existente), a *expertise* na elaboração e na negociação do plano de reestruturação (relacionada à hipótese de nomeação de um *trustee*) e, por fim, a prevenção de conflitos de governança (Y. ROTEM, *Contemplating a corporate governance* cit., pp. 131-132).

Na mesma direção, criticam-se propostas como a formulada por D. HAHN para o contexto de empresas com controle concentrado,[413] em que seria estabelecido um sistema de controle baseado na codeterminação integrada entre a administração preexistente e um *trustee* nomeado, que participaria do conselho de administração com poder de veto, de modo a reduzir o risco de manipulação dos credores pelos sócios e a evitar a automática substituição dos administradores em exercício no começo da reorganização, melhor atendendo também, segundo o autor, aos interesses de credores e sócios no processo decisório.[414] Com efeito, sustenta-se que essa proposta poderia ensejar, em última análise, apenas a nomeação de mais um integrante para ocupar cargo no conselho de administração e que as informações transmitidas pelo agente poderiam ser "contaminadas" justamente pelo seu envolvimento nas decisões da empresa. Em síntese, haveria no caso um problema de falta de imparcialidade e de independência, com efeitos nocivos à idoneidade das informações obtidas pelo órgão do processo reorganizacional.[415]

De todo modo, pelo exposto, mostra-se verdadeiramente possível vislumbrar o modelo de manutenção do devedor na condução da empresa em reorganização, sob supervisão de órgão do processo, como uma via intermediária entre os demais modelos analisados. Trata-se, nesse ponto, da medida em que o poder do devedor quanto à condução da empresa em reorganização é afetado pela nomeação (ou não) de órgão do processo, idealmente imparcial, o que não necessariamente se relaciona à intensidade da fiscalização existente em cada modelo – embora a presença dessa figura possa ser determinante à idoneidade das informações obtidas na atividade fiscalizatória.

Assim, não havendo a nomeação desse órgão, como no *debtor in possession*, mantém-se o poder do devedor quanto à condução da empresa sem interferências de agente imparcial e limitado somente pelas balizas ine-

---

[413] A solução desenvolvida pelo autor encontra base em crítica à adoção do *debtor in possession* no contexto de empresas com controle concentrado, porquanto a manutenção da administração preexistente durante a reorganização poderia prejudicar os credores e os tornar vulneráveis a manipulações dos sócios, mas também em consideração sobre a importância do mecanismo de manutenção para o início do processo em tempo hábil, assim que identificada a crise enfrentada (D. HAHN, *Concentrated ownership* cit., p. 120).
[414] D. HAHN, *Concentrated ownership* cit., p. 120.
[415] Y. ROTEM, *Contemplating a corporate governance* cit., pp. 159-160.

rentes ao processo concursal. Por outro lado, nomeando-se esse órgão imparcial para a própria condução da empresa em reorganização, como ocorre tipicamente no modelo de afastamento, exclui-se o poder do devedor nessa esfera. Entre essas hipóteses extremas, enfim, encontra-se o modelo ora examinado, em que o devedor permanece na condução da empresa em reorganização, mas com poderes limitados pela nomeação de órgão do processo, imparcial, para a sua supervisão ou mesmo para o compartilhamento da função – além de outras restrições características do processo de insolvência.

1.3.4. As possíveis vantagens e desvantagens de cada modelo
As possibilidades de posicionamento do devedor em relação à condução da empresa em reorganização foram reduzidas, neste estudo, à sua manutenção, com ou sem a supervisão de órgão do processo imparcial, e ao seu afastamento, em classificação baseada na observação de variados ordenamentos jurídicos por organismos internacionais, como o Banco Mundial, e pela doutrina dedicada à disciplina. Realizada ampla análise sobre esses modelos globais, é imprescindível que se indiquem as potenciais vantagens e desvantagens inerentes (ou atribuídas) a cada um, para se alcançar uma melhor compreensão acerca das consequências de sua adoção e, ainda, para se viabilizar comparação adequada entre os seus aspectos relevantes ao estudo.

Primeiramente, cumpre apresentar as vantagens e as desvantagens relativas aos modelos de manutenção. Em seguida, deve-se proceder da mesma maneira com relação ao modelo de afastamento. Ao final, serão tecidas algumas considerações conclusivas sobre os pontos positivos e negativos elencados.

Principia-se essa exposição por benefício fundamental vislumbrado nos modelos de manutenção do devedor na condução da empresa em reorganização, consistente no oferecimento da estrutura mais favorável para que a administração da sociedade em dificuldades econômico-financeiras, mas com atividade viável, inicie processo para a superação da crise o quanto antes, assim que identificada a sua gravidade, de modo que o salvamento pretendido ainda se mostre possível e que o negócio insolvente não continue em atividade com aparência de normalidade, em detrimento dos credores. Isso porque não se verifica, nesses modelos, a automática substituição da administração com o início da reorganização, afastando-se seu receio acerca dessa hipótese e a sua consequente demora em buscar a medida.[416] A enorme importância desse fator para o êxito da reorganização foi mencionada inúmeras vezes neste capítulo, durante a apresentação dos sistemas concursais analisados. Trata-se da vantagem mais expressiva dos regimes reorganizacionais que preconizam a manutenção, sempre lembrada por organismos internacionais[417] e pela doutrina.[418] No mesmo sentido, a manutenção do devedor constituiria desincentivo à adoção de medidas excessivamente arriscadas pela administração da empresa a fim de reverter a crise, perante o temor da perda de emprego.[419]

O conhecimento profundo e imediato da administração preexistente acerca da empresa e do mercado em que esta se insere, que poderia evitar rompimentos na rotina do negócio e auxiliar o órgão do processo, especialmente em empresas de pequeno porte, e as contribuições que o devedor e os seus administradores, de modo geral, poderiam oferecer ao êxito da reorganização empresarial, em virtude da sua experiência e das suas habilidades, consistem em outra vantagem amplamente reconhecida da manutenção.[420] A esses elementos se relacionam, ademais, a posição privilegiada do devedor para a proposição de plano reorgani-

---

[416] Realmente, sustenta-se que, sendo a administração quem decide se e quando o devedor deve entrar em reorganização (pois a atribuição dessa iniciativa também aos credores não teria resolvido as dificuldades em sua adoção, tornando-a incomum), o seu afastamento automático afetaria a sua percepção e reação sobre o processo de insolvência na iminência do seu início, passando-se a enxergar nele uma ameaça a ser evitada a todo custo, mesmo se for o melhor interesse do devedor. A premissa de que o sistema concursal, para ser eficiente, deve incentivar o devedor a procurar a reorganização enquanto ainda houver chances altas de promover seu salvamento com sucesso, portanto, não seria atendida na ausência da manutenção (Z. R. AZAR, *Bankruptcy policy: a review* cit., pp. 299-300).

[417] Nesse sentido, cf. WORLD BANK, *Principles and guidelines* cit., p. 32 e UNCITRAL, *Legislative guide* cit., pp. 162-163.

[418] Nesse sentido, cf., por exemplo, J. L. WESTBROOK, *The globalisation of insolvency reform* cit., p. 412; S. C. NEDER CEREZETTI, *A Recuperação Judicial de Sociedade por Ações* cit., p. 391; W. W. MCBRYDE e A. FLESSNER, *Principles of european insolvency law* cit., p. 86; Z. R. AZAR, *Bankruptcy policy: a review* cit., p. 286; e Y. ROTEM, *Contemplating a corporate governance* cit., p. 131.

[419] S. C. NEDER CEREZETTI, *A Recuperação Judicial de Sociedade por Ações* cit., pp. 391-392.

[420] Nessa direção, cf. UNCITRAL, *Legislative guide* cit., p. 162; S. C. NEDER CEREZETTI, *A Recuperação Judicial de Sociedade por Ações* cit., p. 390; W. W. MCBRYDE e A. FLESSNER, *Principles of european insolvency law* cit., p. 86; Y. ROTEM, *Contemplating a corporate governance* cit., p. 131; e H. R. MILLER, *The changing face of chapter 11* cit., pp. 444-445.

zacional[421] (caso a sua legitimidade para tanto dependa da manutenção, essa seria uma vantagem desta) e a economia do tempo que seria despendido na preparação de novos gestores em caso de substituição, atribuindo-se maior efetividade ao processo[422] e se poupando a empresa das formalidades e dos custos de uma *full administration*.[423]

A manutenção também criaria condições para que o devedor direcionasse seus esforços à superação da crise empresarial, sem maiores preocupações, por exemplo, com a liquidação do negócio de maneira fragmentada. Aliás, diante da consideração de que, com frequência, as dificuldades econômico-financeiras das empresas não decorrem de conduta inadequada da sua administração, é reforçada a importância do mecanismo que permite a sua permanência na função. Os próprios credores podem preferir lidar com a administração preexistente, já familiar, do que com um agente desconhecido e inexperiente acerca do negócio, que precisará ser capacitado e demandará, por vezes, a contratação de diversos profissionais a um custo elevado para o seu auxílio. Afirma-se, outrossim, que os resultados gerados pela manutenção do devedor na condução da empresa e do processo se mostram superiores àqueles obtidos na hipótese da nomeação de um *trustee*.[424]

Há quem defenda também, mais recentemente, ser vantajosa a oportunidade que os principais credores podem ter, diante da manutenção, de exercer controle sobre o devedor, em razão do seu aproximado monopólio de créditos, anteriores ao processo e eventualmente novos, com efeitos determinantes, respectivamente, na aprovação do plano proposto e no prosseguimento das atividades da empresa, persistindo ainda a possibilidade de afastamento da administração se houver justificativa.[425] Esse entendimento, todavia, claramente se insere na perspectiva favorável à satisfação dos credores, não configurando vantagem do modelo em caráter geral.

---

[421] UNCITRAL, *Legislative guide* cit., p. 162.
[422] S. C. NEDER CEREZETTI, *A Recuperação Judicial de Sociedade por Ações* cit., p. 392.
[423] W. W. MCBRYDE e A. FLESSNER, *Principles of european insolvency law* cit., p. 86.
[424] H. R. MILLER, *The changing face of chapter 11* cit., pp. 445-446.
[425] P. R. WOOD, *Principles of International Insolvency* cit., p. 220.

São esses, em resumo, os pontos positivos vislumbrados nos modelos de manutenção do devedor. Deve-se, então, conhecer seus possíveis pontos negativos.

Sempre lembrada, nesse tocante, é a responsabilidade da administração preexistente pela crise enfrentada, de modo que seria indevido conceder a ela a possibilidade de permanecer na condução do negócio.[426] Essa atribuição de culpa ao devedor, embora nem sempre corresponda à realidade, incentivaria a adoção de comportamento pouco cooperativo por parte dos credores, em situação que poderia até mesmo eliminar qualquer base para acordos sem a total renúncia da administração anterior à condução da empresa.[427]

Aliás, a pouca ou nenhuma confiança depositada pelos credores na administração mantida na condução da empresa em reorganização, sobretudo na falta de um regime efetivo de governança, é outra desvantagem identificada nos modelos de manutenção. Inclusive, tal permanência pode até mesmo reduzir a confiança dos credores no devedor, dependendo da limitação dos poderes conferidos a este no âmbito do processo.[428] Esse contexto, na ausência de um sistema equilibrado de freios e contrapesos a se somar à manutenção do devedor, também poderia tornar os detentores de créditos menos colaborativos, prejudicando a elaboração do plano a ser respaldado pelos credores.[429] A disposição destes em participar efetivamente do processo poderia ser diminuída – em detrimento da supervisão que deveriam exercer sobre a atuação do devedor em certos sistemas concursais –, além disso, pela percepção de que os modelos de manutenção são excessivamente favoráveis ao devedor. Essa percepção pode ensejar, ainda, a compreensão dos credores como adversários do devedor, contando com objetivos próprios e diferentes, o que geraria aumento no tempo e nos custos do processo.[430]

Sustenta-se, também, que os modelos de manutenção do devedor são ineficientes, porquanto encorajariam a administração, em seu próprio interesse ou naquele dos sócios, a buscar a reorganização mesmo

---

[426] S. C. Neder Cerezetti, *A Recuperação Judicial de Sociedade por Ações* cit., pp. 392-393.
[427] J. B. Johnston, *The Bankruptcy Bargain* cit., pp. 292-293.
[428] Uncitral, *Legislative guide* cit., p. 163.
[429] World Bank, *Principles and guidelines* cit., p. 32.
[430] Uncitral, *Legislative guide* cit., p. 163.

em casos nos quais a liquidação de ativos se mostrasse o melhor caminho no sentido da maximização dos resultados aos credores. Isso faria com que estes, em última análise, assumissem o risco pela continuidade das atividades da empresa e tivessem valores seus transferidos para os participantes no capital social da empresa.[431]

Com efeito, a possibilidade de utilização dos modelos de manutenção em situações de êxito evidentemente improvável ou com a finalidade de prorrogar o inevitável, ocasionando-se a persistência da dissipação dos ativos da empresa e a eventual existência de condutas irresponsáveis ou até fraudulentas do devedor durante o processo, é uma desvantagem expressiva da estrutura em questão. Concretizando-se esse risco, tem-se prejuízo notável ao processo de reorganização e, justificadamente, à confiança dos credores.[432] Mesmo no cenário anterior ao início do processo de reorganização, receia-se a adoção de condutas de risco pela administração da empresa ainda que tais medidas não possam proporcionar a efetiva maximização dos ativos, pois os sócios teriam pouco a perder com eventual fracasso da iniciativa.[433] Essa consideração, claramente, baseia-se na noção de que a administração preexistente representa o interesse dos sócios.[434]

A possibilidade de alteração do papel do devedor conforme a fase processual da reorganização, existindo em alguns sistemas concursais, por exemplo, a redução dos limites impostos à sua atuação após a aprovação do plano, seria outro ponto negativo dos modelos examinados.[435]

A doutrina elenca como possíveis desvantagens dos modelos de manutenção, ainda, a falta de experiência da administração preexistente

---

[431] S. C. NEDER CEREZETTI, *A Recuperação Judicial de Sociedade por Ações* cit., pp. 392-393
[432] UNCITRAL, *Legislative guide* cit., p. 166.
[433] Nesse tocante, D. A. SKEEL JR. apresenta o interessante exemplo das aquisições de controle em que a empresa alvo da ação se endivida posteriormente para contribuir ao pagamento devido pela operação: se os administradores da empresa adquirente soubessem que seriam substituídos na eventualidade de insolvência decorrente do negócio, poderiam pensar duas vezes antes de tomarem tal iniciativa. Pela mesma razão, aliás, chega-se a atribuir o *boom* do mercado de aquisições de controle ocorrido nos Estados Unidos da América durante os anos 1980 ao advento do *Bankruptcy Code* e, assim, a suas regras amigáveis aos administradores (*Debt's dominion* cit., pp. 241-245).
[434] S. C. NEDER CEREZETTI, *A Recuperação Judicial de Sociedade por Ações* cit., p. 393.
[435] UNCITRAL, *Legislative guide* cit., p. 163.

1. O DEVEDOR E OS MODELOS GLOBAIS DE ADMINISTRAÇÃO DA SOCIEDADE EMPRESÁRIA...

em conduzir uma empresa em crise, a sua possível falta de disposição para tomar decisões difíceis concernentes ao futuro do negócio, a sua eventual propensão à ocultação de fraudes ocorridas, a viabilidade do aproveitamento da sua experiência mesmo no caso da nomeação de um administrador independente, o estímulo do regime de insolvência à utilização de procedimentos judiciais e, por fim, a atribuição do poder de escolha da administração aos sócios, em detrimento dos credores, que apresentariam direitos relativos à empresa, "perdidos" por aqueles.[436]

Apresentadas tais possíveis desvantagens dos modelos de manutenção, é pertinente esclarecer que algumas das dificuldades vislumbradas, a exemplo da sua utilização a despeito da baixa probabilidade de sucesso e da adoção de conduta irresponsável ou irregular pelo devedor durante o processo, podem ser mitigadas, na prática, pela implementação de medidas como a previsão da entrega de relatórios periódicos pelo devedor ao juízo acerca da condução da reorganização, a atribuição de poder ao juízo para nomear um órgão com a função de supervisionar o devedor em certas circunstâncias, a concessão aos credores de posição expressiva na fiscalização do devedor e a possibilidade de conversão do processo em liquidação.[437]

Igualmente, afirma-se que a presença de um regime de governança corporativa fortalecido e a existência de capacidade institucional no sistema concursal adepto desses modelos são determinantes ao seu êxito.[438] A relevância desses elementos não é novidade, já que se evidenciou, ao longo da análise promovida nos itens anteriores, ser imprescindível a presença de instrumentos de proteção[439] em contraposição à permanência do devedor na condução da empresa em reorganização, abrangendo a imposição de deveres fiduciários a este, a previsão da constituição de comitês de credores e de sócios, a possibilidade de iniciativas quanto ao início do processo e à proposição do plano por outros sujeitos, além do devedor, a supervisão sobre a atuação deste e a hipótese do seu afastamento em situações determinadas, entre outras medidas. A frequente verificação sobre a efetividade desses mecanismos, na

---

[436] P. R. WOOD, *Principles of International Insolvency* cit., pp. 220-221.
[437] UNCITRAL, *Legislative guide* cit., p. 166.
[438] UNCITRAL, *Legislative guide* cit., p. 166.
[439] Nesse sentido, cf. o item 1.3.1.2. do presente estudo.

prática, também é bastante importante, pois a sua ausência pode comprometer o equilíbrio pretendido com a estrutura delineada na legislação.

As considerações tecidas acerca dos aspectos favoráveis e prejudiciais relativos à manutenção do devedor, como se pode perceber, abarcam tanto o modelo de simples manutenção quanto o modelo de manutenção sob supervisão de órgão do processo. Diante das peculiaridades deste, contudo, há alguns pontos concernentes especificamente a ele que merecem menção.

De fato, destaca-se a vantagem existente na nomeação de órgão do processo de reorganização, idealmente imparcial, para fiscalizar o devedor no exercício das suas atividades ou mesmo para delas participar em alguma medida. Nesse sentido, evidencia-se que a supervisão sobre a administração da empresa por um órgão imparcial deve beneficiar os múltiplos interesses envolvidos no processo reorganizacional, tornando-o mais transparente – inclusive pela maior extensão e melhor qualidade das informações disponibilizadas às partes, dada a imparcialidade do agente responsável pela sua coleta – e obstando a prática de atos em desconformidade com o plano aprovado ou mesmo condutas ilícitas. Esse fator, ainda que isoladamente considerado, pode contribuir decisivamente à redução dos problemas identificados no modelo de manutenção, acima abordados, consistindo em verdadeiro instrumento de proteção. Como um ponto negativo ocasionado particularmente por esse modelo, tem-se a necessidade de remunerar o(s) sujeito(s) nomeado(s) para a supervisão do devedor, cujos ativos podem sofrer, então, impacto ainda maior, em eventual prejuízo dos credores.

Em virtude da contraposição entre o modelo de afastamento do devedor em relação à condução da empresa em reorganização e os modelos que preconizam a manutenção do devedor nessa função, é claro que as vantagens apontadas nestes refletem desvantagens daquele e vice-versa. Desse modo, buscando-se evitar longa exposição que consistiria, ao final, em desnecessária reiteração das observações já realizadas no tocante aos modelos de manutenção, será breve a apresentação, em seguida, das vantagens e desvantagens do modelo de afastamento, dedicando-se sobretudo a aspectos particulares da sua configuração extraídos da doutrina e também da análise promovida nos itens anteriores. Procede-se, então, a essa exposição.

Em sede doutrinária, afirma-se serem quatro as principais razões para a utilização do modelo de afastamento. A primeira delas é a consideração de que a administração preexistente deveria suportar ao menos parte da responsabilidade pela crise da empresa, adotando-se como pressuposto que, exceto em situações sistêmicas, alguma parcela de culpa costuma verdadeiramente recair sobre os administradores, por conta da quebra de deveres fiduciários ou de má administração em geral. A segunda razão consiste na prevenção do risco moral, com base no raciocínio de que a administração da empresa, não receando qualquer responsabilização no âmbito da insolvência, poderia se envolver em operações mais arriscadas. O terceiro motivo elencado é a proteção dos credores contra o denominado *forum shopping*, evitando-se a utilização da reorganização de modo a configurar abuso contra os direitos daqueles. Por fim, o afastamento da administração preexistente aumentaria a transparência da empresa em processo reorganizacional e as suas chances de reestruturação, pois aos administradores, por vezes, não seria possível avaliar objetivamente as suas decisões (e os seus eventuais erros) e as informações sobre a empresa, especialmente aquelas relativas ao período anterior à crise, necessárias ao sucesso da iniciativa, tampouco seriam fornecidas satisfatoriamente por aqueles.[440]

Existiriam quatro fundamentos principais, outrossim, em sentido contrário ao afastamento do devedor. O primeiro compreende a conclusão de que a administração da empresa nem sempre é culpada pela crise enfrentada[441] – que pode ter sido ocasionada, por exemplo, pela conjuntura econômica – e que seu talento pode ser aproveitado no negócio. O afastamento, além disso, desconsideraria que os administradores nomeados recentemente não estariam familiarizados com a empresa, o que tomaria um tempo precioso durante a sua crise. Como terceiro motivo, indica-se que os profissionais nomeados no âmbito da insolvência apresentam menos incentivos para a superação da crise e menor experiência negocial, sendo frequentemente burocratas com remuneração fixa e sem qualificação adequada. Finalmente, aponta-se que a

---

[440] Z. R. Azar, *Bankruptcy policy: a review* cit., pp. 292-295.
[441] Na mesma direção, sustenta-se que afastar totalmente o devedor poderia eliminar incentivos para a atividade empreendedora e para a assunção de riscos em geral (Uncitral, *Legislative guide* cit., pp. 162-163).

adoção do modelo de afastamento poderia estimular a administração a atrasar o início do processo de reorganização, em detrimento da própria reestruturação da empresa.[442]

Ao longo das análises promovidas nos itens antecedentes, ademais, mostraram-se algumas possíveis desvantagens do modelo de afastamento na prática. Na esfera da escolha do agente a ser designado para a condução da empresa, por exemplo, notaram-se problemas relacionados à excessiva discricionariedade judicial,[443] à atuação desses órgãos em favor de credores expressivos influentes em sua indicação[444] e à concentração de nomeações entre poucos sujeitos.[445] A demora que seria ocasionada pela solução de afastamento quanto ao início do processo[446] e ao seu trâmite como um todo[447] também foi verificada. Além disso, ao que parece, a patente rigidez do modelo de afastamento poderia ensejar a busca de alternativas alheias à solução legal pelos administradores da empresa em crise,[448] com perda de abrangência da política de insolvência estruturada. A consideração de que, muitas vezes, o agente nomeado mantém a direção da empresa,[449] igualmente, serve ao questionamento da medida de afastamento. Os amplos poderes atribuídos aos credores, invariavelmente, nos sistemas concursais que adotam a solução de

---

[442] Z. R. AZAR, *Bankruptcy policy: a review* cit., pp. 296-300.

[443] Nesse sentido, cf. o item 1.3.1.1. do presente estudo, acerca da ampla discricionariedade dos juízes na escolha de *trustees* durante a vigência do *Chandler Act*.

[444] Nesse tocante, cf. o item 1.3.2.2. do presente estudo, quanto à obtenção de vantagens indevidas pelos credores mais expressivos mediante a indicação do administrador da insolvência no sistema alemão.

[445] Igualmente, cf. o item 1.3.1.1. deste trabalho.

[446] Nessa direção, cf., por exemplo, os itens 1.3.1.1., sobre os efeitos do *Chandler Act*, e 1.3.2.2., acerca dos sistemas concursais alemão e português.

[447] Nesse sentido, cf. o item 1.3.1.1., com relação ao funcionamento do *Chandler Act*.

[448] Situação similar, ainda que entre dois mecanismos concursais, ocorreu durante a vigência do *Chandler Act*, com a crescente utilização do *Chapter XI* para casos que, em conformidade com as disposições legais pertinentes, seriam direcionados ao *Chapter X*. Para mais detalhes, cf. item 1.3.1.1.

[449] Nesse ponto, cf., como exemplos, a prática dos *trustees* no contexto americano anterior ao advento do *Bankruptcy Code*, abordada no item 1.3.1.1., e a permissão do sistema britânico à delegação de tarefas pelo *administrator* aos antigos diretores da empresa, apontada no item 1.3.2.2.

afastamento,⁴⁵⁰ enfim, poderiam denotar desequilíbrio entre as partes interessadas na estrutura delineada pelas suas legislações.

Finalizada a exposição sobre as possíveis vantagens e desvantagens dos três modelos globais de posicionamento do devedor em relação à condução da empresa em reorganização, é natural que se espere alguma conclusão sobre a superioridade de um deles. Diante da complexidade inerente aos sistemas concursais, porém, essa não é uma resposta simples e que pode ser dada sem os olhos na(s) realidade(s), inexistindo concordância quanto à maior satisfação ensejada por um ou outro⁴⁵¹ ou mesmo quanto à pertinência desse debate polarizado.⁴⁵²

Considerando-se os inúmeros aspectos favoráveis e desfavoráveis à adoção dos modelos examinados, realmente, sustenta-se que nenhum é definitivamente superior aos demais, de modo que a utilidade de cada um dependeria, na verdade, de fatores presentes no contexto de cada

---

⁴⁵⁰ Cf., nessa direção, o item 1.3.2.1., em que se evidenciou que os sistemas concursais alemão, britânico e português, representativos do modelo de afastamento, compartilham orientação favorável à *satisfação dos credores*.

⁴⁵¹ UNCITRAL, *Legislative guide* cit., p. 162. Como ensina Z. R. AZAR, por exemplo, o automático afastamento da administração preexistente na reorganização é mais protetivo dos interesses de credores, mas impõe um desafio com relação à questão de como atingir o objetivo igualmente caro aos sistemas concursais de se preservar o valor da empresa em crise como um *going concern* (*Bankruptcy policy: a review* cit., p. 301).

⁴⁵² Com efeito, ao constatar que os debates nessa esfera têm focado em avaliar se sistemas de *debtor in possession* produzem processos de salvamento mais desejáveis do que sistemas de *practitioner in possession*, em que o controle é conferido a um profissional, V. FINCH reconhece o perigo presente nessas discussões polarizadas, que tenderiam a simplificar cenários e superestimar o grau em que os administradores da empresa devedora ou os profissionais da insolvência realmente estão no comando de todas as atividades envolvidas na promoção de uma potencial recuperação. Essas atividades, por sua vez, seriam múltiplas e incluiriam pontos como reunir informações, delinear estratégias comerciais ou de reorganização e implementar ajustes ao negócio ou acordos que visem a assegurar a cooperação de *stakeholders*. Além disso, tais tarefas abarcariam, necessariamente, a participação de diversos atores, entre profissionais da insolvência, diretores, sócios, credores, juízes, reguladores e outros, os quais poderiam contribuir para e exercer um certo grau de controle sobre a sua realização. Nesse contexto, para a autora, a questão mais importante na avaliação dos sistemas não é qual deles enseja processos e resultados mais desejáveis, mas a medida em que um determinado sistema, com seus múltiplos agentes e elementos, sua natureza hibrida particular, é bem-sucedido em gerar todos os fatores que se exigiriam de um regime de salvamento (V. FINCH, *Control and co-ordination* cit., p. 375).

ordenamento jurídico.⁴⁵³ Entre esses elementos, por exemplo, podem ser mencionados a cultura corporativa local, o papel atribuído aos bancos, a efetividade dos institutos de insolvência, o nível de supervisão proporcionado pelos tribunais ou deles exigido, a efetividade e a acessibilidade dos tribunais e a medida em que incentivos para o início oportuno do processo concursal têm importância na estruturação do regime de insolvência.⁴⁵⁴

Os diferentes poderes de negociação e influência apresentados pelas empresas devedoras, pelos credores e pelos sócios, entre outros interessados, no período que antecede o processo em mercados diversos e as distintas estruturas de governança corporativa características do cenário empresarial de cada país, outrossim, consistem em aspectos determinantes para a escolha do modelo mais adequado a determinada realidade.⁴⁵⁵

Nesse sentido, afirma-se que, em realidades nas quais predomina o chamado *"Berle-Means corporate model"*, em que o controle exercido pela administração está separado da propriedade dos sócios sobre a empresa, seria possível confiar na administração existente para continuar a conduzir a devedora durante o processo e colaborar com os credores. Por outro lado, em cenários nos quais seja preponderante o controle da empresa devedora pelos sócios, em decorrência da sua estrutura concentrada, simplesmente permitir à administração preexistente a permanência na condução poderia prejudicar os credores e ocasionar a vulnerabilidade destes com relação a possíveis manipulações dos sócios.⁴⁵⁶

Evidencia-se novamente, nesse ponto, a relevância de modelos alternativos ou híbridos, desenvolvidos de acordo com as características de cada ordenamento e mediante a observância de fatores importantes, como a necessidade do estabelecimento de incentivos ao início da reorganização em tempo suficiente para a superação da crise enfrentada e de instrumentos de proteção dos interesses abarcados pelo processo.

De todo modo, tem-se, em resumo, que os pontos positivos e negativos vislumbrados nos modelos em exame, enumerados neste item do

---

⁴⁵³ D. HAHN, *Concentrated ownership* cit., p. 119.
⁴⁵⁴ UNCITRAL, *Legislative guide* cit., p. 162.
⁴⁵⁵ D. HAHN, *Concentrated ownership* cit., pp. 119-120.
⁴⁵⁶ D. HAHN, *Concentrated ownership* cit., p. 120.

presente estudo, não devem ser tomados como conclusões absolutas, dada a relação de dependência que guardam, frequentemente, com fatores variáveis segundo cada ordenamento jurídico. Analisar a adequação de determinada solução, portanto, demanda a prévia compreensão do contexto em que será aplicada.[457]

1.4. Políticas de insolvência quanto à administração da empresa em reorganização: um reflexo da dicotomia *preservação da empresa* vs. *satisfação dos credores*

Conforme mencionado no item 1.1. deste estudo, são duas as principais perspectivas sobre os propósitos perseguidos pelos sistemas de insolvência, as quais bem sintetizam as posições contrapostas no debate histórico acerca do tema, seja nos Estados Unidos, seja na Europa.[458] Com base em lição de S. C. NEDER CEREZETTI, caracterizou-se cada uma dessas visões, respectivamente, segundo a preponderância da busca pela *satisfação dos credores* ou pela *preservação da empresa* em sua orientação.[459]

E, concluída a análise acerca dos sistemas concursais classificados em conformidade com os modelos globais de condução da empresa em reorganização, nota-se que as suas estruturas e os seus funcionamen-

---

[457] Exercício que, por sinal, também pode ocorrer em conformidade com diferentes parâmetros. Para V. FINCH, por exemplo, avaliar o sucesso atual ou potencial de um sistema de salvamento demandaria, em síntese, identificar as principais tarefas de administração do salvamento a serem realizadas (que poderiam ser resumidas na geração e uso de suprimento adequado de informações relevantes, na produção de julgamentos e estratégias sólidos e na tomada oportuna de atitudes e decisões) e analisar se os agentes e os processos envolvidos nessa realização estão atuando ou poderiam atuar de forma harmoniosa para gerar os resultados buscados com eficiência, habilidade, responsabilidade e equidade. A existência de coordenação, então, consistiria em preocupação primordial nessa avaliação, porquanto se pode esperar que processos abrangendo múltiplos agentes envolvam, em diferentes medidas, ineficiências, atritos e desarmonia. Ademais, diferentes tarefas ocasionariam misturas de agentes, elementos e mecanismos de controle também diversos, assim como diferentes desafios de coordenação. O papel dos juízes, nesse contexto, não se limitaria à mera proteção dos direitos processuais e materiais das diferentes partes abrangidas, abarcando ainda o uso dos seus poderes de revisão quanto ao exercício da administração, a fim de assegurar, tanto quanto possível, que ações coordenadas no sentido da recuperação da empresa sejam facilitadas (V. FINCH, *Control and co-ordination* cit., pp. 375-376 e 403).

[458] S. C. NEDER CEREZETTI, *A Recuperação Judicial de Sociedade por Ações* cit., pp. 144-146.

[459] *A Recuperação Judicial de Sociedade por Ações* cit., pp. 144-146.

tos refletem, em certa medida, essas perspectivas sobre a finalidade dos regimes de insolvência. Aliás, tem-se que isso não poderia ser diferente, porquanto todo sistema concursal persegue determinados propósitos – ainda que, por vezes, em adesão implícita – e a sua orientação influencia, naturalmente, no tratamento dispensado ao devedor durante os procedimentos que oferece. A centralidade da administração da empresa em qualquer disciplina reorganizacional reforça esse entendimento.

Os sistemas examinados que se enquadram no modelo de afastamento do devedor, claramente, refletem com maior nitidez a compreensão de que o regime concursal deve prestigiar, primordialmente, a satisfação dos credores, como apontado por A. FLESSNER no tocante ao direito de insolvência alemão,[460] em consideração que se estende facilmente às disciplinas concursais britânica e portuguesa, conforme demonstrado nos itens 1.3.2.1. e 1.3.2.2. acima. O evidente fortalecimento do poder de barganha dos credores na hipótese de afastamento e também a imposição de ao menos parte da culpa pela crise ao devedor, a inibição de problemas relacionados ao risco moral e o estabelecimento de óbices à pretensa inclinação da administração preexistente ao *forum shopping* e à expropriação de direitos contratuais dos credores[461] acarretados pelo modelo incentivariam essa maior adesão.

Os sistemas concursais classificados junto aos modelos de manutenção do devedor, por outro lado, parecem refletir em medida mais larga, geralmente, a perspectiva de preservação da empresa. De fato, determinados aspectos dessas soluções globais, relativos à valorização das contribuições que o devedor pode oferecer ao êxito da reorganização[462] e à proteção de outros interesses em sua estrutura, concernentes aos trabalhadores, a objetivos concorrenciais e à estabilidade de comunidades,[463] por exemplo, favoreceriam a adesão daqueles sistemas ao propósito de preservação da empresa. A própria valorização da reorganização, instru-

---

[460] A. FLESSNER, *Philosophies of business bankruptcy law* cit., p. 24.
[461] Z. R. AZAR, *Bankruptcy policy: a review* cit., pp. 285-286.
[462] H. R. MILLER, *The changing face of chapter 11* cit., pp. 444-445.
[463] J. L. WESTBROOK, *The globalisation of insolvency reform* cit., pp. 410-411. É central a esse raciocínio a consideração de que a venda do negócio, ainda que como um *going concern*, geralmente viria acompanhada de demissões em massa ou mesmo do seu encerramento, enquanto a sua recuperação em benefício do devedor (consequentemente, com a manutenção deste na condução) poderia, mais provavelmente, gerar estabilidade.

mento mais propício à constituição de um fórum em que todos os interesses – imediatamente econômicos ou não – potencialmente afetados pela crise empresarial possam ser ouvidos,[464] simplificando-se a distribuição das perdas entre esses diversos agentes, nesses modelos poderia ensejar que os regimes concursais neles classificados conferissem maior destaque à orientação em prol da preservação.

Deve-se ressaltar, de todo modo, que o estudo promovido neste capítulo se centrou essencialmente nas estruturas legais conferidas à condução da sociedade em reorganização judicial em cada sistema concursal, não sendo possível afirmar a sua adesão integral a um ou outro propósito. Tampouco se pode afirmar essa adesão no tocante aos modelos globais examinados, os quais apresentam aspectos favoráveis e desvantagens nas duas visões. O que se está sugerindo, diferentemente, é a possibilidade de que os sistemas concursais analisados, em virtude de certas características dos modelos em que se classificam, orientem-se de modo mais destacado segundo uma ou outra finalidade, ao menos com relação ao tema do trabalho. É difícil imaginar uma realidade, com efeito, em que elementos das duas perspectivas – e de outras, não se resumindo as finalidades do direito concursal a tal polarização – não estejam presentes ao mesmo tempo, ainda que em medidas diversas.

Independentemente da orientação preponderante em cada disciplina legal de condução da empresa em reorganização, todavia, sabe-se que a adequada aplicação desta, em conformidade com tais objetivos, não é automática. Ao longo da análise empreendida acerca desses distintos sistemas concursais, evidenciaram-se alguns pressupostos para que os modelos globais de condução sejam adequadamente utilizados, tendo em vista inclusive as perspectivas principais sobre os propósitos perseguidos pelos regimes de insolvência – que apenas ensejam variação no tocante aos sujeitos disciplinados ou beneficiados diretamente pelos elementos encontrados.

A necessidade da imposição de deveres fiduciários, em razão da administração de patrimônio alheio ou, no mínimo, do resguardo de interesses alheios, ao devedor, em caso de manutenção – e até, em certas hipóteses, quando afastado –, ou ao administrador nomeado, em caso de afastamento, foi reiterada em diversos pontos da análise promo-

---

[464] A. FLESSNER, *Philosophies of business bankruptcy law* cit., p. 24.

vida. Importante mencionar, nesse tocante, que as referências aos deveres fiduciários variaram com relação às formas vislumbradas para a sua observância – retornando-se à clássica questão sobre quais interesses devem ser precipuamente prestigiados na condução e no próprio processo – e, consequentemente, quanto aos seus beneficiários – credores ou outros polos de interesse abarcados na reorganização da empresa.

A relevância da fiscalização sobre o devedor mantido ou o administrador nomeado na condução da empresa em reorganização, igualmente, surgiu inúmeras vezes ao longo do exame acerca dos sistemas concursais selecionados. Sua importância é evidenciada, por exemplo, pela própria existência do modelo de manutenção do devedor sob a supervisão de órgão do processo concursal, cuja autonomia decorre exatamente da designação de agente(s) com imparcialidade para funções (no mínimo) de supervisão, assegurando-se informações mais extensas e de melhor qualidade na esfera do processo reorganizacional. A atribuição de falhas do mecanismo do *debtor in possession* à ausência de fiscalização adequada, diante de considerações sobre o mau funcionamento dos comitês de credores no sistema concursal americano e a inobservância dos devedores quanto ao dever de apresentar oportunamente relatórios completos aos interessados, especialmente aos credores, também demonstra o seu destaque.

A independência da administração, ademais, também foi mencionada frequentemente nos apontamentos sobre o adequado funcionamento dos modelos estudados, inclusive naquele que preconiza o afastamento do devedor, indicando que nem sempre com ele se relaciona.[465]

A análise realizada apontou, ainda, outros fatores essenciais à reorganização, como a experiência da administração quanto aos negócios e à superação de crises empresariais, a possibilidade de intervenções na participação societária do devedor e o fundamental início do processo em tempo hábil para o salvamento pretendido, assim que identificadas as sérias dificuldades econômico-financeiras da empresa. Esses elemen-

---

[465] Notando-se que na Alemanha, por exemplo, apesar da previsão legal quanto à independência do administrador da insolvência, prevalece a tradicional atribuição do poder de escolha do agente aos principais credores garantidos (N. MARTIN, *The role of history* cit., pp. 47-50). Como visto, essa prerrogativa tem gerado vantagens indevidas a certas espécies de credores naquele sistema (C. G. PAULUS, *Germany: lessons to learn* cit., pp. 92-93).

tos, no entanto, ou não dizem respeito especificamente à condução da empresa – embora com ela guardem relação –, encontrando-se fora do objeto deste trabalho, ou não consistem em aspectos próprios do procedimento reorganizacional, encontrando-se muito mais precisamente na esfera negocial do que na jurídica.

Conclui-se, desse modo, serem pressupostos jurídicos ao adequado funcionamento dos modelos estudados a observância de deveres fiduciários pelos responsáveis pela condução da empresa em reorganização, a fiscalização efetiva sobre as suas atividades e, enfim, a independência que devem ostentar. Trata-se, em última análise, de regras de governança, que permanecem em pleno vigor durante o processo de reorganização[466] e servem ao atendimento adequado das finalidades relacionadas à *satisfação dos credores* ou à *preservação da empresa* – variando-se os sujeitos que disciplinam e os seus beneficiários diretos – em todos os modelos globais de condução, assegurando a lisura do processo reorganizacional.

A avaliação dessas regras de governança, portanto, será indispensável para que se possa aferir a adequação da solução adotada no Brasil quanto ao posicionamento do devedor em relação à condução da empresa em recuperação judicial. E não se pode desconsiderar que essa análise demanda, necessariamente, atenção a aspectos contextuais.

De fato, ineficiências na governança de empresas ocorrem de modo diverso em países que contam com estruturas de capital caracterizadas pela dispersão do controle, com a separação entre a propriedade societária e o controle administrativo, ou pela concentração de controle, por vezes havendo identidade entre essas posições. No caso dos países caracterizados pela dispersão do controle, os custos de agência são associados às possibilidades de ganhos excessivos ou indevidos pela administração ou da falta de empenho por seus integrantes no exercício da função, em detrimento dos recursos de sócios ou acionistas. Quanto aos países caracterizados pela concentração do controle, indicam-se os possíveis benefícios particulares conferidos aos controladores, relacionados à expropriação de direitos dos sócios ou acionistas minoritários. Sustenta-se que a ineficiência da governança, nas duas hipóteses, apresenta uma raiz comum: não ser possível esperar que os agentes fiduciários, encarregados de cuidar dos interesses dos sócios ou acionistas, executem essa

---

[466] S. C. NEDER CEREZETTI, *A Recuperação Judicial de Sociedade por Ações* cit., p. 393.

tarefa como se o dinheiro fosse seu.⁴⁶⁷ Essas questões, que em circunstâncias normais estariam restritas, em grande medida, a empresas de maior porte, tornam-se mais abrangentes no cenário de insolvência.⁴⁶⁸ A pretendida avaliação da solução brasileira, portanto, passa pela análise da sua estrutura de capital.

No contexto brasileiro, ademais, tem-se que os pressupostos ao adequado funcionamento dos modelos globais estudados se mostram necessários à realização do equilíbrio entre os múltiplos interesses envolvidos no processo de recuperação,⁴⁶⁹ permitindo o atendimento, sob uma perspectiva procedimental, ao princípio da preservação da empresa.⁴⁷⁰

Com efeito, configurado no processo reorganizacional um cenário em que não se observem os deveres fiduciários e a independência cabíveis à administração, nem seja esta devidamente fiscalizada no exercício de suas atividades, é certo que os demais interesses abrangidos na reorganização, entre credores, funcionários, sócios e a comunidade, serão prejudicados, restando violada a premissa de equilíbrio de interesses.

---

⁴⁶⁷ Z. R. AZAR, *Bankruptcy policy: a review* cit., pp. 289-290.
⁴⁶⁸ Realmente, segundo Z. R. AZAR, em situações de normalidade, os custos de agência e outras questões de governança corporativa seriam problemas secundários, específicos de empresas de grande porte, as quais se apresentariam em número relativamente menor e em poucas economias ricas e desenvolvidas. Tratando-se do cenário de insolvência, contudo, os custos de agência consistiriam em um problema universal, diante da transferência da propriedade residual da empresa dos sócios para os credores do negócio. Em negócios de menor porte, esse problema seria ainda mais grave, já que, diferentemente do que ocorreria em empresas de grande porte, nas quais a administração poderia facilmente transferir a sua lealdade dos sócios para outros *stakeholders*, naqueles, muitas vezes empresas individuais, existiria a coincidência entre administração e propriedade, mostrando-se pouco provável referida transferência de lealdade. Por isso, a questão do afastamento da administração preexistente nos processos concursais ganha importância, sobretudo em procedimentos de reorganização (*Bankruptcy policy: a review* cit., pp. 290-291).
⁴⁶⁹ Lembrando-se de que, há mais de três décadas, F. K. COMPARATO já afirmava que, assim como a regulação da atividade das empresas de interesse social não poderia focar no lucro, que consiste em finalidade do interesse particular, tampouco a solução jurídica da insolvabilidade de tais empresas deveria ser formulada em função do exclusivo interesse dos seus credores (*A reforma da empresa*, in *RDM* 50 [1983], pp. 65-66).
⁴⁷⁰ S. C. NEDER CEREZETTI, *A Recuperação Judicial de Sociedade por Ações* cit., p. 428.

Então, considerando-se que o princípio da preservação da empresa, positivado no artigo 47 da LRF,[471] norteia a recuperação judicial,[472] ganha relevância ainda maior a verificação acerca da presença desses elementos e, consequentemente, do equilíbrio de interesses mencionado na solução brasileira sobre o posicionamento do devedor em relação à condução da empresa em recuperação judicial. Passa-se a essa análise nos próximos capítulos.

---

[471] Dispositivo com a seguinte redação: "A recuperação judicial tem por objetivo viabilizar a superação da situação de crise econômico-financeira do devedor, a fim de permitir a manutenção da fonte produtora, do emprego dos trabalhadores e dos interesses dos credores, promovendo, assim, a preservação da empresa, sua função social e o estímulo à atividade econômica."

[472] S. C. NEDER CEREZETTI, *A Recuperação Judicial de Sociedade por Ações* cit., p. 16.

2.
A Administração da Sociedade em Recuperação Judicial no Contexto de Concentração de Controle: Análise do Sistema Brasileiro à Luz dos Modelos Globais

O presente capítulo se destina ao estudo da solução brasileira sobre a administração da sociedade em recuperação judicial, buscando-se ao final promover a sua classificação em conformidade com os modelos globais debatidos no capítulo anterior. Adianta-se que a resposta a essa questão não é difícil. O caminho percorrido no esforço de compreensão do sistema brasileiro disciplinado nos arts. 64, 65 e 66 da LRF até esse momento, por outro lado, mostra-se bastante complexo.

Com efeito, nesse exercício são enfrentados temas como a fiscalização sobre a condução da recuperanda, os sentidos conferidos ao "devedor" mencionado no art. 64 da LRF e a sua distinção quanto aos "administradores" referidos no dispositivo, as situações que ocasionam a substituição ou o afastamento em relação à condução estabelecidos nos arts. 64 e 65 da LRF, as formas possíveis para a aplicação dessas medidas excepcionais, o tratamento legal dispensado à figura do gestor judicial e a disposição do art. 66 da LRF. Ressalte-se que, para além da mera descrição dos textos legais, busca-se promover análise crítica sobre essa disciplina legal, com base em doutrina e jurisprudência, vislumbrando-se sugestões interpretativas quando necessário.

Para permitir exame nesses moldes, ademais, realiza-se prévia e breve contextualização sobre o atual direito da empresa em crise brasileiro e a sua orientação – que será observada na interpretação do regramento em debate –, a estrutura disposta na LRF quanto à condução da empresa em recuperação judicial e a realidade brasileira de elevada concentração de controle, em que tem aplicação a disciplina analisada.

2.1. A preservação da empresa e o equilíbrio entre múltiplos interesses: o objetivo da recuperação judicial

O diploma legal que disciplina a crise empresarial no Brasil é a lei nº 11.101/2005, resultado da aprovação do projeto de lei nº 4.376/1993,[473] que introduziu profunda modificação no direito concursal brasileiro.[474]

Nesse sentido, afirma-se que, pela primeira vez, o ordenamento jurídico nacional admitiu mecanismos criados especificamente para a viabilização da superação da crise empresarial, afastando-se de institutos como a concordata e a moratória, bem como se contrariando a perspectiva de que as dificuldades econômico-financeiras da empresa devem levar necessariamente à liquidação dos seus ativos, buscando-se melhor satisfazer os seus credores.[475] Surgiram no direito da insolvência brasileiro, assim, os institutos da recuperação judicial e da recuperação extrajudicial de empresas, que visam à reorganização das sociedades viáveis em crise, evitando a sua prematura liquidação.[476]

E, no cerne da recuperação judicial, encontra-se o art. 47 da LRF, que evidencia os objetivos buscados pelo instituto, elevando a preservação da empresa ao patamar de princípio e reconhecendo a existência de diversos interesses que gravitam em torno da empresa e que tornam jus-

---

[473] Aprovação que teria decorrido do comprometimento do Poder Executivo Federal junto ao Fundo Monetário Internacional para aprovar uma nova lei de falências, buscando aprimorar o ambiente e os marcos legais do mercado brasileiro. No tocante ao projeto proposto inicialmente, porém, deve-se esclarecer que sofreu profundas modificações, incorporando mecanismos indicados em diretrizes de organismos internacionais, como o Banco Mundial, e já aplicados nos ordenamentos de países desenvolvidos, como França e Estados Unidos, além de se distanciar da tradição do direito imediatamente anterior (Mauro Rodrigues PENTEADO, *Comentários às Disposições Preliminares da Lei 11.101/2005*, in F. S. de SOUZA JUNIOR e A. S. A. de Moraes PITOMBO (coords.), *Comentários à Lei de Recuperação de Empresas e Falência* cit., p. 60).

[474] Para reflexões sobre a primeira década de aplicação da nova legislação, cf. S. C. NEDER CEREZETTI e Emanuelle Urbano MAFFIOLETTI, *Fotografias de uma década da Lei de Recuperação e Falência*, in S. C. NEDER CEREZETTI e E. U. MAFFIOLETTI (coords.), *Dez anos da lei nº 11.101/2005 – Estudos sobre a lei de recuperação e falência*, São Paulo, Almedina, 2015.

[475] S. C. NEDER CEREZETTI, *A Recuperação Judicial de Sociedade por Ações* cit., p. 79.

[476] Segundo M. R. PENTEADO, a recuperação judicial consiste em solução inovadora, mas não propriamente inédita no direito positivo nacional, pois preserva a solução da concordata, a moratória, somando-lhe outros mecanismos empresariais hábeis a auxiliarem o devedor na superação da crise econômico-financeira em que se encontra (*Comentários às Disposições Preliminares* cit., p. 58).

tificável a sua preservação.⁴⁷⁷ Cumpre determinar, porém, como o princípio da preservação da empresa tem sua adequada aplicação no processo recuperacional.

Deve-se destacar, inicialmente, que o princípio da preservação da empresa não consiste, de forma alguma, em uma orientação no sentido da manutenção da empresa em crise a qualquer custo.⁴⁷⁸ Na verdade, como ensina S. C. NEDER CEREZETTI, partindo da concepção de empresa como um ente organizativo de múltiplos interesses, entende-se que o princípio da preservação da empresa é realizado mediante a existência de regras procedimentais⁴⁷⁹ que garantam a efetiva inclusão desses interesses quando da utilização da recuperação judicial.⁴⁸⁰ Pode-se atender ao princípio da preservação da empresa, assim, assegurando-se o equilíbrio entre os múltiplos interesses envolvidos na recuperação judicial ao longo do seu procedimento.⁴⁸¹

Nesse sentido, em virtude do conteúdo do art. 47 da LRF e da sua orientação, afirma-se que o pêndulo descrito por F. K. COMPARATO no tocante ao direito concursal brasileiro⁴⁸² parece ter se afastado de sua

---

⁴⁷⁷ S. C. NEDER CEREZETTI, *A Recuperação Judicial de Sociedade por Ações* cit., p. 80.

⁴⁷⁸ Como aponta S. C. NEDER CEREZETTI, definições da preservação da empresa em crise que tendem à sua identificação com a manutenção da atividade parecem pecar por não compreenderem todo o sentido da expressão, bem como as tentativas de ampliação da abrangência do conceito acabam por torná-lo vago e carente de sentido palpável, favorecendo o desrespeito ao valor representado pela concepção e o seu uso sem parâmetros mínimos (*A Recuperação Judicial de Sociedade por Ações* cit., p. 215).

⁴⁷⁹ Essa caracterização procedimental da preservação da empresa no âmbito da recuperação judicial, com o consequente afastamento da busca por uma definição material do conceito, justifica-se, aponta S. C. NEDER CEREZETTI, diante da impossibilidade de clara definição material da expressão, conclusão a que chegou a autora após profunda e extensa revisão da matéria sob a ótica do Direito Comparado.

⁴⁸⁰ S. C. NEDER CEREZETTI, *A Recuperação Judicial de Sociedade por Ações* cit., pp. 215-216. Profunda reflexão sobre o equilíbrio de interesses, inclusive aqueles relativos à *comunidade*, em processos concursais, a partir de perspectiva que defende a sua consideração nestes, é encontrada em K. GROSS, *Failure and forgiveness* cit.

⁴⁸¹ S. C. NEDER CEREZETTI, *A Recuperação Judicial de Sociedade por Ações* cit., p. 428.

⁴⁸² F. K. COMPARATO, em sua obra *Aspectos Jurídicos da Macro-Emprêsa*, aponta a existência do chamado *dualismo pendular* do ordenamento jurídico brasileiro no tocante ao seu direito falimentar, ora protegendo os interesses dos credores, ora protegendo os interesses dos devedores. Nesse sentido, o autor ensina que a legislação falimentar do Brasil tem seguido um ritmo nitidamente pendular, indicando, ao longo da história, desde o Código de 1850

oscilação viciada para tratar, de maneira inovadora, da proteção da empresa e dos diversos interesses nela envolvidos. Apresenta-se a ressalva, no entanto, de que a confirmação dessa impressão depende da correta utilização dos mecanismos legais estabelecidos pelo diploma e da interpretação de alguns dos seus artigos, os quais não estariam plenamente alinhados à orientação do novo sistema concursal brasileiro.[483-484]

É preocupante, por exemplo, a assimetria na relevância atribuída aos vários grupos de interesse na lei nº 11.101/2005 indicada por C. Salomão Filho, especialmente dos trabalhadores e dos acionistas minoritários, confirmando a necessidade de se interpretar o diploma conforme os princípios que o inspiraram, especialmente a preservação da empresa, destacando-se que a opção institucionalista da lei demanda a extensão dos preceitos inerentes ao institucionalismo à vida social, de modo a promover a coerência entre os aspectos materiais e procedimentais da sua visão do interesse social.[485]

2.2. A solução brasileira quanto à administração da empresa em recuperação judicial: regramento legal

A solução brasileira acerca da condução da sociedade em recuperação judicial se encontra disciplinada, fundamentalmente, nos arts. 64, 65 e 66 da LRF.

---

até o decreto-lei nº 7.661 de 1945, diversas mudanças de posição entre a proteção do insolvente ou dos seus credores, conforme a conjuntura econômica e a filosofia política em voga (*Aspectos Jurídicos da Macro-Emprêsa*, São Paulo, Revista dos Tribunais, 1970, pp. 95-99).

[483] S. C. Neder Cerezetti, *A Recuperação Judicial de Sociedade por Ações* cit., p. 81. Em consideração semelhante, S. Corotto aponta a disparidade entre o art. 47 da LRF e as disposições do diploma acerca da exclusão de determinados credores garantidos do processo de recuperação, entre outras, destacando o papel do poder judiciário em atuar a favor dos princípios orientadores da legislação (*Modelos de reorganização empresarial* cit., pp. 259-261).

[484] E, com efeito, estudo acerca do controle judicial sobre o plano de recuperação identificou que, nesse tocante, existia uma tendência de persistência do dualismo pendular, em virtude da interpretação das regras da LRF pela jurisprudência (Gustavo Lacerda Franco, *O controle judicial sobre o plano de recuperação na doutrina e na jurisprudência do TJSP e do STJ – Uma análise à luz do dualismo pendular de Fábio Konder Comparato*, Tese de Láurea – Faculdade de Direito da USP, São Paulo, 2014).

[485] *Recuperação de Empresas e Interesse Social*, in F. S. de Souza Junior e A. S. A. de Moraes Pitombo (coords.), *Comentários à Lei de Recuperação de Empresas e Falência* cit., pp. 50-54.

2. A ADMINISTRAÇÃO DA SOCIEDADE EM RECUPERAÇÃO JUDICIAL...

No *caput* do art. 64,[486] estabelece-se como regra a permanência do devedor ou dos seus administradores na condução da atividade empresarial durante o processo recuperacional, sob a fiscalização do comitê de credores, caso constituído, e do administrador judicial. Em seguida, elencam-se as hipóteses que, se verificadas, afastam a regra de manutenção.[487]

O parágrafo único do art. 64 e o art. 65, por sua vez, versam essencialmente sobre as consequências da verificação dessas hipóteses, que ocasionará, segundo aquele, a destituição do administrador pelo juiz seguida da sua substituição conforme os atos constitutivos do devedor ou o plano de recuperação judicial[488] e, segundo este, o afastamento do devedor seguido da convocação pelo juiz de assembleia geral de credores para deliberação quanto ao nome do gestor judicial que passará a administrar as suas atividades.[489]

---

[486] Cuja redação é a seguinte: "Durante o procedimento de recuperação judicial, o devedor ou seus administradores serão mantidos na condução da atividade empresarial, sob fiscalização do Comitê, se houver, e do administrador judicial, salvo se qualquer deles (...)".

[487] Dispostas da seguinte maneira: "(...) I – houver sido condenado em sentença penal transitada em julgado por crime cometido em recuperação judicial ou falência anteriores ou por crime contra o patrimônio, a economia popular ou a ordem econômica previstos na legislação vigente; II – houver indícios veementes de ter cometido crime previsto nesta Lei; III – houver agido com dolo, simulação ou fraude contra os interesses de seus credores; IV – houver praticado qualquer das seguintes condutas: a) efetuar gastos pessoais manifestamente excessivos em relação a sua situação patrimonial; b) efetuar despesas injustificáveis por sua natureza ou vulto, em relação ao capital ou gênero do negócio, ao movimento das operações e a outras circunstâncias análogas; c) descapitalizar injustificadamente a empresa ou realizar operações prejudiciais ao seu funcionamento regular; d) simular ou omitir créditos ao apresentar a relação de que trata o inciso III do *caput* do art. 51 desta Lei, sem relevante razão de direito ou amparo de decisão judicial; V – negar-se a prestar informações solicitadas pelo administrador judicial ou pelos demais membros do Comitê; VI – tiver seu afastamento previsto no plano de recuperação judicial."

[488] O texto legal é: "verificada qualquer das hipóteses do *caput* deste artigo, o juiz destituirá o administrador, que será substituído na forma prevista nos atos constitutivos do devedor ou do plano de recuperação judicial."

[489] Nos termos do dispositivo, dispõe-se que: "quando do afastamento do devedor, nas hipóteses previstas no art. 64 desta Lei, o juiz convocará a assembléia-geral de credores para deliberar sobre o nome do gestor judicial que assumirá a administração das atividades do devedor, aplicando-se-lhe, no que couber, todas as normas sobre deveres, impedimentos e remuneração do administrador judicial."

O *caput* do art. 65, ademais, dispensa tratamento ao gestor judicial, estendendo-lhe a incidência de todas as normas sobre deveres, impedimentos e remuneração do administrador judicial quando cabíveis. O § 1º do dispositivo atribui ao administrador judicial o exercício das funções do gestor até que este seja escolhido em conclave de credores (e depois do afastamento ou destituição, evidentemente).[490] O § 2º, outrossim, aborda a possibilidade de recusa ou impedimento do gestor indicado pelos credores, dispondo que, nesse caso, o juiz deverá convocar nova assembleia em 72 (setenta e duas) horas a partir da ocorrência da recusa ou da declaração de impedimento nos autos, com a aplicação do § 1º do artigo no período.[491]

Por fim, tem-se o art. 66,[492] que impõe ao devedor, após a distribuição do pedido de recuperação judicial, restrições relativas à alienação ou

---

[490] Com a seguinte redação: "o administrador judicial exercerá as funções de gestor enquanto a assembléia-geral não deliberar sobre a escolha deste."

[491] De fato, estabelece-se no art. 65, § 2º, que: "na hipótese de o gestor indicado pela assembléia-geral de credores recusar ou estar impedido de aceitar o encargo para gerir os negócios do devedor, o juiz convocará, no prazo de 72 (setenta e duas) horas, contado da recusa ou da declaração do impedimento nos autos, nova assembléia-geral, aplicado o disposto no § 1o deste artigo."

[492] Cuja redação é a seguinte: "após a distribuição do pedido de recuperação judicial, o devedor não poderá alienar ou onerar bens ou direitos de seu ativo não circulante, inclusive para os fins previstos no art. 67 desta Lei, salvo mediante autorização do juiz, depois de ouvido o Comitê de Credores, se houver, com exceção daqueles previamente autorizados no plano de recuperação judicial. § 1º Autorizada a alienação de que trata o caput deste artigo pelo juiz, observar-se-á o seguinte: I - nos 5 (cinco) dias subsequentes à data da publicação da decisão, credores que corresponderem a mais de 15% (quinze por cento) do valor total de créditos sujeitos à recuperação judicial, comprovada a prestação da caução equivalente ao valor total da alienação, poderão manifestar ao administrador judicial, fundamentadamente, o interesse na realização da assembleia-geral de credores para deliberar sobre a realização da venda; II - nas 48 (quarenta e oito) horas posteriores ao final do prazo previsto no inciso I deste parágrafo, o administrador judicial apresentará ao juiz relatório das manifestações recebidas e, somente na hipótese de cumpridos os requisitos estabelecidos, requererá a convocação de assembleia-geral de credores, que será realizada da forma mais célere, eficiente e menos onerosa, preferencialmente por intermédio dos instrumentos referidos no § 4º do art. 39 desta Lei. § 2º As despesas com a convocação e a realização da assembleia-geral correrão por conta dos credores referidos no inciso I do § 1º deste artigo, proporcionalmente ao valor total de seus créditos. § 3º Desde que a alienação seja realizada com observância do disposto no § 1º do art. 141 e no art. 142 desta Lei, o objeto da alienação estará livre de qualquer ônus e não haverá sucessão do adquirente

2. A ADMINISTRAÇÃO DA SOCIEDADE EM RECUPERAÇÃO JUDICIAL...

oneração de bens ou direitos do seu ativo não circulante, permitindo-se que ocorram somente após autorização judicial, com a oitiva prévia do comitê de credores (e possível intervenção posterior da assembleia geral de credores), e também mediante a previsão da medida no plano recuperacional.

É essa, em exposição superficial e restrita ao texto legal, a solução adotada pelo direito da empresa em crise do Brasil quanto à administração da sociedade em recuperação judicial.

É interessante destacar, porém, que essa nem sempre foi a estrutura pretendida pelo legislador, conquanto tenha prevalecido ao final. Com efeito, durante a tramitação do projeto de lei que resultou na LRF, houve diversas idas e vindas no tocante à matéria em análise. Breve excurso sobre o caminho percorrido pelo projeto que se tornou a LRF com relação à condução da sociedade em recuperação judicial se justifica na medida em que pode esclarecer a atual estruturação dos dispositivos estudados e também fornecer importantes elementos para a sua interpretação nos itens seguintes.

Como descreve Humberto Lucena Pereira da FONSECA após minuciosa análise dos documentos legislativos pertinentes,[493] o projeto de lei nº 4.376/1993, ao ser enviado ao Congresso Nacional pelo Poder Executivo, estabelecia o automático afastamento do devedor ou de seus administradores, por indicar como requisito da sentença de deferimento da recuperação judicial o "sorteio do administrador judicial da empresa", enumerando o diploma algumas exceções relativas a empresas de pequeno ou médio porte ou devedor individual. Ao longo de sua tramitação na Câmara de Deputados, então, houve a alteração da proposta a partir de substitutivo apresentado pelo Deputado Osvaldo Biolchi, aprovado em 1996 pela Comissão Especial instalada para apreciar a matéria, passando o projeto a prever a manutenção dos administradores,

---

nas obrigações do devedor, incluídas, mas não exclusivamente, as de natureza ambiental, regulatória, administrativa, penal, anticorrupção, tributária e trabalhista. § 4º O disposto no caput deste artigo não afasta a incidência do inciso VI do caput e do § 2º do art. 73 desta Lei."

[493] Os quais podem ser encontrados integralmente, por sinal, no *site* da Câmara de Deputados, que oferece até mesmo áudios das sessões em que o projeto de lei referido foi discutido. Essa farta documentação está disponível em http://www.camara.gov.br/proposicoesWeb/fichadetramitacao?idProposicao=20846, acessado em 10.12.2017.

exceto se responsáveis por ilícito civil ou penal.⁴⁹⁴ O art. 52 de Substitutivo aprovado em 1999, posteriormente, introduziu a maior parte das modificações ao final abarcadas pelo art. 59 do projeto aprovado na sua primeira passagem pela Câmara. No Senado Federal, a estrutura desse dispositivo teria permanecido, com breves alterações no tocante às hipóteses de afastamento dos administradores, mas também com o relevante surgimento da figura do gestor judicial e a retirada da referência expressa ao afastamento do controlador nos casos enumerados no art. 64, sendo tal redação confirmada na Câmara.⁴⁹⁵

Note-se que o mencionado art. 59 do projeto de lei que resultou na LRF estabelecia que "durante o procedimento de recuperação judicial, sob o compromisso de apresentar contas demonstrativas mensais, o sócio controlador e os administradores serão mantidos na condução

---

⁴⁹⁴ A modificação concernente à introdução da manutenção dos administradores como regra na nova legislação, para Manoel Justino BEZERRA FILHO, não foi positiva, afirmando-se que, sob a disciplina do anterior regime concursal brasileiro, existiram diversos casos nos quais se verificava a atuação dos controladores ou administradores da sociedade empresária de modo a ocasionar sua "falência certa", sustentando que, nessas hipóteses, não havia meios legais que viabilizassem o afastamento dessas pessoas da direção das empresas. E segundo o autor, com efeito, a LRF teria ficado a meio caminho nesse tocante, já que, a despeito da previsão sobre ser possível a alteração dos órgãos diretivos da sociedade empresária como meio de recuperação no art. 50, incisos III, IV e V, do diploma, que em seu entender acenaria no sentido correto, a disposição que possibilitaria o afastamento dos órgãos diretivos por iniciativa de grupo de credores ou mesmo do MP acabou não sendo adotada naquela forma, prevendo-se em vez disso a manutenção desses agentes exceto na ocorrência das situações estabelecidas no art. 64 (M. J. BEZERRA FILHO, *Lei de Recuperação de Empresas e Falências Comentada – Lei 11.101/2005 - Comentário Artigo por Artigo*, 6ª edição, São Paulo, Revista dos Tribunais, 2009, pp. 131-132 e 163). Renato MANGE, por outro lado, sustenta que a orientação do afastamento como regra, inspirada nas disposições da lei nº 6.024/74, que adotaria solução semelhante no tocante às intervenções ou liquidações extrajudiciais de instituições financeiras, foi abandonada por ter a prática indicado que tal caminho não asseguraria o sucesso da medida e até ensejaria mais problemas, escolhendo-se então a manutenção dos dirigentes, os quais conheceriam, em tese, as dificuldades da empresa e, por vezes sendo os próprios controladores, não poderiam alegar, depois, que a gestão foi prejudicial ao interesse social (*O administrador judicial, o gestor judicial e o comitê de credores na Lei nº 11.101/05*, in Paulo Penalva SANTOS (coord.), *A nova Lei de Falências e de Recuperação de Empresas – Lei nº 11.101/05*, Rio de Janeiro, Forense, 2007, p. 70).

⁴⁹⁵ H. L. P. da FONSECA, *Comentários aos arts. 64 a 69*, in Osmar Brina CORRÊA-LIMA e Sérgio Mourão Corrêa LIMA (coords.), *Comentários à Nova Lei de Falência e Recuperação de Empresas – Lei nº 11.101, de 09 de fevereiro de 2005*, Rio de Janeiro, Forense, 2009, pp. 428-429.

da atividade empresarial, sob fiscalização do Comitê, se for o caso, ou do administrador judicial, salvo quando (...)", dispondo seu § 3º que "o afastamento do sócio controlador ocorrerá por meio de suspensão do seu direito de voto, ao passo que o afastamento dos administradores será efetivado por meio da destituição de seus cargos."

Ao final, como visto, prevaleceu a regra de manutenção do devedor ou dos seus administradores na condução da atividade desempenhada pela recuperanda. Essa escolha do legislador pode ter decorrido não somente da consideração dessa orientação como mais vantajosa, após avaliação dos fatores discutidos no item 1.3.4. do capítulo anterior, mas também do não rompimento com a tradição do regime concursal anterior por ela propiciado.[496]

2.3. A manutenção do devedor na administração da atividade empresarial durante o processo recuperacional: afinal, qual é o modelo adotado pela Lei nº 11.101/2005?

O presente item, como adiantado no início do capítulo, dedica-se ao estudo detalhado dos elementos que constituem a solução brasileira de condução da sociedade em recuperação judicial, inclusive o cenário empresarial em que se aplica sua disciplina, almejando-se responder, ao final, em qual modelo global analisado no capítulo anterior se enquadra o sistema brasileiro.

Esse questionamento, todavia, é simples se comparado aos inúmeros outros que surgem ao longo do exame crítico promovido acerca do regramento da condução da recuperanda. Os sentidos possivelmente

---

[496] Vale lembrar, nesse ponto, do art. 167 do decreto-lei 7.661 de 1945: "durante o processo da concordata preventiva, o devedor conservará a administração dos seus bens e continuará o seu negócio, sob fiscalização do comissário. Não poderá, entretanto, alienar imóveis ou constituir garantias reais, salvo evidente utilidade, reconhecida pelo juiz, depois de ouvido o comissário." Essa disposição do diploma falimentar anteriormente vigente pode, realmente, ter influenciado a orientação adotada pela LRF quanto à condução da empresa em recuperação judicial, eventualmente revelando uma forma de *dependência da trajetória*, não sendo o direito empresarial alheio ao conceito – pelo contrário, há estudos sobre *path dependence* realizados por autores renomados nesse campo, a exemplo do interessante trabalho de Lucian Arye BEBCHUK e M. J. ROE acerca de estruturas de controle empresarial (*A theory of path dependence in corporate ownership and governance*, in *Stan. L. Rev.* 52 [1999-2000], pp. 127--170).

atribuídos ao "devedor" referido no art. 64 da LRF, as formas de aplicação da substituição e do afastamento em relação à condução previstos nos arts. 64 e 65 da LRF e o tratamento dispensado ao gestor judicial, por exemplo, consistem em aspectos verdadeiramente controversos da disciplina analisada, não esclarecidos com facilidade pelo texto legal. Este item se pauta pela exposição dessas dificuldades e, sempre que possível, pela tentativa de se construir uma resposta satisfatória.

Deve-se ressaltar, por fim, que a condução da sociedade em recuperação judicial é examinada, neste capítulo, a partir do seu regramento legal, de modo que a estrutura adotada neste item confere mais destaque, naturalmente, a aspectos concernentes às hipóteses de substituição e de afastamento, o que é reforçado diante da reflexão sobre os modelos globais de manutenção ou afastamento que orienta a dissertação. Isso não impede, contudo, que questões importantes relacionadas ao panorama de permanência do devedor ou dos administradores sejam devidamente abordadas. Ademais, diversos problemas que surgem nesse contexto têm como remédio os pressupostos tratados no capítulo seguinte.

2.3.1. A estrutura de controle concentrado e a administração da empresa: noções relevantes

Afirma-se que a questão referente à separação – ou não – entre "propriedade" e controle da empresa, abarcando a análise sobre sua estrutura de capital e o efeito desta na independência de sua administração, exerce um papel crucial no delineamento da estrutura legal de reorganização em qualquer país.[497] Com o Brasil, não deveria ser diferente.

Diante dessa consideração, a análise da solução adotada pelo direito da empresa em crise brasileiro no tocante à condução da sociedade em recuperação judicial, objeto deste capítulo, deve ser antecedida pela breve apresentação de algumas noções importantes sobre a realidade empresarial do país, cuja estrutura de controle é caracterizada por sua elevada concentração.[498] Trata-se de contextualização que permitirá

---

[497] David HAHN, *Concentrated ownership* cit., pp. 127-128.
[498] Sobre a extrema concentração acionária verificada no país, que inclusive obstaria vislumbrar-se no seu contexto, em circunstâncias normais, um "(...) controle administrativo em sentido próprio, i.e., em ausência de um controlador ativo", cf. C. SALOMÃO FILHO, *Nota de texto 10*, in F. K. COMPARATO e C. SALOMÃO FILHO, *O poder de controle* cit., pp. 63-65.

conhecer, minimamente, o cenário em que os dispositivos legais examinados têm aplicação e os seus elementos mais destacados, que certamente influenciam – ou deveriam influenciar – a interpretação da disciplina legal estudada.

A elevada concentração da estrutura de controle das companhias abertas brasileiras, sobretudo até o início dos anos 2000, é atestada por E. S. MUNHOZ, com base em inúmeras pesquisas realizadas sobre a matéria. E, conquanto se afirme que, mais recentemente, o modelo de capital concentrado deixou de ser exclusivo, evidencia-se que permanece bastante relevante.[499]

Essa grande concentração empresarial no cenário econômico brasileiro é explicada, segundo C. SALOMÃO FILHO, pelo caráter ainda predominantemente familiar das companhias brasileiras e, também, pela relevante participação do capital não votante na composição geral do capital da sociedade, que viabiliza a aquisição de parcelas expressivas do capital votante sem a necessidade de significativo dispêndio financeiro.[500]

Diversamente do direito societário de país com predominante dispersão do controle, a exemplo dos Estados Unidos, que geralmente focaria em resolver problemas decorrentes do conflito entre os administradores e a coletividade acionária, o direito societário brasileiro teria como conflito central a ser disciplinado aquele existente entre controlador(es) e não-controladores.[501]

---

[499] E. S. MUNHOZ, *Aquisição de controle na sociedade anônima*, São Paulo, Saraiva, 2013, pp. 101-111. Importante destacar, aliás, que, em termos de estrutura de controle, o panorama brasileiro é diferente do estadunidense, assim como a relação entre essa estrutura e o porte das empresas em cada país. Realmente, como ensina E. S. MUNHOZ, as estruturas de controle da companhia norte-americana e da brasileira são caracterizadas, respectivamente, pelo controle diluído e pelo concentrado, sendo essa distinção fundamental (*Desafios do direito societário* cit., p. 124). Disso decorre, por exemplo, que algumas políticas de insolvência formuladas na realidade dos Estados Unidos podem não se adequar ao contexto brasileiro, especialmente se não forem relacionadas a pequenas empresas, em que a identidade entre "propriedade" e administração é mais usual naquele cenário.

[500] F. K. COMPARATO e C. SALOMÃO FILHO, *O poder de controle* cit., p. 452.

[501] E. S. MUNHOZ, *Desafios do direito societário* cit., p. 124.

A preponderância do controle na realidade empresarial brasileira torna necessário, então, entender a configuração e o regramento do poder de controle[502] empresarial e do seu titular no país.[503]

A importância ímpar do tema em debate é evidenciada em asserção de F. K. COMPARATO, para quem "o titular do controle exerce a soberania societária".[504] Segundo o autor, pode-se afirmar que o núcleo da definição de controle na sociedade anônima, em resumo e conclusão, encontra-se no poder de determinar as deliberações da assembleia geral. O denominado controle interno existirá, para ele, "(...) toda vez que esse poder estiver em mãos de titulares de direitos próprios de acionista, ou de administradores, pessoas físicas ou jurídicas, isoladamente ou em conjunto, de modo direto ou indireto."[505] Considerando-se, por outro lado, que o controlador não será necessariamente membro de qualquer órgão social, podendo exercer "(...) o seu poder de dominação *ab extra*", apresentam-se situações de controle externo, como aquelas resultantes de endividamento da sociedade, em que o credor passaria a comandar, de fato, a exploração empresarial da devedora em virtude do seu direito de crédito, ou aquelas nas quais exista relação de dependência profunda com relação ao seu vendedor ou ao seu comprador.[506]

O controlador, para F. K. COMPARATO, afirma-se na economia da nova sociedade anônima como seu órgão mais recente ou, então, como o titular de um novo cargo social, consistente em um centro de competência a abarcar funções próprias e necessárias dessa posição. No âmbito do direito acionário vigente no Brasil, essas funções podem ser resumidas no poder de orientar e dirigir, em última instância, as atividades sociais, o que se extrai do art. 116, "*b*", da lei nº 6.404/1976.[507]

O tratamento dispensado pela Lei das S/A ao controlador, por sinal, tem mesmo seu cerne no art. 116 do diploma, a estabelecer que "entende-se por acionista controlador a pessoa, natural ou jurídica,

---

[502] Ressaltando-se que "controle", nesse tocante, refere-se à "dominação societária", não mera fiscalização, conforme indica F. K. COMPARATO (F. K. COMPARATO e C. SALOMÃO FILHO, *O poder de controle* cit., pp. 67-68).
[503] Observados o escopo e a instrumentalidade deste item, claro.
[504] F. K. COMPARATO e C. SALOMÃO FILHO, *O poder de controle* cit., p. 315.
[505] F. K. COMPARATO e C. SALOMÃO FILHO, *O poder de controle* cit., pp. 74-75.
[506] F. K. COMPARATO e C. SALOMÃO FILHO, *O poder de controle* cit., pp. 77-88.
[507] F. K. COMPARATO e C. SALOMÃO FILHO, *O poder de controle* cit., p. 119.

ou o grupo de pessoas vinculadas por acordo de voto, ou sob controle comum, que: a) é titular de direitos de sócio que lhe assegurem, de modo permanente, a maioria dos votos nas deliberações da assembléia--geral e o poder de eleger a maioria dos administradores da companhia; e b) usa efetivamente seu poder para dirigir as atividades sociais e orientar o funcionamento dos órgãos da companhia. Parágrafo único. O acionista controlador deve usar o poder com o fim de fazer a companhia realizar o seu objeto e cumprir sua função social, e tem deveres e responsabilidades para com os demais acionistas da empresa, os que nela trabalham e para com a comunidade em que atua, cujos direitos e interesses deve lealmente respeitar e atender."[508]

Evidencia-se, dessa maneira, que a lei nº 6.404/1976 dispensou atenção à realidade empresarial brasileira, versando sobre o poder de controle na sociedade por ações. Aponta-se, entretanto, que, ao disciplinar o poder de controle, a legislação societária reforçou e institucionalizou juridicamente um fenômeno econômico que deveria ser limitado e regulado, contribuindo para "(...) distorções e retrocessos econômicos, conservadorismo e dificuldade de reforma social e, ao contrário do que muitas vezes se afirma, atraso no nosso mercado de capitais."[509]

Segundo C. SALOMÃO FILHO, com efeito, o legislador brasileiro foi mais realista do que idealista ao estabelecer a repartição de poderes no âmbito interno da sociedade, buscando regulamentar a realidade de concentração empresarial expressiva, mas não criar contratendência nesse tocante. Desse modo, constrói-se a disciplina legal em torno do acionista controlador, verdadeiro centro decisório da sociedade. Nesse sentido, a distribuição de competências e a disposição dos órgãos da companhia teriam base na presunção da existência de um sócio "soberano", evidenciada pela estruturação do conselho de administração, exclusivamente representativo dos interesses de acionistas e composto unicamente por eles, com algumas das funções mais relevantes, a exemplo da fixação da orientação dos negócios sociais e da nomeação, des-

---

[508] Conceito que, junto àquele estabelecido no art. 243, § 2º, da Lei das S/A, não serviria bem aos propósitos da disciplina da aquisição de controle acionário, todavia (E. S. MUNHOZ, *Aquisição de controle* cit., p. 353).
[509] C. SALOMÃO FILHO, *Introdução – poder econômico: a marcha da aceitação*, in F. K. COMPARATO e C. SALOMÃO FILHO, *O poder de controle* cit., p. 20.

tituição e fixação das atribuições dos diretores, nos termos do art. 142, I e II, da lei nº 6.404/1976. Confere-se ao acionista controlador, portanto, a prerrogativa de administrar diretamente os negócios da sociedade, pessoalmente ou por meio de fiduciários, a partir do conselho de administração. Trata-se do notável poder de impor as suas diretrizes administrativas sem sequer precisar superar óbices, conquanto formais ou procedimentais, relativos a repartições de competência com a administração, desacompanhado, ademais, de contrapartida concernente à proteção das minorias.[510] De acordo com o autor, tampouco se estabeleceu na lei acionária a responsabilidade do acionista controlador em correspondência com sua posição dupla, como acionista e controlador, notando-se que, para além da previsão de responsabilização por "abuso de poder" no art. 117 do diploma, consistente em norma de responsabilidade interna, inexiste regra de responsabilidade abarcando interesses não reconhecidos como internos.[511]

Claramente, em panorama como o descrito, é difícil que a independência dos administradores da sociedade empresária não seja comprometida. Esse fato é demonstrado, entre outros elementos, por ser "(...) voz corrente que o conselho de administração é uma mini assembleia geral de acionistas (...)", em detrimento da ideia de que os membros do conselho e da diretoria devem exercer suas funções, poderes e atribuições com autonomia e independência.[512]

No contexto narrado, sustenta C. SALOMÃO FILHO parecer indispensável uma visão crítica, a disponibilizar elementos estruturais de limitação do poder de controle.[513]

---

[510] F. K. COMPARATO e C. SALOMÃO FILHO, *O poder de controle* cit., pp. 452-453.

[511] F. K. COMPARATO e C. SALOMÃO FILHO, *O poder de controle* cit., p. 454.

[512] Jorge LOBO, *Princípios de governança corporativa*, in *Revista do Ministério Público – edição comemorativa* (2015), p. 942. Sobre a independência dos administradores, cf. ainda E. V. A. e N. FRANÇA, *Dever de informar dos administradores de companhias abertas – Inexistência de submissão ao acionista controlador*, in E. V. A. e N. FRANÇA, *Temas de direito societário* cit., pp. 365-371, e S. C. NEDER CEREZETTI, *Administradores independentes e independência dos administradores (regras societárias fundamentais ao estímulo do mercado de capitais brasileiro)*, in Marcelo Vieira Von ADAMEK, *Temas de direito societário e empresarial contemporâneos*, São Paulo, Malheiros, 2011.

[513] C. SALOMÃO FILHO, *Introdução – poder econômico* cit., p. 20.

Cumpre, a seguir, abordar brevemente os deveres e responsabilidades do titular do controle.

O poder de controle é um direito-função, concedido ao titular para a consecução de precisas finalidades[514], intra e extra-empresariais, aquelas consistentes na satisfação dos interesses dos participantes na empresa (acionistas, titulares de outros valores mobiliários emitidos pela companhia, empregados, administradores etc.) e estas consistentes na satisfação dos interesses da comunidade local, regional ou nacional em que se insere a empresa[515]. Cabe ao controlador, assim, a promoção do bem comum, consubstanciado no interesse social,[516] tema objeto de clássica controvérsia, que foge, porém, ao foco do presente estudo.[517]

Nesse sentido, o referido parágrafo único do art. 116 da lei nº 6.404/1976 estabelece, com relação ao controlador, que "(...) deve usar o poder com o fim de fazer a companhia realizar o seu objeto e cumprir sua função social", tendo "deveres e responsabilidades para com os demais acionistas da empresa, os que nela trabalham e para com a comunidade em que atua, cujos direitos e interesses deve lealmente respeitar e atender". Essa é a principal disposição da Lei das S/A no tocante aos deveres impostos ao acionista titular do poder de controle.[518]

O respeito e o atendimento leal aos interesses dos acionistas minoritários, segundo C. SALOMÃO FILHO, constituiriam a formulação clássica dos deveres fiduciários, sendo o controlador o administrador por excelência do patrimônio alheio. Tem-se, assim, que os deveres impostos ao acionista controlador no art. 116, parágrafo único, bem como nos arts. 115 e 117 da Lei das S/A, apresentam natureza fiduciária.[519]

Ademais, os deveres fiduciários se mostram importantes também com relação à aplicação da regra de conflito de interesses no campo

---

[514] F. K. COMPARATO, *O poder de controle na sociedade anônima*, 3ª edição, Rio de Janeiro, Forense, 1983, p. 294.

[515] F. K. COMPARATO, *O poder de controle* cit., p. 296.

[516] Modesto CARVALHOSA, *Comentários à Lei de Sociedades Anônimas*, v. 2, 5ª edição, São Paulo, Saraiva, 2011, p. 577.

[517] Para interessante lição acerca do interesse social, cf. E. S. MUNHOZ, *Desafios do direito societário* cit., pp. 132-135.

[518] Ressalte-se, todavia, haver outros dispositivos do diploma estabelecendo deveres ao controlador, a exemplo do seu art. 116-A.

[519] *O novo direito societário*, 4ª edição, São Paulo, Malheiros, 2011, p. 194.

societário, consistente no mais relevante limite estrutural ao poder de controle. Nessa direção, sustenta C. SALOMÃO FILHO que tais deveres são, muito mais do que princípios em si, critérios para a incidência da regra de conflito, com destaque para as hipóteses de conflito formal ou potencial, cuja verificação deve ensejar, para o autor, verdadeira alternância do controle, de modo que os minoritários passem a determinar o destino da sociedade sempre que o controlador ostentar interesse particular relacionado à deliberação.[520]

O descumprimento dos mencionados deveres, por sua vez, caracteriza abuso do poder de controle[521], hipótese em que, nos termos do art. 117 da Lei societária, cabe a responsabilização do acionista controlador pelos danos causados em razão dos atos abusivos praticados. Esse dispositivo legal, aliás, apresentaria elenco meramente exemplificativo de manifestações de abuso do controle[522].

Ressalte-se enfim que, segundo H. M. D. VERÇOSA, o conceito de controlador para as sociedades limitadas também é aquele ofertado pelo art. 116 da Lei das S/A, diante da ausência de definição genérica a esse respeito no Código Civil, da permissão constante do art. 1.053, p. ún., do diploma civil e por meio de analogia.[523]

2.3.2. A fiscalização do devedor na administração da recuperanda

A fiscalização sobre o devedor na condução da sociedade empresária em reorganização judicial consiste em elemento determinante para a lisura e o bom andamento do processo, servindo a evitar que determinados interesses sejam indevidamente favorecidos em detrimento de outros e à essencial obtenção de informações. Aliás, distingue-se o modelo de condução intermediário pela presença de órgão imparcial designado

---

[520] F. K. COMPARATO e C. SALOMÃO FILHO, *O poder de controle* cit., pp. 126-130.

[521] Abuso abordado com maior frequência, na lei nº 6.404/1976, na modalidade de desvio de poder, consistente no afastamento do espirito da lei e na distorção da função econômico-social do negócio, ensejando-se o insucesso do objetivo almejado pelo legislador, a despeito da observância quanto à forma prevista legalmente (F. K. COMPARATO, *O poder de controle* cit., pp. 295-296 e 308-309).

[522] Nesse sentido, cf. F. K. COMPARATO, *O poder de controle* cit., p. 308, e Nelson EIZIRIK, *A Lei das S/A Comentada*, v. I, São Paulo, Quartier Latin, 2011, p. 687.

[523] H. M. D. VERÇOSA, *O status jurídico do controlador e dos administradores na recuperação judicial*, in *RDM* 143 (2006), pp. 22-23.

para a supervisão do devedor, como visto no item 1.3.3.3. do capítulo anterior, o que revela a importância do tema.

E, na solução brasileira de condução da sociedade em recuperação judicial, não é diferente, apresentando a supervisão um papel central na estrutura estabelecida pela LRF. Deve-se compreender como esse relevante fator é disciplinado pelo diploma, dedicando-se o presente item a tal esforço.

Conforme o art. 64 da LRF, o devedor ou seus administradores mantidos na condução da atividade empresarial durante o processo recuperacional devem ser fiscalizados pelo administrador judicial e pelo comitê de credores, caso constituído. São esses, portanto, os órgãos responsáveis pela fiscalização sobre a condução da recuperanda, apontando-se que uma das inovações mais elogiadas da lei nº 11.101/2005 foi justamente a maior profissionalização conferida a ambos.[524]

O administrador judicial é órgão auxiliar do juiz,[525] integrado por pessoa física ou jurídica selecionada no mercado e não entre os credores,[526] que deve ser "profissional idôneo, preferencialmente advogado, economista, administrador de empresas ou contador, ou pessoa jurídica especializada", nos termos do art. 21, *caput*, da LRF. O parágrafo único do dispositivo, por seu turno, estabelece que, sendo o administrador judicial nomeado pessoa jurídica, será declarado o nome do profissional responsável pelas atribuições inerentes ao cargo, em conformidade com o art. 33 do diploma concursal.[527] Sustenta-se, ainda, que os graus preferenciais de formação acadêmica elencados no art. 21 não excluem a nomeação de outros profissionais e devem ser somados a demonstrada experiência administrativa ou fiscalizatória. Exigência

---

[524] M. R. PENTEADO, *Comentários aos arts. 21 a 25*, in O. B. CORRÊA-LIMA e S. M. C. LIMA (coords.), *Comentários à Nova Lei de Falência e Recuperação de Empresas – Lei nº 11.101, de 09 de fevereiro de 2005*, Rio de Janeiro, Forense, 2009, p. 160.

[525] Fábio Ulhoa COELHO, *Comentários à Lei de Falências e de Recuperação de empresas*, 12ª edição, São Paulo, Revista dos Tribunais, 2017, p. 99.

[526] M. R. PENTEADO, *Comentários aos arts. 21 a 25* cit., p. 160.

[527] Que dispõe o seguinte: "o administrador judicial e os membros do Comitê de Credores, logo que nomeados, serão intimados pessoalmente para, em 48 (quarenta e oito) horas, assinar, na sede do juízo, o termo de compromisso de bem e fielmente desempenhar o cargo e assumir todas as responsabilidades a ele inerentes."

de experiência que, por sinal, seria variável conforme o caso concreto, diante das particularidades do processo e da recuperanda.[528]

A independência que a atividade do administrador judicial demanda também é destacada pela doutrina.[529] Como visto no item 1.3.3.3., esse aspecto pode ser determinante ao adequado exercício da fiscalização em cada sistema de insolvência, estando-se diante de agente nomeado para a função que, em tese, não ostenta interesses na empresa devedora ou em sua reorganização judicial. Nesse contexto, as informações obtidas no exercício da supervisão devem apresentar maior abrangência e, também, melhor qualidade, aumentando-se a transparência do processo de recuperação.[530]

Compete ao administrador judicial no processo recuperacional, essencialmente, fiscalizar as atividades do devedor e o cumprimento do plano,[531] sendo notável seu papel em "fornecer, com presteza, todas as informações pedidas pelos credores interessados", "dar extratos dos livros do devedor, que merecerão fé de ofício, a fim de servirem de fundamento nas habilitações e impugnações de créditos", "exigir dos credores, do devedor ou seus administradores quaisquer informações", "fiscalizar as atividades do devedor e o cumprimento do plano de recuperação judicial", "requerer a falência no caso de descumprimento de obrigação assumida no plano de recuperação", "apresentar ao juiz, para juntada aos autos, relatório mensal das atividades do devedor, fiscalizando a veracidade e a conformidade das informações prestadas pelo devedor", "apresentar o relatório sobre a execução do plano de recuperação, de que trata o inciso III do caput do art. 63 desta Lei", "fiscalizar o decurso das tratativas e a regularidade das

---

[528] M. R. PENTEADO, *Comentários aos arts. 21 a 25* cit., pp. 162-165.

[529] M. R. PENTEADO, *Comentários aos arts. 21 a 25* cit., p. 163. No mesmo sentido, sobre a independência e a imparcialidade do administrador judicial, cf. Joice Ruiz BERNIER, *O administrador judicial na recuperação judicial e na falência*, Dissertação (Mestrado) – Faculdade de Direito da USP, São Paulo, 2014, p. 145.

[530] Sobre o importante tema da transparência na recuperação judicial, cf. E. U. MAFFIOLETTI e S. C. NEDER CEREZETTI, *Transparência e divulgação de informações nos casos de recuperação judicial de empresas*, in Newton DE LUCCA, Alessandra de Azevedo DOMINGUES e Nilva M. Leonardi ANTONIO, *Direito Recuperacional II – Aspectos teóricos e práticos*, São Paulo, Quartier Latin, 2012, e Leonardo Adriano Ribeiro DIAS, *Transparência na recuperação judicial – Deficiências, limites e soluções*, Tese (Doutorado) – Faculdade de Direito da USP, São Paulo, 2016.

[531] M. R. PENTEADO, *Comentários aos arts. 21 a 25* cit., p. 177.

negociações entre devedor e credores", "assegurar que devedor e credores não adotem expedientes dilatórios, inúteis ou, em geral, prejudiciais ao regular andamento das negociações", "assegurar que as negociações realizadas entre devedor e credores sejam regidas pelos termos convencionados entre os interessados ou, na falta de acordo, pelas regras propostas pelo administrador judicial e homologadas pelo juiz (...)" e "apresentar, para juntada aos autos, e publicar no endereço eletrônico específico relatório mensal das atividades do devedor e relatório sobre o plano de recuperação judicial, no prazo de até 15 (quinze) dias contado da apresentação do plano, fiscalizando a veracidade e a conformidade das informações prestadas pelo devedor, além de informar eventual ocorrência das condutas previstas no art. 64 desta Lei" (art. 22, I, "b", "c", "d", e II, "a", "b", "c", "d", "e", "f", "g", "h", da LRF).

S. C. NEDER CEREZETTI sustenta que o papel do administrador judicial na fiscalização deve ser consagrado, também, na busca pelo respeito aos mais amplos interesses abrangidos pela empresa em crise, observando-se que a sua supervisão pode identificar o descumprimento de deveres fiduciários por parte do devedor e prejuízos a diversos *stakeholders*.[532] Trata-se de posição relevante para o equilíbrio de interesses no processo.

Encontram-se entre as funções do administrador judicial, ademais, promover a verificação dos créditos e presidir a assembleia geral de credores, bem como assumir as competências reservadas ao comitê de credores, quando não constituído, salvo em hipótese de incompatibilidade.[533]

A despeito da indelegabilidade da função,[534] é permitido ao administrador judicial contratar, com a anuência do juízo e havendo necessidade, auxiliares quanto à competência desempenhada, os quais serão remunerados em quantia fixada pelo magistrado, considerando-se a complexidade das tarefas a serem executadas e os valores praticados no mercado para atividades similares (art. 22, I, "h", e § 1º, da LRF). Aliás, a remuneração do próprio administrador judicial deve ser fixada pelo juiz, em termos de quantia e forma de pagamento, tendo em vista a capaci-

---

[532] *A Recuperação Judicial de Sociedade por Ações* cit., p. 424.
[533] F. U. COELHO, *Comentários* cit., pp. 105-106.
[534] F. U. COELHO, *Comentários* cit., pp. 106-107.

dade financeira do devedor, o nível de complexidade do trabalho e os valores praticados no mercado para atividades semelhantes, observando--se que corresponda a, no máximo, 5% do montante devido aos credores sujeitos à recuperação ou, tratando-se de microempresas e empresas de pequeno porte, 2% (art. 24, *caput*, § 1º e § 5º, da LRF). As remunerações debatidas devem ser suportadas pelo devedor, conforme o art. 25 do diploma concursal.

O exercício das atribuições conferidas ao administrador judicial pela LRF é fiscalizado pelo juiz e, havendo, pelo comitê de credores, como se extrai do art. 22 do diploma. O papel do juízo da recuperação judicial na supervisão da atuação do administrador nomeado é relevante para evitar excessos deste ao desempenhar a função fiscalizatória, a exemplo da possível exigência de quaisquer informações dos credores, do devedor ou dos seus administradores, conforme o art. 22, I, "d", da LRF, sem fundamento.[535]

O descumprimento dos deveres impostos pela legislação ao administrador judicial pode ocasionar graves consequências, inclusive a sua destituição e responsabilização, de acordo com os arts. 23, *caput* e p. ún, e 31 da LRF, por exemplo. E se afirma que, exclusivamente para fins penais, considera-se o administrador judicial funcionário público,[536] enquanto nos âmbitos dos direitos civil e administrativo ele seria considerado agente externo colaborador da justiça, da confiança pessoal e direta do juiz que o nomeou para a função.[537]

O comitê de credores, por seu turno, consiste em órgão colegiado facultativo (art. 28 da LRF) constituído para representar a comunidade de credores, com a função de fiscalizar as atividades do devedor e do administrador judicial, assim como a execução do plano, na recuperação judicial.[538] Trata-se de novidade no direito brasileiro, inspirada em legislações estrangeiras, a exemplo da americana.[539]

---

[535] M. R. PENTEADO, *Comentários aos arts. 21 a 25* cit., p. 175.

[536] F. U. COELHO, *Comentários* cit., p. 99. Em sentido oposto, cf. J. R. BERNIER, *O administrador judicial* cit., p. 145.

[537] F. U. COELHO, *Comentários* cit., p. 99.

[538] M. R. PENTEADO, *Comentários aos arts. 21 a 25* cit., p. 161.

[539] A. de A. GONÇALVES NETO, *Comentários aos arts. 26 a 29*, in O. B. CORRÊA-LIMA e S. M. C. LIMA (coords.), *Comentários à Nova Lei de Falência e Recuperação de Empresas – Lei nº 11.101, de 09 de fevereiro de 2005*, Rio de Janeiro, Forense, 2009, p. 193.

A constituição do comitê de credores, assim como a escolha dos seus membros e a sua substituição, compete à assembleia geral de credores, segundo o art. 35, I, "b", da LRF. Já o art. 26 do diploma disciplina a instalação do órgão,[540] em regramento criticado pela doutrina por apresentar graves equívocos, separando os credores em classes diferentes daquelas estabelecidas no art. 41 da LRF (acerca da assembleia geral de credores), suscitando, em seu inciso II, a interpretação de que o representante mencionado seria indicado pela classe de credores com direitos reais de garantia ou por aquela com privilégios especiais, quando a escolha em questão seria conjunta, e deixando de inserir os credores subordinados no inciso III.[541]

As atribuições do comitê de credores estão estabelecidas precipuamente no art. 27 da LRF, valendo destacar seu papel em "fiscalizar as atividades e examinar as contas do administrador judicial", "zelar pelo bom andamento do processo e pelo cumprimento da lei", "comunicar ao juiz, caso detecte violação dos direitos ou prejuízo aos interesses dos credores", "apurar e emitir parecer sobre quaisquer reclamações dos interessados", "fiscalizar a administração das atividades do devedor, apresentando, a cada 30 (trinta) dias, relatório de sua situação", "fiscalizar a execução do plano de recuperação judicial" e "submeter à autorização do juiz, quando ocorrer o afastamento do devedor nas hipóteses previstas nesta Lei, a alienação de bens do ativo permanente, a constitui-

---

[540] Com a seguinte redação: "o Comitê de Credores será constituído por deliberação de qualquer das classes de credores na assembléia-geral e terá a seguinte composição: I – 1 (um) representante indicado pela classe de credores trabalhistas, com 2 (dois) suplentes; II – 1 (um) representante indicado pela classe de credores com direitos reais de garantia ou privilégios especiais, com 2 (dois) suplentes; III – 1 (um) representante indicado pela classe de credores quirografários e com privilégios gerais, com 2 (dois) suplentes. IV - 1 (um) representante indicado pela classe de credores representantes de microempresas e empresas de pequeno porte, com 2 (dois) suplentes. § 1o A falta de indicação de representante por quaisquer das classes não prejudicará a constituição do Comitê, que poderá funcionar com número inferior ao previsto no caput deste artigo. § 2o O juiz determinará, mediante requerimento subscrito por credores que representem a maioria dos créditos de uma classe, independentemente da realização de assembléia: I – a nomeação do representante e dos suplentes da respectiva classe ainda não representada no Comitê; ou II – a substituição do representante ou dos suplentes da respectiva classe. § 3o Caberá aos próprios membros do Comitê indicar, entre eles, quem irá presidi-lo."

[541] S. C. NEDER CEREZETTI, *A Recuperação Judicial de Sociedade por Ações* cit., pp. 416-417.

ção de ônus reais e outras garantias, bem como atos de endividamento necessários à continuação da atividade empresarial durante o período que antecede a aprovação do plano de recuperação judicial" (incisos I, "a", "b", "c", "d", e II, "a", "b", "c", do dispositivo). Nota-se, portanto, que a atuação do comitê está muito mais relacionada à fiscalização do que à negociação do plano recuperacional, diversamente do que ocorre, por exemplo, nos Estados Unidos.[542]

A doutrina ressalta que o comitê de credores, embora facultativo, deve representar os interesses de todos os detentores de créditos no exercício das suas competências, quando constituído, mostrando-se patente a existência de deveres fiduciários nesse tocante.[543] A despeito da importância das suas funções, todavia, afirma-se que o órgão tem desempenhado papel bastante marginal nos regimes de crise disciplinados pela LRF, sendo inclusive raros os casos nos quais é instalado.[544] Não se estranha, nesse cenário, que seja sugerida ampla reforma em seu tratamento legal.[545]

Embora a LRF não demande prévia anuência ou expressa ratificação do administrador judicial ou do comitê de credores no tocante aos atos de gestão da empresa, aliás, sustenta-se não haver entrave para que o plano de recuperação estabeleça nível mais profundo de fiscalização e participação de ambos, caso os credores entendam por sua necessidade para o acolhimento das condições ofertadas. A redução das funções previstas na LRF para o administrador judicial, por outro lado, não seria possível, em proteção aos credores dissidentes.[546]

No caso de impasse em deliberação do órgão, cabe ao administrador judicial resolver o conflito. Havendo incompatibilidade deste, o juiz decidirá a questão (art. 27, § 2º, da LRF). Do mesmo modo, inexistindo a constituição do comitê, atribuem-se suas funções ao administrador judicial ou, se impedido, ao magistrado (art. 28 do diploma concursal). A remuneração dos membros do órgão, por sinal, não é adimplida pelo

---

[542] S. C. NEDER CEREZETTI, *A Recuperação Judicial de Sociedade por Ações* cit., pp. 412-419.
[543] S. C. NEDER CEREZETTI, *A Recuperação Judicial de Sociedade por Ações* cit., pp. 423-424.
[544] João Pedro SCALZILLI, Luis Felipe SPINELLI e Rodrigo TELLECHEA, *Recuperação de empresas e falência – Teoria e prática na lei 11.101/2005*, São Paulo, Almedina, 2016, p. 176.
[545] L. A. R. DIAS, *Transparência* cit., pp. 240-247.
[546] H. L. P. da FONSECA, *Comentários* cit., p. 431.

devedor, conquanto possa haver o seu ressarcimento quanto a despesas efetuadas para a realização de ato previsto na legislação (art. 29 da LRF).

Assim como se dá com o administrador judicial, os membros do comitê de credores também podem sofrer severas consequências em caso de violação à disciplina legal, inclusive destituição (arts. 31 e 32 da LRF, por exemplo).

As situações que impedem compor o comitê de credores ou exercer o cargo de administrador judicial, enfim, estão dispostas no art. 30 da LRF.

É esse, em resumo, o tratamento dispensado pela LRF aos órgãos de fiscalização do processo recuperacional. E, sabendo-se que a informação, logo após os ativos, pode ser considerada o bem mais valioso em circunstâncias de crise empresarial enfrentadas por meio da recuperação judicial,[547] sendo a sua importância revelada, entre outros fatores, pela severa sanção de afastamento ou substituição aplicada ao devedor ou aos seus administradores caso se neguem a prestar informações solicitadas pelo administrador judicial ou por membros do comitê de credores (art. 64, V, da LRF), bem como que a sua obtenção depende, em grande medida, da efetiva fiscalização sobre a condução da sociedade recuperanda, mostra-se imprescindível a observância da disciplina legal estabelecida nesse tocante e a sua interpretação de modo a propiciar ampla transparência ao processo.[548]

2.3.3. A nebulosa distinção entre o devedor e os seus administradores no art. 64 da Lei de Recuperação e Falência: quem é quem?

Como visto no item 2.2., o art. 64 da LRF estabelece que "durante o procedimento de recuperação judicial, o devedor ou seus administradores serão mantidos na condução da atividade empresarial, sob fiscalização do Comitê, se houver, e do administrador judicial, salvo se qualquer deles (...)", prosseguindo o dispositivo com a enumeração de hipóteses que obstariam essa permanência.

---

[547] E. U. MAFFIOLETTI e S. C. NEDER CEREZETTI, *Transparência e divulgação* cit., p. 79.

[548] Nesse ponto, afirma-se ser inadmissível a limitação a pedidos de informações formulados diretamente por credores, cumprindo ao magistrado, em cada caso concreto, decidir sobre a divulgação requerida, com ponderação acerca do valor dos dados almejados, da atuação dos órgãos de fiscalização e dos custos envolvidos no seu fornecimento (E. U. MAFFIOLETTI e S. C. NEDER CEREZETTI, *Transparência e divulgação* cit., pp. 102-103).

E, conforme se adiantou no mesmo ensejo, há controvérsia sobretudo acerca do(s) significado(s) de "devedor" nessa disposição, reiterando-se a imprecisão existente em toda a extensão da LRF no tocante ao termo. A confusão frequente, dentro e fora do âmbito jurídico, entre diversos conceitos centrais do direito empresarial – empresa, empresário, sócio, sociedade e administração –, exposta no item 1.2., por seu turno, certamente desempenha papel relevante no agravamento dessa inexatidão.[549] Aplicar os arts. 64 e 65 da LRF e entender as consequências da sua incidência – igualmente pouco claras no texto legal, consoante apontado no item 2.2. – se tornam tarefas difíceis diante do contexto narrado.

Nesse sentido, conferir precisão às expressões "devedor" e "administradores", investigando-se o sentido que lhes deve ser atribuído na interpretação dos arts. 64 e 65 da LRF, também com base nas considerações tecidas no primeiro capítulo e nos itens antecedentes deste capítulo, é essencial para a identificação dos sujeitos da disciplina em exame e, assim, das consequências da aplicação desta. Neste item, almeja-se proceder exatamente a esse exercício, que se torna imprescindível para sanar a falta de clareza do diploma legal ao utilizar tais conceitos.

Quanto à expressão "administradores", compreende-se sem maiores dificuldades que se refere aos administradores da sociedade em recuperação judicial – tratando-se de companhia, abrangem-se diretores e membros do eventual conselho de administração –, inexistindo notável polissemia nesse tocante. Apenas surgem algumas dificuldades relacionadas ao termo, quando utilizado nas regras mencionadas, na definição das consequências do afastamento dessas figuras. Com relação ao sentido das expressões adotadas naqueles dispositivos, portanto, o verdadeiro problema diz respeito ao "devedor."

A despeito da obscuridade narrada, cumpre esclarecer que a LRF chega a esboçar algumas alternativas interpretativas acerca do termo. De fato, o art. 1º do diploma estabelece que "esta Lei disciplina a recuperação judicial, a recuperação extrajudicial e a falência do empresário e da sociedade empresária, doravante referidos simplesmente como devedor."[550] O art. 190, por sua vez, dispõe que "todas as vezes que esta

---

[549] Nesse sentido, cf. E. S. MUNHOZ, *Comentários* cit., p. 308.

[550] Não se podendo olvidar as exceções ao art. 1º impostas pelo art. 2º da LRF, ao dispor que: "esta Lei não se aplica a: I – empresa pública e sociedade de economia mista; II – ins-

Lei se referir a devedor ou falido, compreender-se-á que a disposição também se aplica aos sócios ilimitadamente responsáveis."

Limitando-se a investigação acerca do sentido de "devedor" nos arts. 64 e 65 da LRF aos elementos fornecidos por tais disposições, então, estariam abarcados no conceito, exclusivamente, o empresário individual, as sociedades empresárias – de responsabilidade limitada ou ilimitada – e os sócios ilimitadamente responsáveis.

Ocorre que essas possibilidades nem sempre se coadunam com a lógica do dispositivo, com a orientação da legislação ou mesmo com a realidade empresarial brasileira. Faria sentido, por exemplo, entender-se o afastamento do devedor previsto no art. 65, *caput*, como o afastamento da sociedade empresária – presumivelmente, de sua estrutura societária – de si própria? A adoção dessa interpretação não seria pouco razoável, ainda, com relação aos sócios não controladores, geralmente alheios à prática das condutas elencadas no art. 64? A aplicação do parágrafo único do art. 64, concernente à destituição de administrador, já não poderia bastar em circunstância similar? Como se enquadraria o sócio ilimitadamente responsável nos moldes da disciplina examinada?

Como se nota, as possibilidades extraídas da LRF quanto ao "devedor" não apenas não resolvem os complexos questionamentos que se colocam prontamente na aplicação dos arts. 64 e 65 acerca da identificação dos sujeitos abrangidos no conceito e das consequências inerentes à verificação das hipóteses que obstam a manutenção permitida no *caput* do art. 64, delineados no item 2.2., como acarretam o surgimento de novas dúvidas, igualmente difíceis.

Nesse panorama, o recurso à doutrina que cuidou do tema é providencial. Existindo divergências acentuadas entre as visões doutrinárias acerca dos sentidos que podem ser atribuídos ao termo "devedor" na disciplina legal da condução da sociedade em recuperação judicial, deve-se promover a sua exposição detalhada, passando-se em seguida à apresentação da posição defendida neste estudo.

---

tituição financeira pública ou privada, cooperativa de crédito, consórcio, entidade de previdência complementar, sociedade operadora de plano de assistência à saúde, sociedade seguradora, sociedade de capitalização e outras entidades legalmente equiparadas às anteriores."

Em síntese, ao interpretar os arts. 64 e 65 da LRF, a doutrina vislumbra como possíveis acepções de "devedor" o empresário individual, a sociedade empresária (com os sócios ilimitadamente responsáveis, se existentes) e o sócio controlador da sociedade de responsabilidade limitada. Evidentemente, há diferentes combinações dessas hipóteses no pensamento de cada autor, em conformidade com a situação fática abordada, de modo que elas não necessariamente se excluem.

As hipóteses aventadas em sede doutrinária, portanto, não se distanciam muito daquelas extraídas do texto legal, com exceção da identificação entre o devedor e o sócio controlador promovida por alguns autores. E, como será demonstrado adiante, a interpretação que concebe essa exceção consiste em contribuição essencial ao aprimoramento da solução brasileira quanto à condução da sociedade em recuperação judicial. Previamente, porém, deve-se apresentar as demais possibilidades indicadas.

A perspectiva que menos suscita discordâncias na doutrina é aquela que identifica o "devedor" com o empresário individual. Realmente, entendem que o afastamento do devedor estabelecido nos arts. 64 e 65 pode se referir ao empresário individual, por exemplo, E. S. MUNHOZ,[551] Sérgio CAMPINHO,[552] J. LOBO,[553] e H. L. P. da FONSECA.[554] H. M. D. VERÇOSA, inclusive, defende que, para fins de interpretação dos dispositivos em exame, o "devedor" deve ser lido somente como empresário individual.[555]

Nota-se, então, que sequer se destacam visões contrárias à consideração do empresário individual como "devedor", no campo da disciplina estudada. No tocante às demais possibilidades interpretativas vislumbradas, entretanto, a doutrina está longe do consenso.

Quanto à identificação entre o "devedor" dos arts. 64 e 65 da LRF e a sociedade empresária, nota-se a existência de certa convergência doutri-

---

[551] *Comentários* cit., pp. 307-308.
[552] *Falência e Recuperação de Empresa – O Novo Regime da Insolvência Empresarial*, 6ª edição, Rio de Janeiro, Renovar, 2012, pp. 163-164.
[553] *Comentários*, in Paulo F. C. Salles de TOLEDO, e Carlos Henrique ABRÃO (coords.), *Comentários à Lei de Recuperação de Empresas e Falência*, 5ª edição, São Paulo, Saraiva, 2012, p. 240.
[554] *Comentários* cit., p. 448.
[555] H. M. D. VERÇOSA, *O status jurídico do controlador* cit., p. 34.

nária acerca de sua excepcionalidade ou mesmo inviabilidade. A partir desse ponto, no entanto, cessa a concordância apontada.

Com efeito, há quem sustente não ser possível que o "devedor" se confunda com a própria sociedade empresária no âmbito da aplicação desses dispositivos,[556] porquanto, tratando-se de sociedade, seriam atingidos pelas disposições destes os seus administradores,[557] mencionados expressamente no *caput* do art. 64 e, igualmente, em seu parágrafo único, com o estabelecimento de disciplina específica para a sua destituição e posterior substituição.[558]

Além disso, essa interpretação acerca do "devedor" poderia acarretar, em última análise, o afastamento da própria sociedade empresária com relação ao exercício das suas atividades, em detrimento dos seus sócios não controladores, geralmente não relacionados aos atos irregulares ensejadores dessa consequência. Nesse cenário, de fato, o gestor judicial eleito pelos credores passaria a conduzir os negócios da empresa de fora da estrutura societária, com o indevido afastamento dos sócios não controladores, agentes com legítimo interesse no processo recuperacional em curso.[559]

Por outro lado, entre os autores que entendem ser admissível, em situações bastante excepcionais, tomar-se a sociedade empresária como "devedora", encontram-se S. Campinho, S. C. Neder Cerezetti e H. L. P. da Fonseca.

S. Campinho entende que, em circunstâncias normais, verificada a ocorrência de qualquer dos fatos indicados no art. 64 da LRF, mediante a observância do contraditório e o exercício da ampla defesa assegurados constitucionalmente, deverá acontecer a destituição do administrador da sociedade devedora pelo juiz, procedendo-se à sua substituição em conformidade com os atos constitutivos e, em caso de omissão, com as regras legais cabíveis. Dessa forma, a sociedade continua no exercício da atividade, restando alterado o seu órgão de administração. O autor imagina, todavia, hipótese peculiar em que não se mostraria fac-

---

[556] H. M. D. Verçosa, *O status jurídico do controlador* cit., p. 34.
[557] Mauricio Moreira Mendonça de Menezes, *O poder de controle nas companhias em recuperação judicial*, Rio de Janeiro, Forense, 2012, pp. 161-162.
[558] H. L. P. da Fonseca, *Comentários* cit., p. 448.
[559] E. S. Munhoz, *Comentários* cit., p. 308.

tível a substituição do administrador nesses termos e teria vez, então, o alijamento do próprio devedor pessoa jurídica, a exemplo de sociedade limitada em que os únicos dois sócios fossem os administradores e cujo contrato social não permitisse a designação de administrador alheio ao corpo social. Nesse cenário, aplicando-se aos sócios-administradores as disposições do art. 64 que ensejam a destituição, não seria possível proceder à sua substituição. O resultado, para o autor, seria a incidência da sanção sobre a própria sociedade, considerada "devedora" para os efeitos da disciplinada examinada.[560]

H. L. P. da FONSECA apresenta opinião similar, vislumbrando como única possibilidade para a indicação de gestor judicial na recuperação de sociedade empresária a inexistência de pessoa a atender aos requisitos para assumir a administração na hipótese de todos os administradores terem sofrido destituição, a exemplo de sociedade limitada cujo contrato social estabeleça que os administradores precisam ser sócios, estando todos estes impedidos na forma do art. 64, bem como de hipóteses verificáveis em sociedades de tipos societários menos comuns, como em nome coletivo ou comandita simples. Ainda assim, saneando-se o vício por meio da admissão de novo sócio na sociedade, por exemplo, tal saída não seria necessária.[561]

S. C. NEDER CEREZETTI, por seu turno, destacando que a adoção da interpretação que identifica o "devedor" mencionado nos arts. 64 e 65 da LRF com a sociedade ocasionaria o afastamento de toda a estrutura societária, de modo que o gestor judicial passaria a atuar como se fosse a própria devedora, afirma que essa visão do instituto parece bastante agressiva. Isso porque, como aponta a autora, o gestor nomeado atuaria em substituição aos órgãos societários, com a consequente obstrução dos direitos dos acionistas.[562]

A despeito das ressalvas à perspectiva ora discutida, S. C. NEDER CEREZETTI vislumbra uma hipótese em que a pessoa jurídica seria tratada como o "devedor" para a aplicação das consequências legais em questão – conquanto defenda, ao final, leitura alternativa destas. A sin-

---

[560] S. CAMPINHO, *Falência e Recuperação de Empresa* cit., pp. 162-164.
[561] H. L. P. da FONSECA, *Comentários* cit., p. 448.
[562] S. C. NEDER CEREZETTI, *A Recuperação Judicial de Sociedade por Ações* cit., p. 403.

gular situação delineada pela autora se insere no contexto de companhia com controle caracterizado pela dispersão.

O exemplo apresentado por S. C. NEDER CEREZETTI supõe a existência de alegação acerca da violação ao art. 64, IV, "b", da LRF por determinado devedor – companhia com controle disperso –, notando-se, então, que a prática não guarda relação com a atuação de um acionista controlador e que houve a sua aprovação pelo órgão competente. Nessas circunstâncias, tem-se que a conduta é atribuída à pessoa jurídica, cabendo-lhe suportar as consequências do ato praticado. A autora questiona apenas, a partir disso, a extensão dessas implicações, as quais, segundo interpretação literal das disposições referidas, consistiriam no afastamento do devedor e na sua substituição pelo gestor judicial, a quem cumpriria conduzir a atividade daquele sozinho, apartando os acionistas e os administradores do exercício das suas posições jurídicas. Seria o caso, portanto, de se ponderar sobre qual será a posição jurídica ocupada pelo gestor a ser nomeado para substituir o devedor, tendo-se em vista que o afastamento da própria estrutura societária da entidade e a atribuição das funções inerentes a todos os seus órgãos ao agente eleito não parecem medidas razoáveis ou favoráveis aos diversos interesses abarcados na companhia. Com efeito, ainda que o gestor pudesse ser considerado efetivamente independente, esse caminho não se mostraria condizente com a desejável convivência harmônica entre os direitos societário e concursal, segundo S. C. NEDER CEREZETTI.[563] Esse tema será abordado mais detidamente no item 2.3.5.

Ressalte-se que, para além dessa peculiar situação, afirma a autora que interpretar o art. 65 no sentido de que se refere ao afastamento da própria empresa, com a consequente dissolução de sua estrutura societária interna, em virtude de atos que não poderiam ser postos em prática pela empresa senão pelas condutas do acionista controlador, seria conferir reconhecimento jurídico à lamentável realidade brasileira de promiscuidade entre interesses do controlador e interesses da empresa,

---

[563] S. C. NEDER CEREZETTI, *A Recuperação Judicial de Sociedade por Ações* cit., pp. 407-408. Em sentido semelhante, E. S. MUNHOZ sustenta que, caso se interprete a LRF no sentido de que a sociedade empresária deve ser afastada, e não seu controlador, haverá prejuízo aos não controladores, posto que nenhum vínculo apresentarão, desde então, com o desenvolvimento da atividade empresarial, a ser conduzida pelo gestor judicial nomeado pelo conclave de credores (*Comentários* cit., p. 314).

com evidente prejuízo, novamente, àqueles que não deram causa ao ato ilegal.[564]

Tem-se, enfim, a eventual circunstância da identificação entre o "devedor" e o sócio ilimitadamente responsável, na esteira do art. 190 da legislação concursal brasileira.[565]

Finalizada a exposição acerca das possibilidades interpretativas que se extraem da literalidade da legislação concursal brasileira, cumpre esclarecer que a visão que combina a consideração do "devedor" mencionado nos arts. 64 e 65 da LRF unicamente como empresário individual – exceto em hipóteses bastante pontuais e incomuns – com a compreensão de que, tratando-se de sociedade empresária, tem vez somente a destituição dos seus administradores – novamente, ressalvando-se situações singulares – resulta em maior simplicidade na sua aplicação e até em melhor coerência com o texto legal tomado isoladamente.

Essa perspectiva, todavia, encontra-se em certa medida alheia à realidade empresarial do país e, por esse motivo, parece oferecer leitura insuficiente da estrutura legal estudada, tornando-a menos abrangente e efetiva. Justamente com o propósito de superação dessa "miopia" na interpretação da LRF, construiu-se a interpretação do "devedor" indicado nos arts. 64 e 65 do diploma também como sócio controlador. Como afirmado anteriormente, essa contribuição doutrinária é essencial e deve ser objeto de análise detalhada. Adianta-se, desde já, que se compartilha dessa posição no presente estudo.

De fato, dispensar atenção à realidade empresarial do Brasil e, portanto, à elevada concentração de controle que a caracteriza – com todos os fatores inerentes a panorama com essa configuração, expostos detidamente no item 2.3.1. – consiste em medida determinante ao êxito da disciplina legal acerca da condução da sociedade em recuperação judicial. Delinear sistema com a finalidade de regrar a administração da empresa em processo recuperacional mediante abstração quanto ao verdadeiro centro decisório da sociedade – o sócio controlador –[566] deixaria fora do tratamento legal estruturado um dos elementos mais marcantes nos

---

[564] S. C. NEDER CEREZETTI, *A Recuperação Judicial de Sociedade por Ações* cit., p. 407.
[565] S. C. NEDER CEREZETTI, *A Recuperação Judicial de Sociedade por Ações* cit., p. 399.
[566] Conforme asserção de C. SALOMÃO FILHO (F. K. COMPARATO e C. SALOMÃO FILHO, *O poder de controle* cit., p. 453).

fatos a serem disciplinados, quando não seu ponto fulcral. Por vezes, seria o mesmo que tratar sintomas de uma enfermidade, esquecendo-se de controlar a sua raiz.

Tem razão, assim, C. Salomão Filho ao afirmar que a aplicação e a efetividade da recuperação preconizada na LRF poderão ser obstadas pelo "excesso de complacência" com relação à posição do controlador, em virtude da disposição do art. 64, *caput*, do diploma.[567] A perspectiva em questão visa a evitar que essa possibilidade se concretize. Deve-se entender, então, o caminho construído pela doutrina a fim de reconhecer a sujeição do sócio controlador aos arts. 64 e 65 da LRF, bem como os obstáculos enfrentados nesse esforço.

Como mencionado inúmeras vezes ao longo deste capítulo, o art. 64, *caput*, da LRF se refere ao "devedor ou seus administradores", deixando de revelar expressamente a inserção do sócio controlador no seu âmbito de incidência.[568] Tampouco o faz o dispositivo legal seguinte. Disso decorre a maior complexidade da via interpretativa que abarca o titular do controle.

E abranger o titular do controle na estrutura disposta nos arts. 64 e 65 da LRF, a despeito da complexidade desse exercício e também da maior dificuldade na atribuição de coerência àquelas regras a partir deste, faz sentido exatamente diante da clara insuficiência dessas disposições, em sua interpretação literal, com relação à realidade empresarial brasileira. Na doutrina, E. S. Munhoz, S. C. Neder Cerezetti, F. U. Coelho, Julio Kahan Mandel e Renata Weingrill Lancellotti, atentos ao cenário descrito, adotam esse posicionamento, apresentando-se suas reflexões a seguir.

E. S. Munhoz, a partir da disposição do art. 190 da LRF, conclui que a expressão "devedor", quando utilizada no diploma, não abrangeria os sócios integrantes de sociedades de responsabilidade limitada, a exemplo da S/A e da Ltda., de modo que, caso adotada uma interpretação literal, o art. 64 teria aplicação à pessoa natural que exerce o negócio,

---

[567] *Nota de texto 78*, in F. K. Comparato e C. Salomão Filho, *O poder de controle* cit., p. 378.

[568] O que é efetivamente realizado em outros dispositivos desse diploma legal, a exemplo dos seus arts. 43, 48, IV, 51, VI, e 82, e, consoante demonstrado no item 2.2., seria promovido também na disposição examinada, alterando-se tal opção ao longo da tramitação do projeto de lei que resultou naquele. Esse fato, inclusive, é utilizado como argumento contrário à interpretação ora exposta, conforme será explicado adiante.

tratando-se de empresário individual; à própria sociedade e aos sócios ilimitadamente responsáveis, tratando-se de sociedades de responsabilidade ilimitada personificadas; e à própria sociedade, mas não aos seus sócios, tratando-se de sociedades de responsabilidade limitada personificadas.[569] Em consideração semelhante, também partindo do art. 190 da LRF, S. C. NEDER CEREZETTI aponta que, no tocante às sociedades devedoras cujos participantes tenham responsabilidade limitada, a legislação não esclarece o sentido do termo, indicando que diz respeito somente à própria sociedade.[570] Nesse ponto, abarcadas as sociedades limitadas e as sociedades por ações, indica a autora que a menção ao "devedor" pode ocasionar confusões.[571]

E realmente, para E. S. MUNHOZ, a menção a "devedor" na hipótese de sociedade personificada de responsabilidade limitada pode levar a soluções inadequadas, pelo que seria mais profícuo, em sua visão, que a legislação se referisse ao sócio controlador, emprestando a lição de F. K. COMPARATO sobre ser este o verdadeiro empresário a conduzir a atividade.[572]

Entre os possíveis problemas apontados por E. S. MUNHOZ que poderiam decorrer da escolha do legislador nesse ponto, ou seja, da referência ao "devedor" em vez da utilização de "sócio controlador" no art. 64, estaria o já abordado afastamento da própria sociedade empresária de suas atividades, em prejuízo dos seus sócios não controladores – em geral, sequer relacionados aos atos irregulares ensejadores da decisão. Nesse panorama, com efeito, afirma-se que o gestor judicial eleito pelos credores passaria a conduzir os negócios da empresa de fora da estrutura societária, afastando-se os sócios não titulares do controle apesar do seu legítimo interesse no processo recuperacional em curso.[573]

Ademais, segundo o autor, a redação do art. 64 reflete a já mencionada confusão ainda bastante presente em sedes legal, doutrinária e jurisprudencial entre as figuras dos sócios, da sociedade e dos seus administradores, assim como entre o empresário e a empresa, o que talvez

---

[569] Em conclusão similar à alcançada anteriormente neste capítulo, acerca da interpretação literal dos arts. 64 e 65 da LRF.
[570] S. C. NEDER CEREZETTI, *A Recuperação Judicial de Sociedade por Ações* cit., p. 399.
[571] S. C. NEDER CEREZETTI, *A Recuperação Judicial de Sociedade por Ações* cit., p. 399.
[572] E. S. MUNHOZ, *Comentários* cit., pp. 307-308.
[573] E. S. MUNHOZ, *Comentários* cit., p. 308.

2. A ADMINISTRAÇÃO DA SOCIEDADE EM RECUPERAÇÃO JUDICIAL...

decorra da alta concentração do poder empresarial no Brasil, a obstar que se vislumbrem os limites entre as presenças do sócio controlador, da sociedade e dos administradores desta ou entre a sociedade e a empresa, estando todos sujeitos ao poder quase absoluto de comando daquele primeiro. A baixa compreensão da legislação acerca do fenômeno societário, visível nesse dispositivo, aliás, também seria evidenciada na definição das hipóteses que ensejariam o afastamento do devedor ou dos seus administradores, porquanto diversas das condutas previstas nunca poderiam ser adotadas pelo "devedor-sociedade empresária", mas apenas pelo seu controlador ou pelos seus administradores, a exemplo dos crimes enumerados no inciso I da regra.[574] Esse tema será tratado com maior profundidade adiante, no item 2.3.4.

Por esses motivos, E. S. MUNHOZ sustenta que seria mais adequado que os arts. 64 e 65 da LRF se referissem ao sócio controlador, no caso das sociedades empresárias personificadas de responsabilidade limitada, ao determinarem o afastamento que disciplinam, de forma que o gestor judicial assumisse as funções desse agente, conduzindo os negócios com base na estrutura societária já existente e tornando desnecessário afastar os sócios não-controladores.[575]

S. C. NEDER CEREZETTI, igualmente, realiza interpretação sobre o "devedor" mencionado nesses dispositivos a partir das consequências previstas em suas disposições e com atenção aos seus efeitos no campo societário.

A autora, com efeito, interpreta o termo "devedor" em suas inserções nos arts. 64 e 65 por meio de uma leitura parcelada dos dispositivos, concluindo, primeiramente, que devedor e administradores consistem em personagens distintos, sendo o afastamento do administrador disciplinado pelo parágrafo primeiro do art. 64 (com sua substituição na forma prevista nos atos constitutivos do devedor ou no plano de recuperação judicial) e restando ao art. 65 regrar o afastamento do próprio devedor, competindo aos credores escolher um gestor para assumir a administração daquele. Desse modo, o legislador teria adotado duas opções diversas, quais sejam, o afastamento dos administradores e o afastamento do devedor, o que seria reforçado pela história legisla-

---

[574] E. S. MUNHOZ, *Comentários* cit., p. 308.
[575] E. S. MUNHOZ, *Comentários* cit., p. 308.

tiva de criação dos dois dispositivos,[576] percorrida no item 2.2. deste trabalho.

Na hipótese da ocorrência de algum dos fatos enumerados no art. 64 por culpa de administrador, então, opina S. C. NEDER CEREZETTI que este deve ser destituído, sobrevindo a eleição de um novo administrador pelo órgão societário competente, em conformidade com os atos constitutivos da sociedade. A concretização de situação semelhante, mas relativa ao devedor, todavia, mostra-se mais complicada.[577] Nessas circunstâncias, segundo a autora, têm-se como alternativas interpretativas tomar o acionista controlador como devedor, de modo que o gestor indicado pelos credores assumiria o lugar daquele na estrutura societária, inclusive participando de assembleias-gerais de acionistas, solução que preservaria os direitos societários dos minoritários, ou compreender o devedor como sendo a própria sociedade, em visão já exposta, na qual o gestor substituiria toda a estrutura societária, atuando como se fosse o devedor e obstruindo os direitos de acionistas.[578]

Com base em raciocínio desenvolvido na doutrina americana, que toma a referência ao devedor (quando da sua manutenção) como se houvesse sido feita aos seus acionistas no específico caso das companhias de capital fechado, as quais apresentam no contexto daquele país aproximação entre os detentores de ações e a sociedade, pela falta da dispersão de capital (ou, por outro lado, pela extrema concentração acionária), S. C. NEDER CEREZETTI conclui ser correto, nesse cenário de controle extremamente concentrado, adotar a expressão "devedor" como referente ao controlador, o que ocasionaria a sua substituição e a manutenção dos direitos societários dos demais detentores de participação no capital social, podendo até mesmo auxiliar na obtenção de resultados positivos quanto à busca do equilíbrio de interesses na sociedade. A imposição ao gestor dos deveres de respeito e consideração aos diversos interesses abrangidos pelo devedor seria necessária nesse caso, como determinação do uso adequado do poder conferido a ele.[579]

---

[576] S. C. NEDER CEREZETTI, *A Recuperação Judicial de Sociedade por Ações* cit., pp. 400-401.
[577] S. C. NEDER CEREZETTI, *A Recuperação Judicial de Sociedade por Ações* cit., p. 403.
[578] S. C. NEDER CEREZETTI, *A Recuperação Judicial de Sociedade por Ações* cit., p. 403.
[579] S. C. NEDER CEREZETTI, *A Recuperação Judicial de Sociedade por Ações* cit., pp. 403-406.

Também F. U. COELHO compartilha a compreensão apontada, ao afirmar prontamente que existem duas hipóteses a serem consideradas no tocante à administração da sociedade em recuperação judicial, quais sejam, a manutenção dos administradores eleitos pelos sócios e do acionista controlador na administração, caso sua conduta seja lícita e útil, ou o seu afastamento, em caso contrário.[580] J. K. MANDEL, outrossim, sustenta que o legislador, baseado na antiga legislação, parece denominar como devedor o sócio gerente da empresa ou, tratando-se de sociedade anônima, o acionista controlador. Lembra o autor, nesse ponto, de que especialmente em sociedades limitadas o sócio também é, muitas vezes, administrador da empresa, embora a princípio seja devedora apenas a pessoa jurídica, não os administradores ou "donos" da empresa.[581] No sentido da identificação entre o "devedor" e o sócio controlador em sociedades de responsabilidade limitada, igualmente, encontra-se a opinião de R. W. LANCELLOTTI.[582]

Conforme se indicou a princípio, entretanto, a perspectiva que inclui entre os sentidos do "devedor" mencionado nos arts. 64 e 65 da LRF aquele referente ao sócio controlador não é unânime. Pelo contrário, essa leitura sofre oposição veemente de parte da doutrina, bem representada nas considerações de H. M. D. VERÇOSA, H. L. P. da FONSECA e M. M. M. de MENEZES.

H. M. D. VERÇOSA, como adiantado, discorda frontalmente da interpretação da expressão "devedor" nos arts. 64 e 65 da LRF que lhe atribui o sentido de "sócio controlador."[583] A oposição do autor decorre, primeiramente, da referência da lei ao "devedor ou seus administradores", apontando aquele que o conceito de controlador puro, que não exerce simultaneamente o cargo de administrador, é dado pelo art. 116 da Lei das S.A. e que, sendo o controlador pessoa natural ou grupo de pessoas naturais vinculadas por acordo de voto, este como tal não teria

---

[580] F. U. COELHO, Comentários cit., p. 262.
[581] J. K. MANDEL, Nova Lei de Falências e Recuperação de Empresas Anotada – Lei n. 11.101, de 9 de fevereiro de 2005, São Paulo, Saraiva, 2005, p. 138.
[582] Governança Corporativa na Recuperação Judicial – Lei nº 11.101/2005, Rio de Janeiro, Elsevier, 2010, p. 184.
[583] O autor inaugura seu artigo informando que a eventual cumulação de funções administrativas da sociedade pelo seu controlador não é levada em conta nas suas considerações (H. M. D. VERÇOSA, O status jurídico do controlador cit., p. 22).

administradores, não se apresentando essa hipótese no nosso direito societário (que não se confundiria com a eleição dos administradores da sociedade por ele controlada, em conformidade com a teoria organicista). Mesmo em casos nos quais seja o controlador de sociedade em recuperação judicial uma outra sociedade, para H. M. D. VERÇOSA não seria verificada posse ou propriedade dos administradores desta pelo seu controlador. Disso se extrai, segundo o autor, a inadequação das conclusões relativas ao afastamento do devedor ou de seus administradores, caso se adote como ponto de partida a visão em questão.[584]

Ademais, H. M. D. VERÇOSA reitera que não se pode falar em afastamento do controlador, na medida em que, durante o processo recuperacional, este permanece no exercício regular de suas atribuições (que se restringiriam, exclusivamente, ao uso do direito de voto nas assembleias gerais), com limites temporariamente atingidos pelas condições do plano de recuperação aprovado. Para o autor, o afastamento disciplinado pelo direito da empresa em crise, conforme se concretize alguma das situações estabelecidas no art. 64 da LRF, será somente do empresário ou dos administradores da sociedade empresária,[585] conquanto se vislumbrem hipóteses de afastamento do controlador no âmbito societário.[586]

Nesse sentido, considerando-se a eventual verificação de abuso do direito de voto pelo controlador em assembleias gerais da sociedade

---

[584] H. M. D. VERÇOSA, *O status jurídico do controlador* cit., pp. 33-34.
[585] H. M. D. VERÇOSA, *O status jurídico do controlador* cit., p. 34.
[586] De fato, conforme H. M. D. VERÇOSA, sendo a atuação do controlador com lealdade perante acionistas e terceiros um dos fundamentos do direito societário, seu descumprimento pode ocasionar, em última análise, o afastamento daquele do quadro social por deliberação assemblear. Esse respeito que deve ser ostentado pelo controlador no exercício de tal posição dentro da companhia, por seu turno, seria estendido do plano interno, em que se refere aos minoritários e trabalhadores, ao externo, adotando-se como referência a comunidade de atuação da empresa. Para o autor, ademais, as relações do controlador com terceiros não ocorrem em caráter pessoal, mas sim institucional, não tendo ele, como ocupante dessa posição, uma sala na sede da sociedade em que possa atender as pessoas que o buscam para exigir a observância da legislação. Então, aponta-se que a atuação do controlador se dá indiretamente, por meio da orientação que fornece ao conselho de administração e à diretoria, assim como a sua responsabilização ocorre no âmbito da assembleia geral, podendo ainda decorrer de eventuais medidas judiciais adotadas por pessoas prejudicadas por atos de abuso do poder de controle (*O status jurídico do controlador* cit., p. 25).

recuperanda, aprovando deliberações contrárias ao plano aprovado e/ou ao próprio estatuto da sociedade, entre outros atos prejudiciais, H. M. D. Verçosa defende que o art. 22 da LRF não confere ao administrador judicial competência para a adoção de qualquer medida contra o controlador de má-fé, sendo possível apenas que requeira a convocação de assembleia geral de credores para que seja ouvida sobre a situação ou que busque a convolação da recuperação judicial em falência, se entender descumprida cláusula do plano. O comitê de credores, caso constituído, tampouco poderia ir além disso. O conclave de credores, enfim, poderia no máximo deliberar pela rejeição ou modificação do plano de recuperação que tivesse sido apreciado na assembleia geral da sociedade que sofreu atuação indevida do controlador, sujeitando-se ao crivo judicial, bem como deliberar genericamente sobre a atuação abusiva do controlador. Na perspectiva do autor, finalmente, o juiz do processo de recuperação judicial se encontra limitado no tocante às deliberações da assembleia geral de sócios, não havendo legislação sobre o tema. O magistrado, para H. M. D. Verçosa, não tem poderes para excluir o controlador ou para anular ou declarar nulas deliberações de conclaves de sócios que tenham contrariado o plano de recuperação judicial de modo específico ou pontual (sendo a competência para se opor em juízo ofertada pela legislação societária, não pela LRF). O afastamento direto do controlador como tal, para o autor, configuraria desapropriação privada de suas ações e não tem base legal, seja no plano da LRF, seja nas hipóteses de perda da propriedade previstas no Código Civil ou na Constituição Federal.[587]

H. L. P. da Fonseca, por sua vez, rejeita a interpretação analisada com base, em síntese, na evolução do tratamento dispensado à matéria discutida ao longo da tramitação do projeto de lei que se tornaria, finalmente, a LRF.[588]

Com efeito, o autor destaca que, durante a tramitação do projeto que resultou na aprovação da LRF, havia referência expressa ao afastamento do controlador em seu art. 59, nas mesmas hipóteses em que previsto para a substituição do administrador, estabelecendo o § 3º do dispositivo que esse afastamento ocorreria por meio da suspensão do direito de

---

[587] H. M. D. Verçosa, *O status jurídico do controlador* cit., pp. 34-35.
[588] Para maiores detalhes acerca desse histórico, cf. o item 2.2. do presente trabalho.

voto do controlador. Essa disposição, constante da redação inicialmente aprovada na Câmara, teria sido então alterada na Comissão de Assunto Econômicos do Senado Federal, a qual retirou a previsão de afastamento do controlador, assim como qualquer referência à forma em que poderia ocorrer. Essa mudança teria prevalecido e sido incorporada, finalmente, ao art. 64 do projeto aprovado, atual LRF. Por essa razão, H. L. P. da FONSECA acredita ser clara a intenção de exclusão da incidência das hipóteses de afastamento do administrador, constantes do dispositivo, ao controlador da companhia. Comparando essa matéria à perspectiva que atribui taxatividade à relação de modalidades de abuso de poder do controlador, que seria adequada por não se mostrar razoável restringir exercício de direito inerente à propriedade acionária por meio de hipóteses meramente exemplificativas, o autor afirma que, do mesmo modo, a falta de referência expressa da LRF ao afastamento do controlador impede a aplicação das hipóteses do art. 64 a tal personagem, diante da ausência de fundamento legal.[589]

A despeito desse posicionamento, H. L. P. da FONSECA, a exemplo de H. M. D. VERÇOSA, admite que persistem a possibilidade de suspensão do exercício do direito de voto do controlador em caso de conflito de interesses, por exemplo, bem como a hipótese de sua responsabilização por danos causados em decorrência de abuso praticado, segundo permitem os arts. 115, 116 e 117 da Lei de S/A. A hipótese do 48, IV, igualmente, serviria de sanção ao controlador nesse caso.[590]

Também M. M. M. de MENEZES, diante da ausência de previsão legal expressa acerca da aplicação da sanção de afastamento ao controlador, não concorda com tal possibilidade.[591]

As posições doutrinárias que pretendem refutar a consideração do sócio controlador como "devedor" para fins de aplicação da disciplina da LRF quanto à condução da sociedade em recuperação judicial não são, propriamente, desprovidas de fundamentos.

Pelo contrário, seus defensores contrariam a perspectiva que abarca o titular do controle nesse regime com base, essencialmente, em três argumentos: o conflito entre o direito da empresa em crise e o direito

---

[589] H. L. P. da FONSECA, *Comentários* cit., pp. 432-433.
[590] H. L. P. da FONSECA, *Comentários* cit., pp. 432-433.
[591] *O poder de controle nas companhias* cit., pp. 162-163.

2. A ADMINISTRAÇÃO DA SOCIEDADE EM RECUPERAÇÃO JUDICIAL...

societário – sendo que estaria além do alcance daquele promover intervenção quanto ao controlador, cuja atuação ocorreria apenas indiretamente –, a participação ostentada por esse personagem no capital da sociedade em recuperação judicial – ou, como é frequentemente referida, a sua propriedade, que seria "expropriada" no caso de afastamento decorrente da visão examinada – e, enfim, o suposto descarte dessa orientação pelo legislador ao longo da tramitação do projeto de lei que resultou na LRF – prevalecendo, ao final, redação que não permitiria leitura abrangendo o controlador.

Ocorre que esses argumentos não se sustentam, diante da lógica do processo reorganizacional, da consagrada noção acerca da separação entre "propriedade" e controle no âmbito societário, dos processos interpretativos que se destacam na atualidade, da realidade empresarial brasileira e das suas particularidades – decorrentes da extrema concentração de controle verificada no país, consoante se apontou no item 2.3.1. deste estudo – e da necessidade de leitura das regras da LRF à luz do princípio da preservação da empresa estabelecido no art. 47 do diploma – buscando-se, sob o viés procedimental, equilibrar os múltiplos interesses abarcados pelo processo recuperacional, conforme indicado no item 2.1.

Em seguida, busca-se demonstrar a inconsistência dos argumentos adotados em oposição à inclusão do sócio controlador, como "devedor", na disciplina estabelecida pelos arts. 64 e 65 da LRF. Aproveita-se a oportunidade para, ao mesmo tempo, expor as razões que recomendam a identificação do titular do controle societário com o "devedor" mencionado em tais dispositivos.

O conflito entre o direito concursal e o direito societário realmente existe e não consiste em novidade, seja na doutrina nacional,[592] seja

---

[592] H. M. D. VERÇOSA, nesse sentido, indica que a LRF apresenta falta de sistematização interna e externa, na sua interface com outros sistemas, inclusive o direito societário, o que seria demonstrado, por exemplo, em possíveis conflitos entre decisões tomadas em assembleia geral de credores e em assembleia de sócios sobre medidas que dependessem da aprovação de ambas para implementação. Verificado tal conflito, que não seria resolvido pelo art. 50 da LRF, afirma o autor que devem prevalecer as normas deste diploma, em detrimento da lei societária, por conta da disposição do art. 47 daquele (H. M. D. VERÇOSA, *O status jurídico do controlador* cit., pp. 21-22). Ilustrando eventual conflito nesse tocante, outrossim, afirma Frederico Augusto Monte SIMIONATO que os agentes designados pela

na doutrina estrangeira,[593] tampouco servindo, todavia, à refutação da interpretação do "devedor" citado nos arts. 64 e 65 da LRF como sócio controlador. A ausência de previsão legal expressa acerca de intervenções relacionadas ao titular do controle nesses dispositivos não torna automática, evidentemente, a conclusão de que o "devedor" não pode abarcar aquela figura. Não fosse essa aparente omissão legal, por sinal, a construção doutrinária em exame sequer faria sentido.

Além disso, a premissa de que o direito da empresa em crise não pode interferir em certas matérias simultaneamente sujeitas ao direito societário não é, necessariamente, correta. Isso porque, ainda que inexista disposição expressa nas normas examinadas a esse respeito, extrai-se da lógica do direito concursal que, em geral, matérias as quais afetem o processo recuperacional estão ao alcance da sua disciplina – inclusive, por vezes, com caráter hierarquicamente superior em relação a regras societárias –,[594] como ocorre em sistemas de insolvência estrangeiros.[595] Regras recentemente incluídas na LRF sobre vedação de distribuição de lucros ou dividendos a sócios da recuperanda (art. 6ª-A) e obrigatoriedade de funcionamento do conselho fiscal na companhia aberta em

---

LRF como devedor e administradores são, da perspectiva societária, órgãos da sociedade, detendo poderes e direitos específicos, bem como competência especifica, os quais não podem ser subjugados diante do posicionamento normativo da matéria. O autor menciona, nesse ponto, as disposições do art. 109 e do art. 116 da Lei de S/A, extraindo de tais dispositivos que o afastamento do devedor violaria fatalmente o direito essencial do sócio em administrar a sociedade, raciocínio que também seria aplicável à sociedade limitada com base em disposições do Código Civil (F. A. M. SIMIONATO, *Tratado de direito falimentar*, Rio de Janeiro, Forense, 2008, pp. 196-197).

[593] Nesse tocante, cf., por exemplo, L. BOGGIO, *Amministrazione e controllo* cit., p. 884, bem como as considerações tecidas sobre a participação da *administración concursal* em órgãos societários do devedor pessoa jurídica durante o *concurso* espanhol, no item 1.3.3.2. do presente trabalho.

[594] Para discussão, por exemplo, quanto à imposição de restrições aos órgãos societários durante o processo reorganizacional italiano, inclusive sobre as eventuais compatibilidade e necessidade exigidas ao exercício dos seus poderes e funções com relação ao feito concursal, cf. L. BOGGIO, *Amministrazione e controllo* cit., pp. 883-884.

[595] Nessa direção, por exemplo, como indicado no item 1.3.2.2., tem-se no sistema concursal alemão a restrição da competência dos órgãos societários com relação à gestão dos ativos abarcados no processo, que compete ao administrador nomeado – e que consiste, ao mesmo tempo, no limite de atuação deste (C. G. PAULUS e M. BERBERICH, *National Report* cit., p. 332).

recuperação judicial (art. 48-A) mostram isso com clareza. O conflito narrado, enfim, pode se revelar, na prática, bem menos profundo do que aparenta ser, em virtude da separação entre a "propriedade" e o controle relativos à sociedade.

A possibilidade dessa separação entre a participação no capital da sociedade empresária e o controle sobre a sua administração, já conhecida na doutrina há décadas, aliás, evidencia como afastar o sócio controlador não se confunde – ao menos não necessariamente – com uma "expropriação."[596]

Há diversas formas possíveis para a ocorrência desse afastamento do titular do controle, o que será demonstrado em detalhes no item 2.3.5., adiantando-se que elas se limitam, geralmente, à restrição de direitos que, em nosso ordenamento, seriam inerentes à participação societária ostentada, relacionados à administração da sociedade e, concomitantemente, ao processo de recuperação, deixando de atingir outros direitos decorrentes daquela "propriedade." E essa medida, que talvez já se justificasse em alguns cenários diante da severa crise enfrentada, encontra respaldo ainda maior diante da sua excepcionalidade no direito da empresa em crise brasileiro, apenas podendo ser aplicada mediante o atendimento aos requisitos estritamente estabelecidos na legislação para tanto. Trata-se em regra, assim, de uma potencial restrição de direitos decorrente do processo concursal, até mesmo natural diante do caráter deste, mas não de "expropriação."

Deve-se esclarecer, ainda, que o raciocínio de que o legislador descartou a referência expressa ao sócio controlador nos arts. 64 e 65 da LRF e, por isso, não seria possível interpretar as suas disposições de modo a incluir essa figura na disciplina que estabelecem tampouco procede.

De fato, é possível que se tenha optado por utilizar o termo "devedor" na redação desses dispositivos como técnica legislativa, por sua

---

[596] F. K. COMPARATO, nesse sentido, ensina que a distinção existente entre empresários e capitalistas, entre acionistas e debenturistas, por exemplo, decorrente da desvinculação entre a propriedade do capital e o poder de controle, ocasiona a possibilidade de afastamento do empresário ineficiente ou desonesto sem que seja preciso utilizar a via da expropriação, o que, segundo o autor, poderia ser realizado como provimento judicial em processos concursais ou mesmo por meio de ação autônoma, independentemente da insolvabilidade empresarial, por iniciativa de trabalhadores ou capitalistas (*A reforma* cit., p. 74).

maior abrangência,[597] ressaltando-se que, incontroversamente, o empresário individual também está abarcado por ele – havendo ainda outras possibilidades de interpretação mais controversas, como visto – e que essa prescrição legal dificilmente poderia ser construída de modo a guardar coerência textual absoluta com todos os casos particulares sujeitos a tais normas.[598]

Essa consideração, aliás, está em harmonia com a conclusão obtida no item 1.2. deste estudo, sobre a relação complementar existente entre a identificação do "devedor" simplesmente como pessoa cujos ativos e passivos sejam ou possam ser objeto de processo insolvência, preferindo-se a utilização desse termo a outros diferentes na redação de dispositivos legais, e o seu reconhecimento como um arranjo complexo de direitos e interesses, abarcando a administração da empresa e os seus sócios. Como se sustentou anteriormente, a primeira perspectiva, que prestigia a adoção da expressão "devedor" em detrimento de outras – a exemplo da redação utilizada na LRF –, confere alcance suficiente aos textos legais, delimitando os sujeitos alcançados por suas disposições na generalidade dos casos. A segunda perspectiva, por seu turno, mostra-se atenta à realidade negocial, viabilizando a atribuição de sentido ao "devedor" conforme cada situação fática e revelando, com isso, as consequências prováveis dessa circunstância específica verificada. Exercício similar ao que se propõe nesta oportunidade, portanto.

---

[597] De fato, ao abordar o fator de exegese designado nas expressões "Materiais Legislativos" ou "Trabalhos Preparatórios", que compreende inclusive anteprojetos e projetos de lei, Carlos MAXIMILIANO ensina que se uma disposição figurava em projeto primitivo e foi eliminada, não pode ser deduzida de preceitos que prevaleceram, exceto quando a supressão se deveu pela consideração sobre sua desnecessidade ou inclusão implícita no texto final (*Hermenêutica e aplicação do direito*, 20ª edição, Rio de Janeiro, Forense, 2011, pp. 115-117). No caso, ao que tudo indica, vislumbra-se exatamente essa inclusão implícita do sócio controlador no texto final, abarcado pelo termo "devedor."

[598] Aliás, mostra-se nesse ponto a aparente inconsistência de posições doutrinárias que preconizam o entendimento do "devedor" nos arts. 64 e 65 somente como empresário individual e rejeitam a abrangência do sócio controlador no âmbito de aplicação desses dispositivos com base na sua literalidade (ou seja, na referência a "o devedor ou seus administradores"), afirmando-se, por exemplo, que o controlador não possui administradores. Afinal, não se pode dizer que a situação do empresário individual, nesse aspecto, seja usualmente distinta.

Ainda que assim não fosse, sabe-se que reduzir a interpretação à busca pela intenção do legislador, em pensamento bastante ultrapassado, é o mesmo que confundir a parte com o todo, notando-se que essa revelação pode ser útil – conquanto nem sempre viável –, mas não é o único fator da hermenêutica e tampouco seu elemento principal ou mais profícuo, servindo de base ao processo histórico, menos eficiente do que os processos sistemático e teleológico.[599] E, com fundamento nessas formas de interpretação, sistemática – ou seja, baseada na comparação do dispositivo em questão com outros de igual repositório ou de legislações distintas, mas relativos ao mesmo objeto –[600] e teleológica – por sua vez, consistente na consideração da finalidade da norma para a descoberta do seu sentido e do seu alcance –,[601] conclui-se que os dispositivos debatidos alcançam o sócio controlador.

Realmente, no campo da interpretação sistemática, não é possível que se ignore, na leitura dos dispositivos analisados, o tratamento dispensado ao sócio controlador, por exemplo, pela Lei societária, reconhecendo-o como verdadeiro centro decisório da sociedade empresária e atribuindo-lhe deveres e responsabilidades decorrentes da posição, o que se demonstrou no item 2.3.1. deste capítulo. Diante do papel predominante conferido a essa figura na administração da sociedade, cujas atividades deve orientar e dirigir, em disposição legal que reflete a realidade empresarial brasileira, não haveria sentido em promover a sua exclusão da disciplina jurídica da condução da empresa durante o crucial esforço de superação da crise concretizado na recuperação judicial.

E, no âmbito da interpretação teleológica, cumpre ressaltar, novamente, que o art. 47 da Lei nº 11.101/2005 apresenta as finalidades almejadas pela recuperação judicial, elevando a preservação da empresa ao patamar de princípio a orientar o instituto e reconhecendo a existência de diversos interesses que gravitam em torno da sociedade e que tornam justificável a sua preservação.[602] Como exposto no item 2.1., tem-se que o princípio da preservação da empresa se realiza no equilíbrio entre esses múltiplos interesses envolvidos no processo recuperacional,

---

[599] C. MAXIMILIANO, *Hermenêutica e aplicação* cit., pp. 23-24.
[600] C. MAXIMILIANO, *Hermenêutica e aplicação* cit., p. 104.
[601] C. MAXIMILIANO, *Hermenêutica e aplicação* cit., p. 124.
[602] S. C. NEDER CEREZETTI, *A Recuperação Judicial de Sociedade por Ações* cit., p. 80.

em perspectiva procedimental.[603] Diante desse cenário, evidencia-se que conferir ao sócio controlador imunidade quanto às disposições da legislação concursal que visam a regrar a condução da sociedade em recuperação judicial, a despeito do seu domínio sobre a administração da empresa, não favorece que o equilíbrio de interesses preconizado pelo diploma legal seja atingido. Pelo contrário, interpretação nesse molde ocasiona notável disparidade entre a posição do titular do controle e dos demais interessados na recuperação judicial, cuja inclusão efetiva no processo pode se tornar ainda mais difícil. A leitura dos arts. 64 e 65 mais consentânea com o propósito estabelecido no art. 47 da LRF, portanto, reside inegavelmente na compreensão do sócio controlador como "devedor".

Ademais, embora se trate de ideia periférica na doutrina contrária ao entendimento de que o "devedor" da disciplina examinada pode ser o sócio controlador e sequer configure um dos seus fundamentos, deve-se também superar o raciocínio de que o teor de dispositivos como o art. 48, IV, da LRF[604] serviria de sanção ao controlador e poderia suprir a ausência de imposição das consequências dos arts. 64 e 65 à figura.

Aquela regra, como se sabe, estabelece condições de admissibilidade do pleito de recuperação,[605] não dizendo respeito à integral duração do processo. Ademais, evidencia-se que essa disposição ocasiona, em última análise, a punição da sociedade empresária por conduta praticada por administrador ou sócio controlador,[606] apesar da sua potencial viabilidade e da relevantíssima noção de que a sorte da empresa se separa da sorte do empresário, sendo aquela preservada como centro autônomo

---

[603] S. C. Neder Cerezetti, *A Recuperação Judicial de Sociedade por Ações* cit., p. 428.

[604] Com a seguinte redação: "poderá requerer recuperação judicial o devedor que, no momento do pedido, exerça regularmente suas atividades há mais de 2 (dois) anos e que atenda aos seguintes requisitos, cumulativamente: (...) IV – não ter sido condenado ou não ter, como administrador ou sócio controlador, pessoa condenada por qualquer dos crimes previstos nesta Lei."

[605] Rachel Sztajn, *Comentários ao Capítulo III, Seção I da Lei 11.101/2005*, in F. S. de Souza Junior e A. S. A. de M. Pitombo (coords.), *Comentários à Lei de Recuperação de Empresas e Falência* cit., p. 224.

[606] Nesse sentido, indicando que o dispositivo é, em parte, herança da legislação falimentar anterior e que já na vigência daquele diploma recebia severas críticas em virtude da "pessoalidade" que denota, cf. M. J. Bezerra Filho, *Lei de Recuperação de Empresas* cit., p. 125.

de interesses, sem prejuízo da punição e do afastamento do empresário faltoso.[607] A possibilidade da incidência de regras previstas na lei societária em hipótese de abuso do sócio controlador, por outro lado, não é inócua, mas apresenta reconhecida limitação quanto aos interesses que prestigia diretamente.

Assim, mostram-se superadas as teses contrárias à compreensão do sócio controlador pelo "devedor" mencionado nos arts. 64 e 65 da LRF. Os fundamentos que evidenciam a inconsistência daqueles argumentos, apresentados acima, servem simultaneamente para justificar a adequação da perspectiva que insere o titular do controle na disciplina jurídica examinada. E, como se passa a demonstrar a seguir, sobram ainda outras razões para que esse entendimento seja adotado em nosso ordenamento.

Conforme se destacou no item 2.3.1., "o titular do controle exerce a soberania societária"[608] no panorama empresarial brasileiro, tratando-se de realidade que foi, inclusive, reconhecida pela lei nº 6.404/1976, cujo art. 116, "b", estabelece a atribuição do poder de orientar e dirigir as atividades da sociedade empresária ao controlador. A determinante presença do sócio controlador no cenário econômico do Brasil, então, deve ser considerada em qualquer reflexão séria acerca da disciplina jurídica da empresa no país. E, nesse sentido, o direito da empresa em crise não é exceção.

O protagonismo do sócio controlador na própria recuperação judicial, a despeito das limitações impostas pela legislação concursal, também é evidente, reconhecendo-se inclusive que aquele ocupa posição de líder do processo de reestruturação da sociedade.[609]

Portanto, como afirmado anteriormente neste item com relação ao objeto estudado, construir – inclusive pela via interpretativa – sistema com a finalidade de disciplinar a administração da empresa em processo de recuperação judicial mediante abstração quanto ao verdadeiro centro decisório da sociedade – o sócio controlador –[610] consistiria em grave omissão, reveladora de descolamento quanto à realidade empresarial

---

[607] F. K. COMPARATO, *A reforma* cit., pp. 65-66.
[608] Em asserção de F. K. COMPARATO (F. K. COMPARATO e C. SALOMÃO FILHO, *O poder de controle* cit., p. 315).
[609] M. M. M. de MENEZES, *O poder de controle nas companhias* cit., p. 275.
[610] Afirmação emprestada de C. SALOMÃO FILHO (F. K. COMPARATO e C. SALOMÃO FILHO, *O poder de controle* cit., p. 453).

regrada e óbice ao tratamento legal de elemento determinante desta, quando não seu fator crucial.

Impõe-se, nesse contexto, interpretação que inclua na disciplina da condução da sociedade durante o processo recuperacional, a partir do "devedor" mencionado nos arts. 64 e 65 da LRF, o sócio controlador, atribuindo-lhe deveres e responsabilidades correspondentes à relevantíssima posição que ocupa, também, no âmbito da recuperação judicial. Trata-se de uma exigência da realidade empresarial brasileira.

Além disso, conforme as lições de E. S. Munhoz e S. C. Neder Cerezetti apresentadas anteriormente neste item, aplicando-se a interpretação ora defendida ao sócio controlador de sociedades de responsabilidade limitada – notando-se que, em circunstâncias diversas, os sócios ilimitadamente responsáveis já se encontram abarcados no termo "devedor" por força do art. 190 da LRF – insertas em contexto de elevada concentração de controle – que caracteriza o panorama empresarial do Brasil –, não apenas se atenta à realidade disciplinada e à efetiva responsabilidade pela condução do negócio, como também se evita o prejuízo que seria ocasionado aos sócios não controladores pelo afastamento de toda a estrutura societária, na hipótese de leitura dos arts. 64 e 65 do diploma favorável à identificação entre o "devedor" e a própria sociedade empresária.

Com efeito, atingindo-se somente o controlador – na verdade, as prerrogativas do controle relacionadas à administração, mas não os direitos daquele enquanto sócio, como será visto adiante –, por meio da interpretação proposta, podem ser preservados também os direitos societários dos demais participantes no capital social da recuperanda, geralmente alheios às condutas irregulares ensejadoras de afastamento. Desse modo, poderia ser atenuada a pertinente crítica doutrinária ao tratamento destinado aos minoritários na recuperação judicial, que apenas perpetuaria a situação já verificada no sistema societário brasileiro, no sentido do desamparo à categoria e da sua exclusão quanto a decisões de relevância para a empresa.[611]

Vale destacar, enfim, que essa interpretação não denota confusão conceitual entre as posições jurídicas da sociedade empresária, dos seus administradores e do sócio controlador. Na verdade, o exercício

---

[611] S. C. Neder Cerezetti, *A Recuperação Judicial de Sociedade por Ações* cit., pp. 226-227.

proposto busca justamente desconstruir outra confusão, bastante frequente, em que se tomam as posições atribuídas precípua e diretamente a cada um desses sujeitos como retrato acabado da realidade a ser disciplinada, desconsiderando-se que os limites entre os poderes inerentes a tais posições não apresentam tamanha clareza e podem inclusive, em certa medida, sobrepor-se na prática – com atuação direta ou indireta daqueles, muitas vezes prestigiada em sede legal.[612] Trata-se de dispensar atenção à estrutura e ao funcionamento concretamente verificados na sociedade empresária – recuperanda ou não –, conferindo-se maior abrangência e efetividade às normas aplicáveis.

Sabe-se que, em outros sistemas concursais,[613] as normas concernentes à condução da sociedade empresária durante a reorganização geralmente se referem à sua administração. Essa observação pode fazer sentido com relação a tais ordenamentos jurídicos, dadas as suas particularidades, mas não denota que a aplicação do regime brasileiro para além dos administradores esteja equivocada ou configure confusão conceitual.

Neste caso, com efeito, há peculiaridades que justificam a maior abrangência da disciplina recuperacional, seja quanto à efetiva administração da empresa – conforme já se explorou exaustivamente no presente capítulo –, seja quanto ao tratamento destinado aos participantes no seu capital social. Breve comparação do sistema adotado pelo Brasil nesse tocante com a solução americana correspondente pode elucidar essa conclusão.

Como exposto no item 1.3.1., quando se fala em *debtor in possession* no direito dos Estados Unidos da América, usualmente se está tratando do próprio devedor – a sociedade empresária – e, na prática, da sua administração. Afirma-se que os sócios ou acionistas da empresa em reorganização, naquele cenário, não apresentam qualquer relevância no processo concursal, exceto se forem simultaneamente parte da adminis-

---

[612] Em consideração semelhante, justificou M. M. M. de MENEZES a utilização deliberada de referências à conduta do acionista controlador, mesmo em casos de exercício indireto de certos poderes e autonomias, os quais estariam inseridos, formalmente, na esfera de outros sujeitos, como a companhia e a sua administração, com base nos aspectos substanciais da atuação daquele (*O poder de controle nas companhias* cit., pp. 45-46).
[613] A exemplo do regime concursal americano, como visto no item 1.3.1.2. do capítulo anterior.

tração ou se lograrem êxito em manter participação na sociedade após o processo, por meio do convencimento dos credores quanto à conveniência dessa medida.[614]

Não é difícil notar, desde já, que esses dois fatores, excepcionais na realidade americana, consistem em regra na realidade brasileira. Daí a necessidade de que o regramento da condução da sociedade empresária em recuperação judicial não se limite à sua administração.

No contexto brasileiro, realmente, a abordagem do "devedor" mantido na condução da atividade empresarial como um instituto relacionado isoladamente à administração – correspondente à visão que exclui o controlador da disciplina dos arts. 64 e 65 da LRF, em geral identificando o devedor somente ao empresário individual e regrando as sociedades empresárias de modo a atingir apenas os seus administradores –, como ocorre com frequência na realidade estadunidense, em que ausente a concentração de controle (ao menos no tocante às companhias de grande porte), parece questionável.

Isso porque, como amplamente demonstrado neste capítulo, conquanto inexista a coincidência formal entre as figuras do sócio controlador e de administrador da sociedade, entende-se que o titular do controle, além de determinar o destino último do patrimônio alheio, também o administra na prática.[615] Desse modo, pela mera ausência de coincidência formal entre controle e administração, estar-se-ia negando a realidade de que, na prática, é presumível a interferência do controlador na condução da sociedade controlada e, assim, promovendo exame sobre um instituto jurídico com a desconsideração de elemento claramente relevante em sua configuração.

Em segundo lugar, é importante destacar que, diferentemente do que se verifica no direito de insolvência americano, o sistema concursal brasileiro não estabelece algo semelhante à *absolute priority rule* na recuperação judicial,[616-617] de modo que os sócios podem, em tese, manter

---

[614] M. J. HERBERT, *Understanding Bankruptcy* cit., p. 310.
[615] C. SALOMÃO FILHO, *O novo direito societário* cit., pp. 193-194.
[616] Nesse sentido, acerca da disciplina do *cram down* brasileiro, cf. E. S. MUNHOZ, *Comentários* cit., p. 291.
[617] Deve-se ressaltar nesse ponto, porém, que a necessidade de observância quanto à *absolute priority rule* no sistema concursal americano foi, com o advento do *bankruptcy code*, em 1978, atenuada, permitindo-se que não fosse atendida mediante a concordância das classes

participação na recuperanda, apesar de não adimplidos integralmente créditos com maior prioridade, sem grandes embaraços, desde que aprovado pelos credores na forma da lei e homologado judicialmente plano que não disponha em sentido contrário.

E, muito embora faltem pesquisas empíricas conclusivas nesse sentido, a recuperação judicial de empresas no Brasil aparentemente não provoca, com frequência, alteração no controle da sociedade devedora,[618] sobretudo se excluída dessa hipótese a mera alienação das chamadas Unidades Produtivas Isoladas – UPIs. Esse fato apenas confirma a necessidade de consideração do controlador em qualquer avaliação acerca do *"debtor in possession* brasileiro", porquanto tudo indica que o personagem persistirá determinante para a recuperanda mesmo após o encerramento do processo.

Na ausência da regra de prioridade absoluta e, portanto, de disposição similar à *new value exception*, ambas presentes no contexto estadunidense, a prática da recuperação judicial parece acarretar, usualmente, a atribuição de participação no capital social da recuperanda aos controladores e também aos sócios não controladores, por vezes nos mesmos percentuais detidos anteriormente.[619] Em outras palavras, a permanência do devedor na condução da atividade da recuperanda se estende à participação no capital social desta, igualmente mantida ao final. É difícil definir as razões para tanto.

Intuitivamente, seria possível considerar que o controlador, conquanto não exercente – em caráter direto – de função administrativa

---

de credores quanto ao plano de reorganização proposto (D. A. SKEEL Jr., *Debt's dominion* cit., p. 233).

[618] Apesar da disposição da alteração do controle societário, no art. 50, III, da LRF, entre os meios de recuperação possíveis, além de outras medidas no campo societário também previstas no dispositivo. Sobre essa disposição, aliás, sustenta-se que a possibilidade de alteração do controle societário deve partir da própria sociedade que propõe o plano recuperacional, por meio de deliberação aprovada em assembleia geral extraordinária em que tenha sido sugerida pelo controlador, reconhecendo este não dispor de condições, inclusive financeiras, de injetar os recursos necessários ao salvamento da sociedade (H. M. D. VERÇOSA, *O status jurídico do controlador* cit., p. 35).

[619] O sistema concursal americano, para alguns autores, aparentemente comportaria a mesma compreensão, acerca da possibilidade de preservação da empresa sob a mesma propriedade, com base na perspectiva histórica de reabilitação do negócio (H. R. MILLER, *Commentary on Professor Warren's paper* cit., [1991]).

na empresa, persistiria dedicando esforços à sua administração, medida inerente ao poder que ostenta. Os sócios alheios à titularidade do controle, por sua vez, poderiam estar recebendo algum retorno pelo investimento realizado na devedora em momento anterior ao processo – o que também se aplicaria ao controlador. E isso não decorreria do aporte de novos investimentos financeiros pelos sócios na recuperanda.

Diante da clássica asserção de que os sócios assumem os riscos financeiros relativos à atividade empresarial, no entanto, a manutenção da sua integral participação na sociedade devedora após o processo de recuperação, ausente o total ou mesmo substancial adimplemento dos seus credores, dificilmente seria tolerada meramente em virtude de simples colaboração do controlador ou de compensação pelos investimentos efetuados na empresa em momento anterior à crise.

Talvez, essa tolerância reflita justamente a compreensão de que o controlador, na realidade brasileira, pode contribuir de modo determinante ao sucesso da recuperação judicial, ainda que para o início oportuno do processo. Eventualmente, a manutenção da sua participação pode ser o incentivo para que contribua ao esforço de superação da crise, como se essa figura fosse essencial ao *going concern* em questão[620] e com reflexos vantajosos aos minoritários, que também mantêm sua fatia.

Como mencionado, é difícil estabelecer se essas considerações correspondem ao raciocínio dos agentes econômicos envolvidos nos processos de recuperação judicial e se refletem efetivamente a prática empresarial e jurídica existente nesse âmbito. Também não se pode determinar ao certo, de antemão, se os efeitos da situação narrada são positivos – para além do próprio controlador, é claro.

---

[620] Notando-se que, em casos específicos, geralmente concernentes a pequenas empresas, nos quais existente (i) a identidade entre os detentores de participação no capital social e os membros da administração da sociedade e (ii) a imprescindibilidade da manutenção da gestão anterior ao processo para que o negócio seja preservado enquanto um *going concern*, parte da doutrina americana chega a defender a utilização de uma regra de prioridade relativa, em detrimento da *absolute priority rule*, hipótese em que se permitiria ao sócio e administrador deter participação no negócio reorganizado (D. G. BAIRD e Robert K. RASMUSSEN, *Control rights, priority rights, and the conceptual foundations of corporate reorganizations*, in *Virginia Law Review* 87 (2001), p. 936).

2. A ADMINISTRAÇÃO DA SOCIEDADE EM RECUPERAÇÃO JUDICIAL...

Embora aparente, a princípio, não ter sentido economicamente e ser prejudicial aos credores,[621] pode ser que o sistema concursal brasileiro simplesmente apresente como regra a manutenção da participação dos sócios na recuperanda após o processo recuperacional.[622] De todo modo, embora não se possa esclarecer exatamente as razões para tanto, pode-se identificar com clareza a proeminência do papel atribuído ao controlador da recuperanda nesse processo.

Assim, conclui-se que o cenário americano excepcional, no qual se atribui relevância ao sócio durante o processo de reorganização na medida em que também seja administrador da devedora ou mantenha participação nesta após o feito, é uma regra no panorama brasileiro com relação ao controlador, que administra a empresa, embora não necessariamente ostente cargo na sua administração, e se mantém como seu controlador, geralmente, durante o processo de recuperação judicial e após o seu encerramento.

Dessa maneira, reforça-se o entendimento de que sujeitar o sócio controlador à disciplina da condução da sociedade em recuperação judicial é imprescindível, não somente pelo seu claro papel na administração das atividades desta, mas, também, pela manutenção da sua posição dominante durante e após o processo. E não há, nesse exercício, confusão conceitual. Existe, antes, a busca pelo reconhecimento e regramento da realidade empresarial brasileira em toda a sua extensão.

Felizmente, a perspectiva ora defendida tem encontrado respaldo em sede jurisprudencial. De fato, embora não haja farta jurisprudência sobre o tema, é possível extrair dos julgados existentes que os disposi-

---

[621] Efeitos prejudiciais que não necessariamente atingiriam, ainda, os demais interessados no processo recuperacional, havendo uma identificação dos modelos de manutenção do devedor, como visto, com a proteção de valores relativos aos trabalhadores, a objetivos concorrenciais e à estabilidade de comunidades, estando no centro desse raciocínio a consideração de que a venda do negócio, ainda que como um *going concern*, geralmente viria acompanhada de demissões em massa ou mesmo do seu encerramento, enquanto a sua recuperação em benefício do devedor – consequentemente, com a manutenção deste na condução – poderia, mais provavelmente, gerar equilíbrio (J. L. WESTBROOK, *The globalisation of insolvency reform* cit., pp. 410-411).

[622] É possível, contudo, que algumas novas disposições da LRF, nela incluídas pela lei nº 14.112/2020, como o art. 50, XVII e XVIII, e o art. 56, §§ 4º e ss., ocasionem futuras mudanças nesse panorama.

tivos legais em questão têm sido, realmente, interpretados nessa direção.[623]

Por fim, tratando-se de cenário com dispersão de controle, concorda-se com a posição defendida por S. C. NEDER CEREZETTI, delineada anteriormente neste item, acerca da eventual possibilidade de atribuição da responsabilidade à própria sociedade empresária – considerando-a "devedora" para fins de aplicação da prescrição legal analisada – por conduta atribuída à pessoa jurídica, sem relação com a atuação de controlador e praticada mediante aprovação do órgão competente. Esse entendimento, por sinal, apresenta interessante relação com os debates travados no direito penal acerca da(s) possibilidade(s)[624] de responsabilização criminal da pessoa jurídica.[625] A ressalva formulada pela autora

---

[623] Cf. nesse sentido, por exemplo, TJSP, Câmara Reservada à Falência e Recuperação, Agravo de Instrumento nº 0445366-51.2010.8.26.0000, Rel. Des. Elliot Akel, j. 01.03.2011, e TJRJ, 4ª Câmara Cível, Agravo de Instrumento nº 09/07, Rel. Des. Reinaldo Pinto Alberto Filho, j. 02.01.2007.

[624] Ressaltando-se que autores renomados se mostraram contrários à concepção de responsabilidade penal da pessoa jurídica, chegando Miguel REALE JÚNIOR a considera-la inconstitucional no ordenamento brasileiro (M. REALE JÚNIOR, *A responsabilidade penal da pessoa jurídica*, in Luiz Regis PRADO, *Responsabilidade Penal da Pessoa Jurídica – Em defesa do princípio da imputação penal subjetiva*, São Paulo, RT, 2001, p. 137).

[625] Em síntese bastante rica sobre essa discussão, Ricardo Robles PLANAS, Professor Titular de Direito Penal da Universidade Pompeu Fabra – Barcelona, ensina que "(...) a doutrina maneja dois grandes modelos teóricos de imputação de responsabilidade às pessoas jurídicas. Seguindo uma terminologia mais ou menos consolidada, são eles o modelo da 'responsabilidade pela transferência de atribuição' e o modelo da 'responsabilidade própria' ou 'originária' da pessoa jurídica. Nesse modelo de transferência ou atribuição, trata-se de construir a responsabilidade penal da pessoa jurídica exclusivamente a partir da transferência ou imputação de responsabilidade da pessoa física que atua como órgão: o que o órgão realiza é imputado à pessoa jurídica, tanto do ponto de vista objetivo como subjetivo. Entende-se, em síntese, que quando a pessoa física que representa a empresa atua cometendo um delito, então o está cometendo a própria empresa ('teoria da identificação' ou 'doutrina do *alter ego*'). Como pode ser facilmente constatado, este modelo de imputação implica a atribuição de responsabilidade por fatos alheios sem necessidade de fundamentar reprovação alguma frente à própria pessoa jurídica (ou seja, mera responsabilidade objetiva), o que provoca, pelo menos em princípio, um repúdio doutrinário a esse modelo. Pelas razões expostas, o modelo de responsabilidade própria ou originária da pessoa jurídica prevaleceu na doutrina. Neste modelo, não se atribui à pessoa jurídica o realizado por seu representante. Diferentemente, a responsabilidade é construída a partir de 'fatos próprios' da pessoa jurídica, ou seja, de fatos independentes dos fatos levados a cabo pelas pes-

quanto às consequências dessa identificação, adianta-se, também são adotadas neste estudo, como será evidenciado no item 2.3.6.

2.3.4. As hipóteses do art. 64: causas para a substituição dos administradores ou o afastamento do devedor durante o processo recuperacional

Conforme se adiantou no item 2.2. deste capítulo, estabelece-se como regra no *caput* do art. 64[626] a permanência do devedor ou dos seus administradores na condução da atividade empresarial durante o processo

---

soas físicas que as compõem. Boa parte da doutrina afirma que tais fatos existem e, no que diz respeito à responsabilidade penal da pessoa jurídica por delitos cometidos por pessoas física em seu interior, eles consistem em 'defeitos organizativos'. Disso resulta que é possível postular-se a culpabilidade da pessoa jurídica pelos delitos cometidos cuja abertura de possibilidade de comissão esteja relacionada com o aludido déficit organizativo: *culpabilidade por defeitos organizativos*" (R. R. PLANAS, *Estudos de dogmática jurídico-penal: fundamentos, teoria do delito e direito penal econômico*, Belo Horizonte, D'Plácido, 2016, pp. 192-194). A posição ora defendida no tocante à responsabilização da sociedade recuperanda, no âmbito dos arts. 64 e 65 da LRF, em contexto de dispersão de controle, ao que tudo indica, relaciona-se com a perspectiva do direito penal que ampara o modelo de responsabilidade originária da pessoa jurídica. Essa asserção é reforçada, ainda, pelo maior porte das empresas em que tal responsabilidade seria mais útil – condizente, em geral, com a dispersão de controle –, afirmando a doutrina que "(...) a responsabilidade penal poderá recair sobre o ente coletivo, desta forma, não só quando praticar deliberadamente um ato ilícito, mas também quando não impedir, por defeito de sua organização, que ilicitudes sejam praticadas em seu benefício exclusivo. Importante sublinhar que o almejado controle social de condutas antissociais contra bens jurídicos supraindividuais é muito mais abrangente e efetivo quanto maior for o tamanho da empresa. Assim, a responsabilidade penal da pessoa jurídica perde muito de sua funcionalidade político-criminal quando se pensa em sua aplicação a condutas ilícitas praticadas por empresas rudimentares, cuja existência fictícia quase se confunde com a existência real e pessoal de seu(s) proprietário(s). Inversamente, quanto maior e mais complexa for a estrutura da pessoa jurídica envolvida, mais força terá a responsabilidade penal da pessoa jurídica no controle social de suas ações antissociais, pois sua composição embute um valor agregado muito superior à mera somatória das pessoas que a integram" (Sérgio Salomão SHECAIRA e Leandro SARCEDO, *A responsabilidade penal da pessoa jurídica no projeto de novo Código Penal (Projeto de Lei do Senado nº 236/2012)*, in Fauzi Hassan CHOUKR, Maria Fernanda LOUREIRO e John VERVAELE (orgs.), *Aspectos Contemporâneos da Responsabilidade Penal da Pessoa Jurídica*, v. II, São Paulo, FecomercioSP, 2014, p. 16).

[626] Cuja redação é a seguinte: "Durante o procedimento de recuperação judicial, o devedor ou seus administradores serão mantidos na condução da atividade empresarial, sob fiscalização do Comitê, se houver, e do administrador judicial, salvo se qualquer deles (...)".

recuperacional, sob a fiscalização do comitê de credores, caso constituído, e do administrador judicial. Já no item 2.3.2., cuidou-se da fiscalização exercida sobre o devedor ou os administradores no exercício dessa função. No item 2.3.3., então, apresentou-se ampla reflexão sobre os sentidos que poderiam ser atribuídos aos "administradores" e, sobretudo, ao "devedor" mencionados nessa disposição e nas demais concernentes à condução da recuperanda.

No tocante aos arts. 64 e 65 da LRF, todavia, resta pendente a abordagem de outros três aspectos relevantes, profundamente relacionados com os pontos já tratados: as hipóteses previstas legalmente para o afastamento do devedor e a substituição dos administradores em relação à condução da sociedade em recuperação judicial, as possíveis formas de aplicação dessas medidas e a disciplina legal do gestor judicial. Almeja-se, no presente item, explorar criticamente os fatos que podem ocasionar o afastamento ou a substituição, destinando-se os dois itens seguintes aos demais temas elencados. A partir desse esforço, serão obtidos elementos necessários ao exame sobre a solução brasileira, realizado no próximo capítulo.

As hipóteses de afastamento do devedor ou de substituição dos seus administradores em relação à condução da atividade empresarial estão dispostas no art. 64 da LRF, como exceções à regra de manutenção daqueles, da seguinte maneira: "(...) I – houver sido condenado em sentença penal transitada em julgado por crime cometido em recuperação judicial ou falência anteriores ou por crime contra o patrimônio, a economia popular ou a ordem econômica previstos na legislação vigente; II – houver indícios veementes de ter cometido crime previsto nesta Lei; III – houver agido com dolo, simulação ou fraude contra os interesses de seus credores; IV – houver praticado qualquer das seguintes condutas: a) efetuar gastos pessoais manifestamente excessivos em relação a sua situação patrimonial; b) efetuar despesas injustificáveis por sua natureza ou vulto, em relação ao capital ou gênero do negócio, ao movimento das operações e a outras circunstâncias análogas; c) descapitalizar injustificadamente a empresa ou realizar operações prejudiciais ao seu funcionamento regular; d) simular ou omitir créditos ao apresentar a relação de que trata o inciso III do caput do art. 51 desta Lei, sem relevante razão de direito ou amparo de decisão judicial; V – negar-se a prestar informações solicitadas pelo administrador judicial ou pelos demais membros do Comitê; VI - tiver seu afastamento previsto no plano de recuperação judicial."

Segundo E. S. MUNHOZ, a LRF disciplinou os critérios para afastamento do devedor ou dos seus administradores de modo semelhante ao adotado pelo sistema americano, admitindo-o, resumidamente, em casos de crime, fraude, negligência ou grave incompetência administrativa.[627] Situações precipuamente concernentes à observância de deveres legais ou do plano homologado no âmbito do processo de recuperação judicial, por seu turno, também parecem se incluir nesse rol, diante dos incisos IV, "d", V e VI do dispositivo.

Realmente, os incisos I e II se referem, respectivamente, a situações relacionadas a crimes falimentares, contra o patrimônio, a economia popular ou a ordem econômica ou somente a crimes falimentares.[628]

O primeiro inciso versa especificamente sobre a condenação em sentença penal transitada em julgado pela prática de crime em recuperação judicial ou falência anteriores[629] ou de crime contra o patrimônio, a economia popular ou a ordem econômica estabelecido na legislação vigente.

A referência à prática de crime em processos concursais anteriores, mas não ao atual, talvez se explique pela disposição do inciso seguinte, que também atingiria condutas realizadas no feito em andamento e prescindiria do trânsito em julgado da sentença condenatória - geralmente tardio -, ou pela disposição do art. 181 da LRF - que seria apenas reforçada pelo texto do inciso I.

A imposição da grave medida de afastamento ou substituição ao agente condenado por crime contra os bens jurídicos narrados, ademais, certamente se justificará em variados casos, notando-se, contudo,

---

[627] *Comentários* cit., p. 311. Em sentido similar, apontando que, na LRF, prevaleceu a possibilidade de afastamento dos dirigentes em diversas situações nas quais sejam verificados indícios veementes da prática de crime falimentar, fraude ou dolo, cf. R. MANGE, *O administrador judicial, o gestor judicial* cit., p. 70.

[628] Exemplos de legislações que visam a tutelar tais espécies de bens jurídicos - o patrimônio, a economia popular ou a ordem econômica - na esfera penal são, respectivamente, o Código Penal em seus arts. 155 e ss., a lei nº 8.137/1990 em seu art. 4º e a lei nº 1.521/1951.

[629] H. L. P. da FONSECA interpreta esse dispositivo de modo a afirmar que também contempla a condenação definitiva por crimes distintos daqueles previstos na LRF, conforme o art. 186 do diploma (*Comentários* cit., p. 435).

que em situações pontuais poderá também constituir consequência de razoabilidade questionável diante da conduta adotada.[630] É importante, ainda, que, na aplicação desse dispositivo, atente-se aos prazos de reabilitação penal[631] ou a outros lapsos temporais cabíveis na espécie para a permanência da restrição,[632] inexistindo em nosso ordenamento pena de caráter perpétuo, conforme o art. 5º, XLVII, da Constituição Federal.

Em alguma medida, a redação legal debatida repete aquelas constantes do art. 1.011, § 1º, do Código Civil, a estabelecer que "não podem ser administradores, além das pessoas impedidas por lei especial, os condenados a pena que vede, ainda que temporariamente, o acesso a cargos públicos; ou por crime falimentar, de prevaricação, peita ou suborno, concussão, peculato; ou contra a economia popular, contra o sistema financeiro nacional, contra as normas de defesa da concorrência, contra as relações de consumo, a fé pública ou a propriedade, enquanto perdurarem os efeitos da condenação",[633] e do art. 147, § 1º, da Lei das S.A., a dispor que "são inelegíveis para os cargos de administração da companhia as pessoas impedidas por lei especial, ou condenadas por crime falimentar, de prevaricação, peita ou suborno, concussão, peculato, contra a economia popular, a fé pública ou a propriedade, ou a pena criminal que vede, ainda que temporariamente, o acesso a cargos públicos",[634] notando-se que estas são, ao que tudo indica, ainda mais amplas. A despeito dessa parcial repetição, mostra-se importante o inciso I do art. 64 da LRF para evidenciar a competência do juízo da recuperação judicial quanto ao controle de tais fatos e, também, para permitir que não somente os administradores estejam sujeitos à regra mencionada, inse-

---

[630] O afastamento do agente em relação à condução da recuperanda pela prática do crime de dano, estabelecido entre os crimes contra o patrimônio no art. 163 do Código Penal, por exemplo, pode consistir em medida desproporcional, sobretudo na ausência de qualquer relação entre o delito e a função ocupada pelo sujeito.

[631] Para exposição e crítica acerca do instituto, cf. Cezar Roberto BITENCOURT, *Tratado de Direito Penal – Parte Geral 1*, 15ª edição, São Paulo, Saraiva, 2010, pp. 775-779.

[632] Nesse sentido, por exemplo, cf. o art. 181, § 1º, da LRF.

[633] Para crítica sobre o texto legal em debate, cf. A. de A. GONÇALVES NETO, *Direito de empresa* cit., pp. 231-232.

[634] Acerca da "feição publicista" do regime discutido e de suas outras características, cf. N. EIZIRIK, *A Lei das S/A Comentada*, v. II, São Paulo, Quartier Latin, 2011, pp. 318-328.

2. A ADMINISTRAÇÃO DA SOCIEDADE EM RECUPERAÇÃO JUDICIAL...

rindo-se no seu âmbito de aplicação, igualmente, as figuras abarcadas pelo "devedor" do *caput*.

Aliás, extrai-se da *ratio* do dispositivo, com efeito, a sua incidência com relação a todas as figuras compreendidas pelo "devedor", inclusive o sócio controlador, relacionando-se diretamente ou não a conduta praticada com a sociedade empresária em recuperação judicial, porquanto o texto legal não adota essa restrição. Esse entendimento se estende ao inciso seguinte.

O inciso II, por seu turno, trata da existência de "indícios veementes" da prática de crime previsto na LRF. Essa norma ocasiona o surgimento de algumas dificuldades. A primeira delas, que reflete desafio presente no direito processual penal, reside na definição dos "indícios" em questão.

Nesse tocante, pode-se emprestar o conceito disposto no art. 239 do Código de Processo Penal, segundo o qual "considera-se indício a circunstância conhecida e provada, que, tendo relação com o fato, autorize, por indução, concluir-se a existência de outra ou outras circunstâncias." A veemência atribuída aos indícios mencionados no inciso II enfatiza a sua evidência.

Destaca-se que o indício, isolado nos autos de determinado processo, não apresenta força suficiente para ensejar uma condenação,[635] havendo quem sequer o considere, propriamente, meio de prova.[636]

E disso decorre outra dificuldade relativa ao inciso II, mostrando-se controversa a legalidade da previsão de destituição na mera existência de indícios veementes da prática de crime disposto na LRF, diante da sua falta de objetividade e da aparente violação ao art. 5º, LVII, da Constituição Federal[637] pela disposição.[638]

---

[635] Guilherme de Souza NUCCI, *Código de Processo Penal Comentado*, 9ª edição, São Paulo, Revista dos Tribunais, 2009, p. 520.
[636] Eugênio Pacelli de OLIVEIRA, *Curso de Processo Penal*, 10ª edição, Rio de Janeiro, Lumen Juris, 2008, p. 367.
[637] A estabelecer que "ninguém será considerado culpado até o trânsito em julgado de sentença penal condenatória."
[638] Nessa direção, cf. J. K. MANDEL, *Nova Lei de Falências e Recuperação* cit., p. 138. Em sentido contrário, sustentando que a disposição não viola a presunção constitucional de inocência por não consistir em efeito de condenação penal, mas sanção de natureza civil ou,

Ao mesmo tempo, deve-se atentar à limitação da incidência do inciso II aos crimes falimentares, servindo, ao que parece, para complementar a disposição do inciso I, alcançando a eventual prática de delitos durante a tramitação do processo atual, sequer sendo necessária prévia condenação do agente para o seu afastamento ou a sua substituição.

A despeito da controvérsia acerca da razoabilidade e até da legalidade da disposição, bem como diante da função social identificada em determinadas empresas,[639] reconhece-se que essa regra pode ser importante para o saneamento da condução de sociedade empresária em recuperação judicial com alguma rapidez, em fator possivelmente favorável à superação da crise enfrentada. Inclusive, pelos mesmos fundamentos, a existência de previsão mais ampla, com relação também a indícios veementes de crimes não dispostos na LRF, permitindo a atuação do juízo recuperacional após colaboração premiada ou acordo de leniência nos quais relatados ilícitos graves relacionados à condução da empresa e praticados pelo devedor ou pelos administradores, por exemplo, poderia ser objeto de ponderação pelo legislador.[640]

De todo modo, em virtude da abrangência do dispositivo legal discutido e da gravidade das medidas de afastamento e substituição, tem-se que compete ao juízo recuperacional o papel de avaliar cuidadosamente cada caso concreto e somente promover a sua aplicação quando efetivamente necessária e proporcional.

O inciso III, por sua vez, pode ser incluído entre as hipóteses de "fraude" em sentido amplo, abarcando a prática de atos com dolo,[641]

---

quando muito, providência de cunho cautelar, cf. H. L. P. da FONSECA, *Comentários* cit., p. 437.

[639] F. K. COMPARATO, *A reforma* cit., pp. 60-62.

[640] Aliás, já surgem julgados aplicando o art. 64 da LRF em hipóteses como a narrada. Nesse sentido, por exemplo, corroborando o afastamento do presidente do conselho de administração de sociedade em recuperação judicial em virtude de imputação decorrente de colaboração premiada – ainda que sob o argumento de descapitalização injustificada da empresa após o pagamento de "comissões", enquadrada pela magistrada no inciso IV, "c", do dispositivo, o que se mostra controverso diante da eventual atuação ilícita do afastado em benefício da sociedade –, cf. TJRJ, 20ª Câmara Cível, Agravo de Instrumento nº 0051124-61.2016.8.19.0000, Rela. Desa. Marilia de Castro Neves Vieira, j. 08.03.2017.

[641] Para aprofundamento sobre o dolo, cf. Caio Mário da Silva PEREIRA (atual. Maria Celina Bodin de MORAES), *Instituições de Direito Civil*, v. I, 23ª edição, Rio de Janeiro, Forense, 2009, pp. 450-453.

simulação⁶⁴² ou fraude contra os interesses dos seus credores,⁶⁴³ ou seja, com vícios que resultam em sua nulidade ou anulabilidade,⁶⁴⁴ de acordo com os arts. 145 e ss., 167 e ss. e 158 e ss. do Código Civil, respectivamente. Para H. L. P. da FONSECA, nesse sentido, as condutas enumeradas no dispositivo constituem ilícitos civis, os quais configuram deslealdade na condução da atividade empresarial e desrespeito com relação aos direitos e interesses dos detentores de créditos.⁶⁴⁵

Sustenta-se, ainda, que a similaridade entre o inciso III e o tipo penal previsto no art. 168 da LRF,⁶⁴⁶ somada à disposição do inciso II a permitir o afastamento ou a substituição diante da existência de indícios veementes da prática de crime previsto no diploma concursal, retiraria a utilidade da proibição debatida, embora esta não conte com os rigores exigidos na aplicação do direito penal e possa reafirmar a importância da lealdade no exercício da empresa para a LRF.⁶⁴⁷

Na disposição em exame, igualmente, podem se enquadrar os diferentes sujeitos compreendidos pelo "devedor" do *caput* do art. 64, em virtude de atos relacionados ao processo recuperacional em questão.

O inciso IV, por outro lado, elenca em suas alíneas "a", "b" e "c" condutas que podem ser classificadas, de modo preponderante, como reveladoras de negligência ou grave incompetência administrativa,⁶⁴⁸ conquanto em alguma medida possam também configurar, por exemplo, "fraudes" em sentido amplo.

A alínea "a" versa sobre a realização de gastos pessoais manifestamente excessivos em relação à sua situação patrimonial. A dificuldade

---

⁶⁴² Para sucinta exposição sobre a simulação e a sua aplicação no campo societário, cf. C. SALOMÃO FILHO, *Nota de Texto 79*, in F. K. COMPARATO e C. SALOMÃO FILHO, *O poder de controle* cit., pp. 379-384.

⁶⁴³ Para maiores detalhes acerca da fraude contra credores, cf. C. M. da S. PEREIRA (atual. M. C. B. de MORAES), *Instituições* cit., pp. 458-465.

⁶⁴⁴ E. S. MUNHOZ, *Comentários* cit., p. 312.

⁶⁴⁵ *Comentários* cit., p. 438.

⁶⁴⁶ A impor pena de reclusão, de 3 (três) a 6 (seis) anos, e multa a quem "praticar, antes ou depois da sentença que decretar a falência, conceder a recuperação judicial ou homologar a recuperação extrajudicial, ato fraudulento de que resulte ou possa resultar prejuízo aos credores, com o fim de obter ou assegurar vantagem indevida para si ou para outrem."

⁶⁴⁷ H. L. P. da FONSECA, *Comentários* cit., p. 439.

⁶⁴⁸ Segundo E. S. MUNHOZ, tais condutas caracterizam má administração ou confusão patrimonial (*Comentários* cit., p. 312).

existente na aplicação dessa disposição reside em determinar a quais sujeitos a "situação patrimonial" mencionada diz respeito.

Com efeito, ainda que a incidência da alínea "a" possa ensejar o afastamento ou a substituição de todas as figuras abrangidas pelo art. 64, *caput*, da LRF,[649] mostrando-se pertinente a medida no caso concreto, a exemplo dos demais dispositivos analisados até o momento, deve-se esclarecer previamente a essa aplicação que a "situação patrimonial" debatida pode se referir somente aos patrimônios da própria sociedade devedora, do empresário individual ou dos sócios ilimitadamente responsáveis.

Assim, sem dúvidas, a previsão de afastamento ou de substituição em virtude da realização de "gastos pessoais manifestamente excessivos em relação a sua situação patrimonial" não diz respeito aos patrimônios pessoais dos administradores ou dos sócios de sociedades empresárias de responsabilidade limitada, não submetidos, em regra, ao processo concursal. O sócio controlador e os administradores podem sofrer afastamento ou substituição em razão da alínea "a", como consequência do reconhecimento da sua responsabilidade pelo dispêndio manifestamente excessivo da recuperanda em relação à sua situação patrimonial, mas não como efeito da identificação de gastos próprios relativos aos seus patrimônios pessoais.

Nesse ponto, já é possível notar que nem todas as condutas elencadas no art. 64 se adequam, sempre, à totalidade das figuras potencialmente abarcadas pela expressão "devedor" ou pelo termo "administradores". Para E. S. MUNHOZ, isso demonstraria, por vezes, a baixa compreen-

---

[649] Note-se que, embora as alíneas "b" e "c" do inciso IV se mostrem mais harmônicas com relação a potenciais dispêndios injustificáveis ou prejudiciais realizados pela sociedade empresária, não é possível descartar que em determinadas hipóteses também se aplique a esta, com maior precisão, a alínea "a", até porque é a única delas que estabelece claramente a situação patrimonial como parâmetro. Por isso, entende-se que a disposição pode ocasionar a substituição de administradores ou o afastamento do devedor diante da promoção dos gastos referidos pela sociedade, e não somente o afastamento de empresário individual ou de sócio ilimitadamente responsável ocupando posição na condução. Em sentido contrário, afirmando que o dispositivo se aplica apenas ao empresário individual, cf. H. L. P. da FONSECA, *Comentários* cit., p. 441.

são da legislação acerca do fenômeno societário.⁶⁵⁰ E, realmente, como afirma J. K. MANDEL, algumas das condutas listadas dificilmente poderiam ser imputadas ao controlador, enquanto outras dificilmente poderiam ser aplicadas somente ao administrador, pois, em certos casos, normalmente, este procuraria agir com a anuência dos "proprietários" da empresa, concluindo-se que a análise casuística deve ser útil nesse tocante.⁶⁵¹

As alíneas "b" e "c", por seu turno, tratam da promoção de "(...) despesas injustificáveis por sua natureza ou vulto, em relação ao capital ou gênero do negócio, ao movimento das operações e a outras circunstâncias análogas" e da conduta de "descapitalizar injustificadamente a empresa ou realizar operações prejudiciais ao seu funcionamento regular", respectivamente, também versando sobre situações reveladoras de negligência ou de severa incompetência administrativa, quando não de prática fraudulenta em sentido amplo.⁶⁵²

Aqui, abordam-se especialmente operações que oneram de forma injustificável ou prejudicial o patrimônio do empresário individual e da sociedade empresária, pelas quais podem ser responsabilizados, após análise do caso concreto pelo juízo da recuperação judicial, todos os agentes sujeitos ao art. 64, *caput*, da LRF, nos termos delineados no item 2.3.3. deste capítulo. A referência expressa à hipótese da realização de "operações prejudiciais ao seu funcionamento regular", todavia, confere potencial ainda mais amplo à alínea "c" da norma, que pode ir além de questões meramente patrimoniais e alcançar, por exemplo, a ocorrência de desastres ambientais.

---

⁶⁵⁰ De fato, conforme o autor, diversas das condutas previstas no art. 64 nunca poderiam ser adotadas pelo "devedor-sociedade empresária", mas apenas pelo seu controlador ou pelos seus administradores (E. S. MUNHOZ, *Comentários* cit., p. 308).

⁶⁵¹ J. K. MANDEL, *Nova Lei de Falências e Recuperação* cit., p. 138.

⁶⁵² Para H. L. P. da FONSECA, entretanto, ambas envolvem condutas culposas, sendo que, existindo intenção, deveriam incidir na espécie a disciplina da fraude a credores ou o crime do art. 168 da LRF, com o afastamento decorrente dos incisos II e III do art. 64 do diploma concursal (*Comentários* cit., pp. 441-442). Interpretação nesse sentido, porém, poderia deixar fora do alcance legal práticas intencionais facilmente incluídas nas alíneas "b" e "c", mas não necessariamente insertas nos outros regimes indicados, dificultando a adoção da medida de afastamento a despeito da sua adequação no caso.

A alínea "d" do inciso IV do art. 64 e os incisos V e VI do mesmo dispositivo, enfim, dizem respeito a situações concernentes especificamente ao processo de recuperação judicial, estabelecendo as medidas de afastamento do devedor ou de substituição dos administradores como consequências do descumprimento de deveres legais, no caso dos dois primeiros, ou da sua previsão no plano recuperacional homologado, no caso do último.

A alínea "d" se refere à prática da conduta de "simular ou omitir créditos ao apresentar a relação de que trata o inciso III do *caput* do art. 51 desta Lei, sem relevante razão de direito ou amparo de decisão judicial", visando à proteção da lisura do procedimento da recuperação judicial.[653]

A lista mencionada no dispositivo é, segundo o art. 51, III, da LRF, "a relação nominal completa dos credores, sujeitos ou não à recuperação judicial, inclusive aqueles por obrigação de fazer ou de dar, com a indicação do endereço físico e eletrônico de cada um, a natureza, conforme estabelecido nos arts. 83 e 84 desta Lei, e o valor atualizado do crédito, com a discriminação de sua origem, e o regime dos vencimentos", que deve instruir a petição inicial de recuperação judicial e tem grande importância no processo de verificação de créditos disciplinado nos arts. 7º e ss. da LRF.

Tratando-se de documento que deve instruir a petição inicial, de modo a permitir o deferimento do processamento da recuperação judicial, conforme o art. 52 da LRF, evidencia-se que a apresentação da relação indicada, com conteúdo correspondente à realidade, consiste em dever do devedor. A violação desse dever, concretizada na omissão ou na simulação[654] de créditos, sem relevante razão de direito ou respaldo de decisão judicial, pode ocasionar a substituição dos administradores ou o afastamento do devedor.

Justifica-se o rigor adotado pela legislação concursal nesse tocante[655] exatamente pela relevância da verificação de créditos, a princípio atri-

---

[653] H. L. P. da FONSECA, *Comentários* cit., p. 442.
[654] A qual não se confunde com a simulação referida no art. 64, III, da LRF, consistindo, na verdade, em inserção de crédito inexistente ou superior ao efetivamente devido na relação de credores (H. L. P. da FONSECA, *Comentários* cit., p. 443).
[655] Demonstrado, igualmente, pelas previsões de crimes relacionados nos arts. 171 e 175 da LRF.

buída ao administrador judicial, sabendo-se que a omissão e, sobretudo, a simulação de créditos podem gerar prejuízos severos aos credores e distorções dos quóruns assembleares. Ainda que a omissão possa ser identificada e resolvida com maior facilidade, mediante o ajuizamento de impugnação (art. 8º da LRF) pelo interessado, tem-se que a simulação de crédito não será, em geral, descoberta de forma tão simples, sendo menos provável a existência de interessados com informações suficientes a adotarem a iniciativa de impugnar aquela relação em virtude de tal ocorrência.[656]

Para a aplicação do dispositivo, seria prescindível a comprovação da intenção de fraudar ou de induzir erro, mostrando-se suficiente a inocorrência de relevante razão de direito ou de decisão judicial amparando a exclusão ou inclusão de crédito à relação discutida.[657] Diante da patente ausência de má-fé no caso concreto, especialmente com relação à omissão de créditos, porém, seria pouco proporcional a sua incidência.

A disposição em questão atingirá, em regra, o empresário individual ou os administradores da sociedade empresária, diante da natureza do dever cuja observância prestigia. É possível, todavia, que se demonstre a atuação de sócio controlador no sentido da violação desse dever, ensejando-se a sua responsabilização em conformidade com o dispositivo.

O inciso V do art. 64 da LRF, então, refere-se à conduta de "negar-se a prestar informações solicitadas pelo administrador judicial ou pelos demais membros do Comitê",[658] em conformidade com as atribuições de fiscalização conferidas a tais órgãos pelo diploma concursal, no art. 22, I, "d", e II, "a", e no art. 27, I, "b" e "d", e II, "a" e "b",[659] respectivamente, como já abordado no item 2.3.2. do presente capítulo.

---

[656] H. L. P. da FONSECA, *Comentários* cit., p. 442.
[657] H. L. P. da FONSECA, *Comentários* cit., p. 443.
[658] A referência aos "demais membros do Comitê", que chama atenção em virtude de não ser o administrador judicial integrante daquele órgão, teria decorrido de lapso do legislador em adequar a totalidade do texto legal à alteração da composição do Comitê, que inicialmente abrangeria o administrador judicial, durante a tramitação do projeto de lei que resultou na LRF (H. L. P. da FONSECA, *Comentários* cit., p. 444).
[659] A despeito da ausência de previsão legal expressa acerca do direito de membros do comitê a exigir informações do devedor, essa faculdade seria inerente à função de fiscalizar e decorreria do próprio inciso V do art. 64 (H. L. P. da FONSECA, *Comentários* cit., p. 444).

É claro que, na aplicação dessa disposição, haverá casos que demandarão maior cautela do juízo da recuperação judicial, no sentido de aferir se o exercício dos poderes de fiscalização pelo administrador judicial ou pelo comitê de credores, obstado pelo devedor ou pelos administradores, encontrava-se dentro dos limites cabíveis na hipótese, sendo possível que a recusa tenha sido justificada.

A importância da supervisão sobre a condução da atividade empresarial do devedor, bem como da transparência no processo recuperacional, é evidenciada pelo dispositivo examinado,[660] o qual, a exemplo da alínea "d" do inciso anterior, terá aplicação precipuamente quanto ao empresário individual e aos administradores da sociedade empresária, conquanto se vislumbre a possibilidade da sua incidência também com relação a agentes como o sócio controlador, a depender do caso concreto.

O inciso VI, finalmente, versa sobre a previsão de afastamento – ou substituição, omitida na redação legal – em plano de recuperação judicial homologado, dialogando com o art. 50, III e IV, da LRF, por exemplo.

Essa medida pode ser adotada de modo a se restabelecer a confiança dos credores na superação da crise enfrentada – condicionada, na visão destes, à substituição da administração existente – e, assim, obter-se a aprovação do plano proposto no conclave dos detentores de créditos.[661] A sua previsão no inciso VI, aliás, serviria à facilitação da execução específica do seu teor pelo juízo, na hipótese de inobservância do plano pelo devedor ou pelos administradores nesse aspecto, tornando prescindível a iniciativa extrema da convolação do processo em falência. A disposição debatida apenas se mostra aplicável, ademais, a partir da concessão da recuperação.[662]

Tem-se, também, que a previsão do afastamento em plano recuperacional, nos termos do art. 64, VI, pode apresentar reflexos importantes na esfera societária da recuperanda, com discussões sobre a necessidade de prévia deliberação dos sócios acerca da medida e outros fatores, a serem tratados mais detidamente no item seguinte. A aplicação desse

---

[660] Na mesma direção, cf. E. S. MUNHOZ, *Comentários* cit., p. 313.

[661] Notando-se que, segundo R. MANGE, a hipótese da previsão de afastamento no plano pode se dar desde a apresentação deste ou, verificada posteriormente a ocorrência de alguma das situações do art. 64, por meio de alteração do plano de recuperação apresentado, com a indicação de novos dirigentes (*O administrador judicial, o gestor judicial* cit., p. 70).

[662] H. L. P. da FONSECA, *Comentários* cit., pp. 444-445.

inciso, além disso, dependerá do conteúdo da cláusula debatida no plano homologado, podendo atingir, em tese, todas as figuras abarcadas no *caput* do art. 64.

São essas, em síntese, as causas previstas na LRF para o afastamento do devedor ou a substituição dos administradores quanto à condução da empresa em recuperação judicial. E a doutrina sustenta, em geral, que esse rol é taxativo,[663] ainda que a incidência de outras disposições legais, com previsões distintas, possa gerar resultado similar[664] e que seja controversa a suficiência daquele regramento, assunto que será tratado com maior profundidade no item 3.4. do capítulo seguinte.

2.3.5. As formas de substituição dos administradores e de afastamento do devedor quanto à administração da sociedade em recuperação

Trata-se, neste item, de aspecto essencial da disciplina examinada, pouco elucidado pelo texto legal: como deve ocorrer a substituição ou o afastamento previstos, respectivamente, no art. 64, p. ún., e no art. 65 da LRF. Nesse tocante, é importante que se compreendam o procedimento de verificação das situações que ensejam a substituição ou o afastamento, amplamente discutidas no item anterior, a distinção entre as hipóteses de substituição e de afastamento, as formas possíveis para a aplicação dessas medidas e os limites à atuação dos agentes responsáveis pela condução da empresa após a incidência do regramento debatido.

De início, tem-se que o juízo da recuperação judicial pode verificar a ocorrência das hipóteses previstas no art. 64 e determinar a destituição ou o afastamento de ofício ou mediante pedido, que pode ser formulado pelo administrador judicial,[665] pelo comitê de credores, por credor,

---

[663] Nesse sentido, por exemplo, J. Lobo sustenta que o rol de condutas estabelecido nos incisos I a IV do art. 64 é taxativo, não se admitindo a sua extensão a outras hipóteses, conquanto de igual gravidade (*Comentários* cit., p. 239). Em igual direção, ensina E. S. Munhoz que o afastamento do devedor ou dos seus administradores apenas poderá ocorrer nas hipóteses taxativamente previstas nos incisos I a VI (*Comentários* cit., p. 312).

[664] Cumpre mencionar nesse ponto, por exemplo, a possibilidade de afastamento do sócio controlador em razão de abuso no exercício dos seus poderes, já referida no item 2.3.3. do presente capítulo.

[665] Cuja atribuição para tanto, agora, resta ainda mais clara, diante da recente inclusão da alínea "h" no art. 22, II, da LRF.

pelo Ministério Público ou por qualquer interessado,[666] não se estipulando prazo para tanto.[667] Previamente à aplicação da medida, todavia, a doutrina ressalta ser imprescindível que se observem o contraditório e o devido processo legal e que se possibilite o exercício da ampla defesa aos sujeitos que poderão ser atingidos, em atendimento às garantias constitucionais.[668] A exigência de provas concretas a respaldarem a medida, igualmente, é destacada em sedes doutrinária[669] e jurisprudencial,[670] com referência inclusive à eventual necessidade da realização de perícia contábil.[671] Na jurisprudência, aliás, encontram-se determinações de instauração de procedimento incidente para apuração da ocorrência das situações elencadas no art. 64 da LRF.[672]

A distinção entre a substituição disciplinada no art. 64, p. ún., da LRF e o afastamento estabelecido no art. 65 do mesmo diploma, por sua vez, evidencia-se prontamente diante das figuras alcançadas por cada medida. A substituição diz respeito aos administradores da sociedade recuperanda, enquanto o afastamento se refere ao devedor – em seus

---

[666] H. L. P. da FONSECA, *Comentários* cit., p. 432.

[667] Conforme reconhecido, inclusive, em jurisprudência (TJSP, Câmara Reservada à Falência e Recuperação, Agravo de Instrumento nº 9045661-34.2009.8.26.0000, Rel. Des. Lino Machado, j. 27.10.2009).

[668] Nesse sentido, cf. S. CAMPINHO, *Falência e Recuperação de Empresa* cit., p. 163, J. K. MANDEL, *Nova Lei de Falências e Recuperação* cit., p. 138, e M. M. M. de MENEZES, *O poder de controle nas companhias* cit., p. 161, sendo que este aponta exceções à sua asserção no tocante aos incisos I e VI do art. 64 da LRF.

[669] Realmente, conforme Luiz Roberto AYOUB e Cássio CAVALLI, os administradores da empresa devem atuar em prol de sua recuperação, de modo que, verificando-se que estão praticando atos que colocam em risco o êxito do processo, pode o magistrado proceder ao seu afastamento, não bastando para a caracterização dessa situação, porém, circunstância como a simples instrução deficiente da petição inicial, sem o respaldo de provas concretas acerca da intenção de prejudicar credores (*A Construção Jurisprudencial da Recuperação Judicial de Empresas*, Rio de Janeiro, Forense, 2013, pp. 106-108).

[670] Nessa direção, cf. TJSP, 1ª Câmara Reservada de Direito Empresarial, Agravo de Instrumento nº 2217986-27.2015.8.26.0000, Rel. Des. Francisco Loureiro, j. 29.02.2016.

[671] Nesse sentido, cf. TJSP, 1ª Câmara Reservada de Direito Empresarial, Agravo de Instrumento nº 2064884-53.2013.8.26.0000, Rel. Des. Teixeira Leite, j. 24.04.2014.

[672] Para julgado nessa linha, cf. TJSP, 2ª Câmara Reservada de Direito Empresarial, Agravo de Instrumento nº 2176427-90.2015.8.26.0000, Rel. Des. Carlos Alberto Garbi, j. 14.03.2016.

múltiplos sentidos. E, na medida das diferenças entre tais personagens, configuram-se aqueles institutos de maneiras igualmente diversas.

Realmente, parece claro que a disposição do parágrafo único do art. 64 tem aplicação, propriamente, em casos nos quais se verifique a concretização de situação elencada no *caput* do dispositivo com relação a administrador de sociedade empresária, que será então destituído pelo juiz e substituído em conformidade com os atos constitutivos da recuperanda ou com o plano recuperacional homologado.

Entende-se que os administradores destituídos perdem todos os poderes de presentação da empresa, deixando inclusive de ser remunerados pela função.[673]

Assim, destituído o administrador da sociedade em recuperação judicial pelo juízo, deverão ser observados o plano homologado, caso apresente disposição nesse sentido – o que acontecerá, por exemplo, mediante a incidência dos arts. 50, III e IV, e 64, VI, da LRF –, ou os atos constitutivos da empresa, com a eleição de membro(s) do conselho de administração pela assembleia geral de acionistas (art. 122, II, da Lei das S/A) e a substituição de diretor(es) pelo conselho de administração (art. 142, II, da Lei da S/A) ou pela assembleia (inexistindo conselho, nos termos do art. 143 da Lei das S/A), no caso de companhia, ou a deliberação dos sócios acerca da matéria, segundo os arts. 1.060 e 1.071, II e V, do Código Civil, no caso de sociedade limitada.[674] Os trâmites estabelecidos nas legislações mencionadas para cada hipótese deverão ser regularmente observados.

A despeito do caráter definitivo da destituição ocorrida, afirma-se que, após o período da recuperação judicial e na inexistência de outros impedimentos, não há óbice a que o administrador substituído seja reconduzido às funções por meio de decisão válida da sociedade empresária soerguida.[675]

É possível, enfim, que se questione a efetividade do parágrafo único do art. 64 da LRF, diante do domínio do sócio controlador, na realidade brasileira, sobre a administração atingida pela medida de destitui-

---

[673] L. R. AYOUB e C. CAVALLI, *A Construção Jurisprudencial* cit., pp. 107-108.
[674] Acerca da substituição dos administradores em outros tipos societários, cf. H. L. P. da FONSECA, *Comentários* cit., p. 446.
[675] H. L. P. da FONSECA, *Comentários* cit., p. 446.

ção aplicada e do seu poder determinante, em última análise, na escolha do(s) substituto(s).[676]

Com efeito, há críticas, em sede doutrinária, acerca da possibilidade de nomeação dos novos administradores pelo próprio sócio controlador, pois essa previsão legal poderia tornar totalmente ineficaz a medida no tocante à proteção do interesse dos credores, exceto na ausência de participação desse sócio nos atos praticados pelos administradores, o que se mostraria bastante raro no contexto brasileiro de concentração de controle e, consequentemente, de absoluta sujeição dos administradores ao controlador, atuando pouco sem o respaldo deste.[677]

A própria configuração dos sistemas concursais examinados no capítulo 1, aliás, pode ocasionar um estranhamento com relação a essa medida de mera substituição conforme os atos constitutivos.

Realmente, conforme exposto ao longo do primeiro capítulo deste estudo, os sistemas de insolvência analisados geralmente adotam a solução de afastamento do devedor – seja em regra, seja como alternativa aos mecanismos de manutenção da administração preexistente, utilizada excepcionalmente –, com a nomeação de órgão do processo para assumir a condução da empresa durante a tramitação da reorganização. Desse modo, ainda que permaneçam os órgãos societários em funcionamento, tem-se a atuação do agente nomeado na gestão dos negócios e dos bens relacionados ao processo reorganizacional.

Ao que tudo indica, portanto, a análise dos modelos globais realizada a princípio revela que, normalmente, privilegia-se a solução de afastamento que preconiza a atribuição da função de conduzir a sociedade

---

[676] Há na doutrina, também, críticas de caráter mais geral sobre a efetividade da disposição. Gustavo Oliva GALIZZI, por exemplo, sustentando ser a substituição da administração uma medida de reestruturação bastante excepcional e cuja adoção não apresenta os resultados almejados, afirma que envolver os credores na condução da empresa em crise (por meio da instalação de conselho de administração, nomeação de representantes à administração da recuperanda e até aquisição do poder de veto sobre decisões empresariais relevantes) pode ser um instrumento mais viável para que influenciem as decisões de negócios do devedor durante o processo recuperacional, inclusive utilizando como poder de barganha nessa iniciativa a possibilidade de permanecerem como fornecedores de crédito e até investidores ao negócio (*Theory and pragmatism of governance reform in business reorganization: a case study of Brazil*, in RDM 141 [2006], p. 132-146).

[677] E. S. MUNHOZ, *Comentários* cit., p. 313.

em reorganização ao órgão nomeado para tanto, ao menos quanto aos aspectos concernentes ao esforço de salvamento.

No sistema brasileiro, por outro lado, cinde-se a excepcional hipótese de afastamento, permitindo-se, quanto aos administradores, que seja determinada a sua substituição conforme os atos constitutivos (ou o plano de recuperação). Em cenário de elevada concentração de controle, assim, pode-se deixar de recorrer à nomeação de órgão do processo para conduzir a empresa, preservando-se as prerrogativas dos órgãos societários (com destaque para o conselho de administração, dominado pelo sócio controlador) mesmo no tocante às operações e aos bens compreendidos pela recuperação judicial.

É evidente que a crítica doutrinária ao parágrafo único do art. 64 da LRF, mencionada acima, pode se mostrar procedente em muitos casos, nos quais, em virtude do amplo domínio do controlador, poderia ser mais adequado que o gestor judicial assumisse a condução da empresa em recuperação no tocante aos bens e aos negócios abarcados no processo, ainda que se tratasse da aplicação de sanção em virtude de fato relacionado – diretamente – a administrador.

Tampouco se pode desconsiderar, entretanto, que a medida de destituição e substituição dos administradores poderá ser a mais adequada em determinados casos concretos, na eventualidade da verificação de conduta elencada no *caput* do art. 64 exclusivamente praticada por integrante da administração, sem a interferência de sócio controlador. E, nessas circunstâncias, será salutar que o juízo da recuperação judicial disponha de medida direcionada somente ao agente responsável e menos agressiva do que o afastamento do devedor.

O mero fato de não consistir em medida comum nos demais ordenamentos jurídicos estudados,[678] por sinal, não serve à refutação da possível utilidade do mecanismo na realidade brasileira.

---

[678] Notando-se que já foi sugerida a adoção de medida semelhante, por exemplo, nos Estados Unidos da América. Como visto no item 1.3.1.2., com efeito, a doutrina americana, ponderando fatores como a conservação de direitos dos sócios quanto à renovação da composição do conselho de administração da companhia em reorganização, sem que este possa, necessariamente, indicar novos diretores em seguida, e as desvantagens existentes na nomeação de *trustee*, chegou a apontar excessiva rigidez na solução reorganizacional do país para situações de incompetência administrativa, em alguns aspectos, indicando que poderia ser mais benéfica a credores e outros interessados, em certos casos, a simples substi-

Finalizada a exposição sobre a substituição disciplinada no art. 64, p. ún., da LRF, deve-se passar à discussão acerca das situações de afastamento do devedor.

Nesse sentido, tem-se que, após a verificação de conduta listada no *caput* do art. 64 e atribuída ao "devedor", deverá ocorrer o afastamento deste em relação à condução da empresa. Esse raciocínio, que é verdadeiro, mostra-se pouco conclusivo, todavia, quanto à configuração da medida.[679]

Isso porque, como exposto no item 2.3.3., é possível conferir ao "devedor" mencionado nos arts. 64 e 65 da LRF múltiplos sentidos, abrangendo-se o empresário individual, a sociedade empresária (com os sócios ilimitadamente responsáveis, se existentes) e o sócio controlador da sociedade de responsabilidade limitada. E tamanha diversidade torna mais complexo o exercício de compreensão sobre as formas de aplicação da medida de afastamento, que deverá ser realizado, então, com relação a cada possibilidade interpretativa indicada.

De todo modo, adianta-se que a maior dificuldade nesse tocante reside na delimitação dos poderes conferidos ao gestor judicial em cada contexto, notando-se que o afastamento do empresário individual ostenta menor complexidade, enquanto as formas de afastamento da sociedade empresária e do sócio controlador, como indicado no item 2.3.3., apresentam complicações maiores. Isso porque tais disciplinas podem ser delineadas de variadas maneiras com relação ao papel reservado aos órgãos societários da recuperanda após o afastamento.

No cenário em que o "devedor" é identificado com o empresário individual, verificado qualquer dos fatos enumerados no art. 64 com

---

tuição de membros da diretoria ou do conselho de administração (R. BROUDE, *Reorganizations under Chapter 11* cit., pp. 6.50-6.50.1.). Ainda que o contexto americano seja distinto do brasileiro, é importante perceber que a possibilidade discutida não é tão peculiar quanto poderia parecer.

[679] Tampouco auxiliando nesse esforço de compreensão, ao contrário do que poderia parecer inicialmente, a disciplina da continuação provisória das atividades na falência, segundo Adriana Valéria PUGLIESI intimamente relacionada à possibilidade da obtenção de melhor resultado na realização do ativo (*Direito falimentar e preservação da empresa*, São Paulo, Quartier Latin, 2013, p. 190). Com efeito, evidencia-se a divergência de propósitos entre essa hipótese e o regramento discutido no presente estudo – em certa medida, aliás, reflexo das diferenças entre a recuperação judicial e a falência.

relação a este, tem-se que será considerado sujeito aos efeitos do regramento analisado e, portanto, deverá ocorrer o seu afastamento.

E, sabendo-se que o parágrafo único do art. 64 se destina à substituição do administrador de sociedade empresária nas situações elencadas no *caput* do dispositivo,[680] evidencia-se a aplicação do art. 65 na hipótese do afastamento de empresário individual, tendo vez a convocação da assembleia geral de credores[681] pelo juiz para deliberação sobre o nome do gestor judicial, a quem competirá conduzir a atividade empresarial a partir de então.[682-683]

Realmente, afastado o empresário individual, não surgem dificuldades concernentes ao papel reservado – ou não – aos órgãos societários, inexistentes no caso. Nesse sentido, sustenta-se que compete ao gestor escolhido pelos credores em assembleia assumir plenamente a administração da empresa, imputando-se àquele, ademais, os mesmos deveres e responsabilidades que deveriam ser atendidos pelo devedor, o qual, não podendo sofrer "destituição", manteria a prerrogativa de fiscalizar e auxiliar o gestor no exercício de suas atividades e, instado, o dever de prestar informações e esclarecimentos uteis à condução do processo recuperacional em seus autos.[684]

No tocante à excepcional compreensão da sociedade empresária pela expressão "devedor", verificando-se a impossibilidade de substituição dos administradores nos termos dos atos constitutivos ou a prática de conduta descrita no art. 64 da LRF por recuperanda com controle disperso, devidamente aprovada pelos seus órgãos competentes e não relacionada à atuação de controlador, conforme os exemplos já utilizados no

---

[680] Para H. L. P. da FONSECA, realmente, não tendo o empresário individual atos constitutivos, mencionados na disposição em debate, encontra-se aquele excluído desta (*Comentários* cit., p. 448).

[681] Reservando-se ao conclave de credores a atribuição de deliberar sobre o nome do gestor judicial, em caso de afastamento do devedor, também no art. 35, I, "e", da LRF.

[682] Nesse sentido, cf. por exemplo S. CAMPINHO, *Falência e Recuperação de Empresa* cit., p. 163; J. LOBO, *Comentários* cit., p. 240; e H. L. P. da FONSECA, *Comentários* cit., pp. 448-449.

[683] A figura do gestor judicial, nesse sentido, seria necessária em razão de não ser viável, com fundamento em instrumento preexistente, determinar-se a substituição do próprio empresário individual, exercente de suas atividades em caráter pessoal e em nome próprio, confundindo-se seu patrimônio com o empresarial (H. L. P. da FONSECA, *Comentários* cit., p. 448).

[684] H. L. P. da FONSECA, *Comentários* cit., p. 449.

item 2.3.3. deste estudo, deve-se, assim como no afastamento do empresário individual, convocar conclave de credores para deliberar acerca da escolha do gestor judicial, a quem competirá assumir a administração das suas atividades.[685]

Como assinalado anteriormente, entretanto, resta controversa a medida em que essa condução competirá ao gestor judicial, em detrimento dos órgãos societários da empresa em recuperação.

Com efeito, seria possível interpretar as disposições examinadas de modo a se promover a substituição de toda a estrutura societária da recuperanda pelo gestor judicial, a quem caberia, então, conduzir as atividades daquela isoladamente, restando apartados do exercício das suas posições jurídicas os administradores e os sócios da empresa. Ocorre que essa leitura, ocasionando o afastamento da própria estrutura societária da entidade e a atribuição das funções inerentes aos seus órgãos ao agente nomeado, não parece razoável ou favorável aos diversos interesses abarcados na sociedade, como ensina S. C. Neder Cerezetti. A autora sustenta, outrossim, que mesmo se o gestor pudesse ser considerado efetivamente independente, esse caminho não se mostraria condizente com a desejável convivência harmônica entre os direitos societário e concursal.[686]

Quanto à posição jurídica a ser exercida pelo gestor judicial, então, S. C. Neder Cerezetti aponta como solução mais adequada que o agente se torne competente com relação a matérias que afetem a recuperação judicial, permanecendo os órgãos societários em funcionamento. Para a autora, ainda que essa leitura acarrete dificuldades, inclusive na delimitação das competências entre ambos, gestor e órgãos, tais complicações não devem impedir a sua adoção, que parece estar em maior consonância com a finalidade de respeito aos variados interesses. Reforçaria esse entendimento, ademais, a disciplina inadequada destinada ao gestor judicial pela LRF, distante da visão de que a empresa é organização que abrange múltiplos interesses, o que se reflete nas regras para sua eleição e na falta da imposição de deveres claros a esse agente.[687] O tratamento

---

[685] S. Campinho, *Falência e Recuperação de Empresa* cit., p. 163.
[686] S. C. Neder Cerezetti, *A Recuperação Judicial de Sociedade por Ações* cit., pp. 407-408.
[687] S. C. Neder Cerezetti, *A Recuperação Judicial de Sociedade por Ações* cit., p. 408.

dispensado pela LRF ao gestor judicial será analisado em detalhes no item seguinte.

As preocupações refletidas nessa interpretação procedem, não parecendo adequado que simplesmente se confiram ao gestor judicial as atribuições de todos os órgãos societários da recuperanda em sua integralidade, porquanto essa medida poderia causar prescindível alheamento de sujeitos que não contribuíram para a prática sancionada ou que ostentam direitos cujo exercício não necessariamente afetaria o processo recuperacional, a exemplo de sócios da empresa, além de possivelmente alocar poderes excessivos junto aos eleitores daquele agente, os credores. A própria consideração de que o art. 65 da LRF fala em "afastamento", não em "substituição", parece reforçar esse entendimento.

Em síntese, a interpretação que preconiza verdadeira substituição da estrutura societária pelo gestor poderia ensejar desequilíbrio exacerbado entre os interesses abrangidos na recuperação judicial. A solução sugerida por S. C. NEDER CEREZETTI, sem dúvida, mostra-se mais adequada às finalidades perseguidas na recuperação judicial, conquanto a delimitação das atribuições entre o gestor judicial e os órgãos societários e das matérias que afetam o processo recuperacional seja verdadeiramente difícil, podendo até inviabilizar a sua aplicação.

Questões semelhantes surgem, novamente, no estudo das possibilidades de afastamento do sócio controlador. E os inúmeros elementos que se somam nessa análise, tornando-a ainda mais complexa, podem também contribuir à obtenção de respostas quanto ao afastamento da sociedade empresária. Por isso, é proveitoso que se passe a tal exame em seguida, retornando-se às dificuldades narradas ao final do presente item.

Apresentada no item 2.3.3. a construção doutrinária que insere entre os significados do "devedor" mencionado nos arts. 64 e 65 da LRF o sócio controlador, resta demonstrar como pode ocorrer o afastamento deste, após a verificação de fato elencado no art. 64 relacionado ao personagem. A doutrina, nesse ponto, sugere caminhos diversos, com reflexos igualmente distintos quanto às possibilidades de interferência da medida adotada na esfera jurídica do sócio controlador e, também, dos sócios alheios à titularidade do controle empresarial.

Uma das formas vislumbradas para a concretização do afastamento do sócio controlador em relação à condução da sociedade empresária em recuperação judicial é a suspensão do seu direito de voto em reunião ou assembleia geral, sendo essa, inclusive, a alternativa sugerida por parcela da doutrina[688] e adotada pelo projeto de lei que resultou na LRF durante o período em que conteve disciplina relativa à condução abarcando expressamente o titular do controle, conforme mencionado no item 2.2.

E, ao que parece, essa posição tem sido traduzida em sede judicial como determinação de impedimento do titular do controle à intervenção na composição dos órgãos de administração.[689]

Promover-se o afastamento do controlador por meio do impedimento à destituição de administradores, todavia, parece distante da estrutura estabelecida no texto legal. Por sinal, essa iniciativa, que na prática enseja a manutenção da administração preexistente por ordem judicial independentemente da vontade dos sócios e de outros interessados, poderia inclusive ser vista como medida contrária ao regramento dos arts. 64 e 65 da LRF, os quais demandam a eleição de gestor judicial pela assembleia de credores na hipótese de afastamento do devedor. De fato, aquela determinação, embora consistente em intervenção menos severa do que a nomeação de gestor, poderia ser tomada como violação pelo juízo de prerrogativa conferida pela legislação ao conclave de credores.[690]

---

[688] F. U. COELHO, *Comentários* cit., pp. 261-263.

[689] Com efeito, esse posicionamento foi adotado na recuperação judicial da Varig – Viação Aérea Rio-Grandense S/A, em que o afastamento do acionista controlador, entendido como "administrador indireto das empresas recuperandas", deu-se quanto a "qualquer ingerência político-administrativa", sobretudo com o impedimento de "destituir qualquer membro do Conselho de Administração" e o dever de "manter a atual Diretoria" (TJRJ, 1ª Vara Empresarial, processo nº 2005.001.072887-7, j. 15.12.2005), notando-se orientação similar em julgado prolatado na recuperação judicial do Grupo Oi, em que se decidiu, com base no art. 64 da LRF, proibir que dois novos diretores, simultaneamente membros do conselho de administração, interferissem de qualquer forma na condução do processo e na negociação e elaboração do plano recuperacional, de modo a se assegurar estabilidade à atual diretoria e a se obstarem intervenções de terceiros potencialmente conflitados (TJRJ, 7ª Vara Empresarial, processo nº 0203711-65.2016.8.19.0001, j. 16.11.2017).

[690] É interessante notar que, durante a tramitação do projeto de lei que se converteu na LRF, o surgimento da figura do gestor judicial e a retirada da referência expressa ao afastamento do controlador – bem como, assim, da medida de suspensão do seu direito de voto – ocorreram em momentos próximos, conforme exposto no item 2.2., o que reforça o enten-

2. A ADMINISTRAÇÃO DA SOCIEDADE EM RECUPERAÇÃO JUDICIAL...

Para além da suspensão do direito de voto do sócio controlador relacionada à renovação da composição dos órgãos de administração da sociedade recuperanda, ademais, repetem-se as dificuldades na delimitação das matérias que seriam atingidas pela restrição imposta ao exercício das suas prerrogativas e no poder eventualmente reservado aos sócios não controladores e ao gestor judicial nesse panorama.

Evidencia-se, portanto, que a interpretação do afastamento do sócio controlador como imposição da suspensão do seu direito de voto pode não ser a alternativa mais adequada à moldura legal atualmente estabelecida, não se descartando que a sua adoção em eventual reforma legislativa, de modo harmônico, poderia ser benéfica.

Defender-se que o gestor judicial deve assumir integralmente a posição jurídica do sócio controlador afastado, atuando como se fosse titular do controle junto à estrutura societária da recuperanda,[691] por outro lado, parece leitura demasiado agressiva do instituto do afastamento, que ocasionaria exacerbada intervenção nos direitos do sujeito afetado e nos órgãos da sociedade. Nada diferente, aliás, daquela interpretação que preconiza medida semelhante no caso de aplicação do art. 65 atingindo a própria pessoa jurídica em recuperação, abordada anteriormente neste item.

A ausência de adequação quanto à estrutura delineada nos arts. 64 e 65 da LRF e o caráter extremamente agressivo com relação aos direitos do sujeito atingido e aos órgãos societários da recuperanda, dessa maneira, são dificuldades presentes nas possibilidades vislumbradas para o afastamento do controlador.

Para se evitar essa falta de adequação quanto à disciplina legal e essa intervenção extrema nos direitos do sujeito atingido e no funcionamento dos órgãos da sociedade, todavia, pode-se buscar um caminho alternativo. E uma leitura atenta dos termos do art. 65 do diploma concursal brasileiro pode fornecer ferramentas nesse tocante.

---

dimento no sentido da incoerência entre a aplicação do afastamento do titular do controle por meio da suspensão referida e a disciplina legal, indicando a nomeação de gestor.

[691] Para E. S. MUNHOZ, por exemplo, prevalecendo a interpretação que imputa o afastamento ao sócio controlador, o gestor assumiria a função deste, desempenhando suas prerrogativas dentro da estrutura societária, não sendo afetado o interesse dos sócios não-controladores (*Comentários* cit., p. 314).

Isso porque, como já anotado, o art. 65 se refere ao "afastamento do devedor", não à sua "substituição", não deixando grande margem à interpretação de que o gestor judicial assumiria integralmente a posição exercida pelo sócio controlador. E ao dispor, em seguida, que o gestor judicial "assumirá a administração das atividades do devedor", o dispositivo parece delimitar a sua atuação, justamente, à administração da sociedade em recuperação judicial, ou seja, às atribuições conferidas até então ao conselho de administração e à diretoria, tratando-se de companhia, ou aos administradores, tratando-se de sociedade limitada.

Nesse contexto, seriam preservados direitos políticos do sujeito afastado enquanto acionista ou sócio, competindo-lhe inclusive votar em assembleia geral de acionistas ou reunião/assembleia de sócios. Esses direitos, com o afastamento, seriam separados das prerrogativas inerentes à titularidade do controle quanto à administração da sociedade empresária, ou seja, do poder ostentado pelo sócio controlador para "dirigir as atividades sociais e orientar o funcionamento" dos seus órgãos, nos termos do art. 116, "b" da Lei das S/A.[692] A principal consequência do afastamento do sócio controlador seria exatamente o desaparecimento desse poder sobre a esfera administrativa da recuperanda[693], agora conduzida pelo gestor judicial como se administrador fosse – não sujeito, vale ressaltar, à direção e orientação daquele, conquanto inexista óbice, em princípio, à colaboração dos sócios com o agente nomeado, que poderia acolher posições adotadas pela reunião ou assembleia que não lhe fossem vinculantes.

Dessa forma, ao que tudo indica, seria possível preservar direitos políticos do sujeito afastado enquanto sócio, minorar a intervenção promovida na estrutura societária – mantendo-se a reunião ou assembleia em funcionamento, também de modo a se evitar maior prejuízo aos

---

[692] Em sentido oposto a esse pensamento, F. A. M. SIMIONATO tece severas críticas às disposições dos arts. 64 e 65 da LRF, afirmando que disciplinam de forma temerária o afastamento do devedor de suas funções, porquanto ao devedor, sócio ou acionista, seria assegurado juridicamente o exercício do direito de voto, ou seja, a expressão da vontade social, determinada pela sua participação sobre o capital da sociedade, configurando verdadeiro órgão social da administração, que não poderia ser alijado dos seus direitos de sócios na condução da administração ordinária e extraordinária (*Tratado* cit., p. 192).

[693] Ou das recuperandas atingidas, tratando-se de recuperação judicial de grupo societário, em consolidação processual.

sócios não controladores – e observar as disposições da LRF no sentido da nomeação de gestor judicial para assumir a administração das atividades da recuperanda.[694]

Inegável que também nesse caminho surgem dúvidas importantes, por exemplo, acerca da competência para proposição do plano de recuperação judicial, caso ainda não apresentado, ou mesmo da necessidade de manutenção dos órgãos de administração em funcionamento.

A resposta para esses questionamentos, que não se encontra prontamente na legislação pátria, deve ser fornecida pela análise de cada caso concreto, sendo inúmeras as suas possíveis particularidades. Alguns parâmetros úteis, todavia, podem ser identificados.

Com relação ao plano de recuperação judicial, caso ainda não tenha sido elaborado e apresentado quando do afastamento promovido, tem-se que a sua preparação e proposição parecem se inserir, a princípio, entre as competências do gestor judicial,[695] como reflexo das compe-

---

[694] A solução ora aventada, por sinal, seria semelhante àquela adotada no sistema concursal alemão em termos da busca pelo respeito às normas de direito societário e pela convivência delas com o regramento da crise empresarial. De fato, como ensina S. C. NEDER CEREZETTI, embora o ordenamento alemão não contemple o afastamento do controlador em hipóteses similares às abordadas, apresenta a substituição do devedor pelo *Insolvenzverwalter* como regra, com a permanência dos órgãos societários em atuação e todos os acionistas no exercício do direito de participação nas assembleias. Há naquele sistema, então, uma separação de funções e deveres entre o *Insolvenzverwalter* e os órgãos da companhia, de forma que, geralmente, deliberações que afetem a massa passam a competir ao primeiro, enquanto as demais, a exemplo da eleição de membros da administração, continuam cabendo aos respectivos órgãos. Essa solução, conquanto diversa da apontada, corroboraria a leitura proposta pela autora, visando ao respeito às normas de direito societário e sua harmonia com as normas de insolvência. A proposta de retirada dos direitos políticos do controlador, com efeito, consistiria em tentativa de permanecer em observância a estrutura societária interna do devedor, evitando-se que atitudes abusivas daquele deem ensejo a restrições aos direitos de outros interessados, como os minoritários e até os administradores da companhia, caso efetivamente independentes e atuantes em favor do interesse social (S. C. NEDER CEREZETTI, *A Recuperação Judicial de Sociedade por Ações* cit., pp. 406-407).

[695] Em sentido diverso, encontra-se a posição de F. U. COELHO, para quem, em atos concernentes à tramitação do processo, a sociedade persistiria sendo representada em conformidade com os seus atos constitutivos (*Comentários* cit., pp. 263-264), disso se extraindo que a apresentação do plano não competiria, na sua perspectiva, ao gestor judicial. R. MANGE apresenta opinião semelhante, afirmando permanecer com os diretores a representação da sociedade no processo de recuperação, destacando os conflitos que podem advir dessa

A ADMINISTRAÇÃO DA EMPRESA EM RECUPERAÇÃO JUDICIAL

tências ostentadas, anteriormente, pelos administradores da recuperanda.[696] Isso não significa, porém, que a previsão de determinados meios de recuperação judicial com consequências nas relações internas da sociedade – ou até em relações com outras sociedades –[697] no plano proposto, a exemplo daqueles elencados no inciso II do art. 50 da LRF,[698] não dependa de deliberação favorável dos sócios ou acionistas na reunião ou assembleia mantida em funcionamento,[699] nos termos da legislação pertinente.[700] Do contrário, a execução do plano aprovado pelo conclave de credores poderia se tornar inviável.

opção legal. Cumpriria ao juiz, nesse tocante, indeferir pedidos descabidos de representantes dos controladores da empresa devedora, persistindo preservados, de todo modo, os direitos dos sócios durante o processo recuperacional (R. MANGE, *O administrador judicial, o gestor judicial* cit., p. 71).

[696] Esse entendimento é amparado, ademais, em doutrina que reconhece ser a possibilidade de afastamento de administradores e sócios fundamental não somente pelas chances de êxito da empresa sob nova condução, mas também para obtenção da aprovação do plano recuperacional, pois eliminaria os custos de transação potencialmente elevados decorrentes da participação do devedor e dos seus administradores na negociação, evitando-se possíveis resultados negativos consistentes na recalcitrância daqueles a ocasionar a rejeição do plano e consequentemente a decretação da falência ou na aprovação de plano que acarretasse desvio excessivo da ordem de classificação dos créditos. Em síntese, nessa perspectiva, o afastamento previsto no art. 64 da LRF poderia funcionar como forma indireta de superação do veto abusivo de devedor à aprovação do plano (E. S. MUNHOZ, *Comentários* cit., pp. 310-311). Para raciocínio em sentido diverso, reconhecendo que a manutenção da administração pode configurar obstáculo, em certos casos, às negociações relativas ao plano, mas indicando que a solução nessa hipótese seria a aplicação do art. 50, IV, da LRF e que, na sua ausência, os credores poderiam rejeitar a proposta, com a decretação de falência, cf. H. L. P. da FONSECA, *Comentários* cit., p. 430.

[697] R. SZTAJN, *Comentários* cit., p. 233.

[698] Para detalhada exposição acerca dos meios de recuperação enumerados no art. 50 da LRF, aliás, cf. R. SZTAJN, *Comentários* cit., pp. 231-247.

[699] Podendo depender ainda da autorização de órgãos governamentais, como em alguns casos envolvendo operações de concentração empresarial, segundo lembra R. SZTAJN (*Comentários* cit., p. 235).

[700] Após a aprovação do plano, por outro lado, há julgado reconhecendo que qualquer pretensão de alteração do quadro social ou mudança na administração, por exemplo, deve ser submetida à prévia aprovação do juízo da recuperação judicial, do administrador judicial e dos credores (TJSP, 2ª Câmara Reservada de Direito Empresarial, Agravo de Instrumento nº 2093187-43.2014.8.26.0000, Rel. Des. Tasso Duarte de Melo, j. 08.10.2014).

Evidencia-se, portanto, que tanto o gestor judicial quanto a reunião ou assembleia podem apresentar papel relevante com relação ao plano de recuperação judicial, conforme a situação fática.

No tocante aos órgãos de administração, tudo indica que devem continuar funcionando, em virtude da estrutura delineada na Lei das S/A e no Código Civil, que não pode ser simplesmente dissolvida no âmbito da recuperação judicial, conquanto se mostrem prescindíveis, em larga medida, diante da posição assumida pelo gestor judicial na condução das atividades da recuperanda.

É possível imaginar, entretanto, que tais órgãos possam fiscalizar a atuação do gestor ou mesmo permanecer no exercício de funções administrativas sob orientação do agente nomeado – medida que poderia ser adotada por este, exceto quanto a sujeitos já destituídos pelo juízo da recuperação ou impedidos nos termos da legislação pertinente. De todo modo, é importante que a remuneração dos administradores seja adequada ao seu novo contexto, não sendo aceitável que empresa em crise suporte custos elevados e desproporcionais quanto às funções desempenhadas por tais personagens.[701]

Destaque-se que a sugestão interpretativa formulada acerca do afastamento do sócio controlador, atribuindo-se ao gestor judicial competência para administrar as atividades da recuperanda e se mantendo a estrutura societária, especialmente a assembleia ou reunião de sócios, em funcionamento, também parece se aplicar às hipóteses excepcionais de afastamento da própria sociedade empresária e, quando cabível, às situações de afastamento do empresário individual. Verifica-se, então,

---

[701] Nesse tocante, entretanto, encontra-se julgado permitindo que sócios administradores destituídos da condução das atividades da recuperanda continuassem recebendo remuneração *pro labore*, não havendo prejuízo ao cumprimento do plano ou oposição dos credores (TJSP, Câmara Reservada à Falência e Recuperação, Agravo de Instrumento nº 0470498-13.2010.8.26.0000, Rel. Des. Lino Machado, j. 21.06.2011). Note-se, ademais, que o tema em questão é controverso mesmo na ausência de destituição ou afastamento, existindo julgado relativo ao processo recuperacional do Grupo OAS que reconheceu ser possível a reavaliação do valor deliberado em assembleia geral da sociedade para a remuneração dos administradores pelo Judiciário, inclusive com base no art. 66 da LRF (TJSP, 2ª Câmara Reservada de Direito Empresarial, Agravo de Instrumento nº 2005232-03.2016.8.26.0000, Rel. Des. Carlos Alberto Garbi, j. 17.10.2016).

que a distinção entre essas formas de afastamento pode se encontrar menos nas consequências do que nas causas.

Cumpre apontar, igualmente, que enquanto o gestor judicial não for escolhido pelo conclave de credores, as suas funções serão exercidas pelo administrador judicial, conforme o § 1º do art. 65 da LRF, em situação excepcional e temporária que deve ser solucionada brevemente, porquanto ocasiona o surgimento de conflito entre as funções originalmente atribuídas ao administrador judicial, a exemplo da fiscalização das atividades da recuperanda, e as funções administrativa assumidas, em potencial prejuízo à lisura do processo, especialmente na inocorrência da instalação de comitê de credores.[702]

O afastamento, enfim, apresenta duração entre a determinação da medida e enquanto persistir em tramitação o processo (art. 61 da LRF), sustentando-se que o plano pode prever afastamento por prazo superior.[703]

Sabe-se que a discussão sobre as formas de afastamento do devedor durante o processo de recuperação judicial e os seus efeitos sempre será polêmica,[704] suscitando dúvidas inclusive sobre o momento posterior ao processo.[705] Todavia, trata-se de disciplina relevantíssima no campo

---

[702] H. L. P. da FONSECA, *Comentários* cit., p. 450. Na mesma direção, S. C. NEDER CEREZETTI, *A Recuperação Judicial de Sociedade por Ações* cit., p. 409. Por outro lado, há quem defenda até a possibilidade de nomeação do administrador judicial como gestor, atendidos certos requisitos (J. K. MANDEL, *Nova Lei de Falências e Recuperação* cit., pp. 138-139).

[703] H. L. P. da FONSECA, *Comentários* cit., pp. 431-432.

[704] R. MANGE, *O administrador judicial, o gestor judicial* cit., p. 72.

[705] Nesse sentido, afirma R. MANGE que, no caso de recuperação efetiva da empresa, com sua "devolução" aos anteriores dirigentes, os credores poderão mostrar insatisfação sobre seu esforço ter gerado benefícios aos controladores da devedora, enquanto se ocorrer a falência, os dirigentes destituídos e demais sócios/acionistas poderão alegar que foram prejudicados pela má gestão do gestor (*O administrador judicial, o gestor judicial* cit., p. 72). F. A. M. SIMIONATO, outrossim, mencionando a solução adotada nesse ponto pela legislação francesa, que em hipóteses bastante excepcionais permitiria a destituição do administrador de suas funções administrativas, impondo-lhe a obrigação de ceder suas participações societárias por preço determinado por especialista, aponta que a LRF não indica qualquer continuidade após a destituição, o que pode gerar dilemas. Nesse sentido, sustenta-se que impor a obrigação de cessão da participação social ao devedor destituído durante a execução do plano, no caso de recuperação da empresa pelo gestor, consistiria em medida inconstitucional. O autor vislumbra como uma saída possível na hipótese a destituição do devedor no momento da aprovação do plano, determinando-se nesse momento a cessão das

recuperacional e pouco esclarecida em sede legislativa, de modo que as dificuldades enfrentadas em sua abordagem não devem impedir tentativas de construção de caminhos para a sua adequada aplicação.

Nessa esteira, deve-se mencionar uma interessante possibilidade interpretativa que tem sido adotada por juízos concursais nos últimos anos: diante da verificação de situação enumerada no art. 64 da LRF, mas buscando-se atenuar os potenciais efeitos negativos do completo afastamento do sócio controlador nas operações da empresa ou nas relações desta com terceiros, com prejuízo a todos os envolvidos na crise, determina-se o seu afastamento parcial, de modo que o gestor judicial nomeado assuma, na prática, a função de coadministrador da recuperanda.[706] Atos de gestão e representação da devedora, então, passam a ser praticados, necessariamente, junto ao agente designado. Ao contrário da leitura dos arts. 64 e 65 da LRF que leva à suspensão do direito de voto do sócio controlador, a qual, como visto, é alheia à atual moldura legal, a perspectiva ora apresentada pode consistir em meio-termo compatível com a solução adotada pelo diploma – ou seja, a nomeação de gestor judicial – e adequado às particularidades de certos casos concretos.

A análise empreendida neste item, longe de exaurir qualquer debate, buscou identificar os aspectos controversos da disciplina estudada e, pontualmente, sugerir possibilidades interpretativas que poderiam se mostrar adequadas. Como indica a aparente tendência de coadministração que se descreveu, a discussão enfrentada, na verdade, está apenas começando.

2.3.6. O gestor judicial: disciplina legal

Como adiantado no item 2.2. deste capítulo, a disciplina do gestor judicial se encontra no art. 65 da LRF, cujo *caput* estabelece que, com o afastamento do devedor,[707] o juiz deve convocar assembleia geral de

---

ações ou quotas, como parte integrante do plano recuperacional, sob pena de sua inviabilidade (F. A. M. SIMIONATO, *Tratado* cit., p. 192-194).

[706] Vide nesse sentido, por exemplo, as decisões prolatadas nos casos Dolly (TJSP, 2ª Vara de Falências e Recuperações Judiciais da Capital, processo nº 1064813-83.2018.8.26.0100, j. 03.12.2018) e BMart (TJSP, 2ª Vara de Falências e Recuperações Judiciais da Capital, processo nº 0015277-91.2016.8.26.0100, j. 02.08.2016).

[707] Encontrando-se na jurisprudência, também, casos de nomeação do gestor judicial em situações de dúvida acerca da titularidade sobre a participação no capital social da recupe-

credores para deliberar sobre o nome do agente que assumirá a condução das atividades da empresa, sofrendo, quando cabível, a incidência do regramento aplicável ao administrador judicial no tocante aos seus deveres, impedimentos e remuneração.

Ademais, o § 1º do dispositivo confere ao administrador judicial o exercício das funções do gestor até que o nome deste seja deliberado em conclave de credores (e depois do afastamento ou destituição, claro), como visto no item anterior, e o § 2º versa sobre a possibilidade de recusa ou impedimento do gestor indicado pelos credores, dispondo que, nesse caso, o juiz deverá convocar nova assembleia em 72 (setenta e duas) horas a partir da ocorrência da recusa ou da declaração de impedimento nos autos, com a aplicação do § 1º do artigo no período.

O tratamento dispensado ao gestor judicial pelo *caput* do art. 65 é objeto de ressalvas em sede doutrinária, seja quanto ao modo da sua escolha, seja quanto à aplicação do regramento destinado ao administrador judicial. E tais considerações se justificam.

Quanto ao processo de indicação do gestor judicial, adiantou-se que ocorre por meio de deliberação assemblear dos credores. Para E. S. Munhoz, a atribuição da prerrogativa de escolha do gestor aos credores reunidos em conclave denotaria orientação da LRF no sentido de conferir maior poder decisório a estes, os quais, diante do afastamento do devedor ou dos seus administradores, seriam as pessoas mais adequadas para definir os rumos da atividade empresarial, em virtude do seu interesse no recebimento de créditos, dependente na situação de crise empresarial do êxito dessa atividade. E, segundo o autor, é importante verificar que a legislação não conferiu a determinada classe a prerrogativa de eleição do gestor, evitando-se o favorecimento dessa em detrimento de outras e até o risco de liquidações prematuras de empresas viáveis.[708]

---

randa e, assim, dos sujeitos com poderes para eleição de administradores ou em circunstâncias de conflito de interesses das pessoas com competência para essa eleição. Nesse sentido, cf. TJSP, 2ª Câmara Reservada de Direito Empresarial, Agravo de Instrumento nº 0174960-81.2013.8.26.0000, Rel. Des. Tasso Duarte de Melo, j. 22.09.2014 e TJSP, 2ª Câmara Reservada de Direito Empresarial, Agravo de Instrumento nº 2039692-21.2013.8.26.0000, Rel. Des. Carlos Alberto Garbi, j. 05.10.2015, respectivamente.

[708] E. S. Munhoz, *Comentários* cit., pp. 314-315.

2. A ADMINISTRAÇÃO DA SOCIEDADE EM RECUPERAÇÃO JUDICIAL...

De toda forma, é exatamente o poder conferido aos credores nesse tocante que gera preocupação.

Realmente, sabendo-se que o novo responsável pelas funções administrativas da recuperanda será um agente eleito pelo conjunto de credores, com os quais deverá negociar, em conformidade com a estrutura estabelecida na LRF, torna-se uma questão relevante assegurar que os detentores de créditos não sejam favorecidos em sua atuação.

Isso porque, como sustenta E. S. Munhoz, o gestor judicial não é representante de qualquer classe de credores nem do devedor, competindo-lhe proteger todos os interesses em questão e perseguir o interesse público inerente à recuperação judicial, observando em seus atos os propósitos elencados no art. 47 da LRF como diretriz.[709] S. C. Neder Cerezetti, no mesmo sentido, afirma que o êxito da disciplina legal concernente ao gestor judicial, entendido como o equilíbrio entre os interesses abrangidos pela sociedade devedora, pressupõe uma adequada estruturação de deveres fiduciários a serem observados pelo agente, evitando-se que o afastamento do devedor enseje um cenário de favorecimento aos interesses dos credores.[710]

E, de fato, um adequado regramento de deveres e responsabilidades do gestor judicial poderia contribuir para a superação da preocupação relativa a eventuais favorecimentos aos credores. A disciplina estabelecida pela LRF nesse ponto, porém, distancia-se do ideal.

Como visto, a LRF dispensou ao gestor judicial, essencialmente, o tratamento destinado ao administrador judicial. Em regra, todavia, as funções exercidas por ambos na recuperação judicial são diferentes, parecendo inadequado que sejam igualmente regradas.

Nessa direção, S. C. Neder Cerezetti aponta não ser suficiente a imposição dos mesmos deveres, impedimentos e remuneração do administrador judicial ao gestor judicial, como faz o art. 65 da LRF, diante do poder conferido pelo diploma a este agente. Para a autora, essa disciplina se mostra precária e, tendo em vista as funções desempenhadas pelo gestor, deveria compreender também a aplicação das regras societárias que se dirigem aos controladores e administradores de sociedades, impondo-se a ele o dever de respeitar não só os interesses dos seus

---

[709] *Comentários* cit., p. 315.
[710] *A Recuperação Judicial de Sociedade por Ações* cit., p. 410.

eleitores, mas também e sobretudo os de todos os *stakeholders*. A independência do gestor judicial com relação à sociedade, ao seu controlador, aos seus administradores e aos seus credores, ademais, também é destacada pela autora como um aspecto relevante a fim de se assegurar a observância dos deveres fiduciários por tal agente. Por fim, indica-se que, diante da desconfiança eventualmente ocasionada pela atuação de um gestor eleito pelos próprios credores, no tocante à proteção dos mais diversos interesses abarcados pela empresa em crise, esta pode ocorrer por meio da manutenção dos órgãos societários do devedor, a exemplo do que ocorre, em diferentes medidas, na Alemanha e nos EUA.[711]

Outro fator importante para assegurar a independência do gestor judicial com relação aos credores, ademais, reside na compreensão de que o juízo da recuperação judicial deve exercer um controle de legalidade sobre a escolha do conclave, avaliando a existência de impedimento ou conflito de interesses por parte do profissional eleito antes de proceder à sua nomeação, confiando-se, quanto às qualificações negociais do sujeito, na análise promovida pela assembleia de credores. Não atendendo o eleito aos critérios legais, a faculdade da escolha de novo nome retornaria aos credores.[712]

Aliás, entende-se que compete ao juiz, com a colaboração do administrador judicial e do comitê de credores, fiscalizar a atuação do gestor, determinando sua substituição em situações de descumprimento dos seus deveres.[713]

Para além dessas ressalvas, deve-se identificar quais pontos da disciplina dispensada ao administrador judicial se estendem ao gestor.

Note-se, primeiramente, que o art. 65, *caput*, da LRF menciona "deveres, impedimentos e remuneração", concluindo-se que a preferência do art. 21 do diploma por "advogado, economista, administrador de empresas ou contador, ou pessoa jurídica especializada" não necessariamente deverá ser observada, especialmente diante da função desempenhada, que pode demandar qualificações outras. A idoneidade do pro-

---

[711] S. C. NEDER CEREZETTI, *A Recuperação Judicial de Sociedade por Ações* cit., pp. 410-412.
[712] M. M. M. DE MENEZES, *O poder de controle nas companhias* cit., p. 161. Ressalta-se ser importante que o juízo concursal respeite a prerrogativa da assembleia de credores, evitando escolher o gestor judicial em nome do órgão, como por vezes ocorre na prática.
[713] E. S. MUNHOZ, *Comentários* cit., p. 315.

fissional permanece exigível, bem como a disposição do art. 21, p. ún., tratando-se de pessoa jurídica.[714]

As competências constantes do art. 22, I, "b" (consistente no fornecimento de informações a credores interessados, com brevidade), "d" (relativa a exigir informações dos credores ou do devedor, quando pertinente às suas funções), "g" (concernente ao requerimento de convocação de conclave de credores), "h" (referente à contratação, mediante autorização judicial, de profissionais ou empresas especializadas como auxiliares, quando necessário) e "i" (quanto à manifestação nas hipóteses legais), e do art. 22, II, "a" (consistente na fiscalização das atividades do devedor e do cumprimento do plano, que na hipótese dirá respeito à estrutura societária), "b" (relativa ao requerimento de falência, se cabível), "c" (concernente à apresentação de relatórios mensais sobre a atividade da recuperanda) e "d" (referente à apresentação de relatório sobre a execução do plano quando do encerramento do feito, que também deve servir como prestação de contas), parecem se adequar ao papel desenvolvido pelo gestor judicial, ainda que mediante adaptações, somando-se a outras inerentes à administração da sociedade empresária.

Por sinal, além dos deveres impostos ao administrador judicial e pertinentes à função exercida, também se aplicam ao gestor aqueles exigidos do devedor, como a apresentação de contas demonstrativas mensais (art. 52, IV, da LRF) e a prestação de informações sobre as atividades da empresa (art. 22, I, *d*, e art. 64, V). O gestor judicial, ademais, ostenta o dever de agir com lealdade, diligência e transparência, sob pena de responsabilização pelos prejuízos ocasionados à empresa, ao devedor ou aos credores.[715] O tema da responsabilização retornará adiante.

Evidencia-se que a consequência prevista no art. 23, *caput* e p. ún, da LRF para a ausência de apresentação das contas ou relatórios indicados incide quanto ao gestor judicial.

Os impedimentos previstos no art. 30, *caput* e § 1º, da LRF, outrossim, comportam aplicação ao gestor judicial, ressaltando-se a importância da disposição do § 1º, que no caso do agente discutido poderia

---

[714] Nesse sentido, embora discordando quanto à preferência por categorias profissionais, cf. H. L. P. da FONSECA, *Comentários* cit., pp. 449-450. Também entendendo que as preferências do art. 21 da LRF são aplicáveis ao gestor, encontra-se J. LOBO, *Comentários* cit., p. 240.
[715] H. L. P. da FONSECA, *Comentários* cit., pp. 449-450.

se referir também a credor. Para H. L. P. da FONSECA, além dos impedimentos próprios do administrador judicial, o gestor se sujeitaria aos impedimentos aplicáveis aos administradores de forma geral, a exemplo daqueles dispostos no art. 64 do diploma.[716] Segundo J. LOBO, realmente, incide quanto ao gestor a vedação à ocupação do cargo por pessoas enquadradas nos artigos 147, § 1º, da Lei de S/A e 1.011, § 1º, do Código Civil.[717]

Os §§ 2º e 3º do art. 30 e o art. 31 da LRF, igualmente, têm aplicação quanto ao gestor, podendo ocasionar a sua destituição e a convocação da assembleia geral de credores para nova eleição.

A remuneração do gestor judicial, por sua vez, obedece aos parâmetros fixados no art. 24 da LRF, cujo *caput* estabelece que "o juiz fixará o valor e a forma de pagamento da remuneração do administrador judicial, observados a capacidade de pagamento do devedor, o grau de complexidade do trabalho e os valores praticados no mercado para o desempenho de atividades semelhantes", notando-se que o § 1º do dispositivo afirma que "em qualquer hipótese, o total pago ao administrador judicial não excederá 5% (cinco por cento) do valor devido aos credores submetidos à recuperação judicial ou do valor de venda dos bens na falência." Nesse ponto, é recomendável que o juiz, ao estabelecer a remuneração do gestor judicial, observe as formas e os valores praticados no mercado para pagamento de administradores de sociedade empresárias de porte semelhante ao daquela em recuperação, sobretudo em virtude do risco enfrentado no cargo. As demais disposições do art. 24, quando pertinentes, também podem se aplicar ao gestor, cuja remuneração será adimplida pela recuperanda (art. 25 da LRF).

Já no tocante ao regime de responsabilidade do gestor judicial, aponta R. MANGE terem ocorrido debates, quando da elaboração do anteprojeto que resultou na aprovação da LRF, acerca da medida de sua responsabilização, diante das visões conflitantes sobre a necessidade de sua proteção, porquanto ninguém aceitaria o cargo para correr riscos incalculáveis, ou a imposição dos riscos e responsabilidades inerentes à função de modo a coibir abusos. O autor afirma que se cogitou até isentar o gestor de responsabilidade por eventual falência se, conquanto

---

[716] H. L. P. da FONSECA, *Comentários* cit., p. 449.
[717] *Comentários* cit., p. 240.

atuante com a ousadia necessária para superar a crise, adotasse conduta em conformidade com os procedimentos éticos da boa administração, punindo-se, por outro lado, aquele que agisse com dolo ou má-fé. Pela dificuldade da matéria, porém, o legislador não versou sobre a questão.[718] Isso não significa, evidentemente, que o gestor judicial não possa sofrer responsabilização.

Ainda que não se trate, propriamente, de norma sobre deveres, impedimentos ou remuneração, é possível vislumbrar que o regime de responsabilidade estabelecido no art. 32 da LRF, indicando que "o administrador judicial e os membros do Comitê responderão pelos prejuízos causados à massa falida, ao devedor ou aos credores por dolo ou culpa, devendo o dissidente em deliberação do Comitê consignar sua discordância em ata para eximir-se da responsabilidade", alcance o gestor judicial, porquanto sua aplicação refletiria violação de deveres.

Sabendo-se, porém, que esse agente conduz as atividades da recuperanda como se fosse seu administrador, exercendo as funções que, na inocorrência do afastamento, competiriam aos órgãos de administração da sociedade,[719] sem sujeição à direção ou à orientação de controlador, esse regramento pode se mostrar insuficiente, se aplicado isoladamente. Nesse contexto, impor ao gestor judicial regime de responsabilidade próximo àquele conferido aos administradores de sociedades empresárias pode configurar solução adequada, considerando-se especialmente que as regras societárias que tutelam o interesse social devem permanecer em pleno vigor durante o processo recuperacional, sobretudo em caso de nomeação de gestor.[720]

Por sinal, ainda que o gestor judicial não assuma, propriamente, a posição do sócio controlador, conforme se apontou no item anterior, é

---

[718] R. MANGE, *O administrador judicial, o gestor judicial* cit., p. 71.

[719] Com efeito, afirma-se que compete ao gestor judicial, por exemplo, dirigir a atividade econômica desenvolvida pela sociedade e executar o plano recuperacional aprovado, tornando-se representante legal da entidade nos atos referentes à sua gestão, a exemplo de assinatura de cheques, contratações de serviços, aquisições de insumos e prática de atos societários (F. U. COELHO, *Comentários* cit., pp. 263-264). R. MANGE, outrossim, sustenta que, afastados os dirigentes, o gestor judicial assumirá suas funções, competindo-lhe administrar e gerir a empresa, buscando implementar o plano recuperacional aprovado ou em vias de aprovação (*O administrador judicial, o gestor judicial* cit., p. 71).

[720] S. C. NEDER CEREZETTI, *A Recuperação Judicial de Sociedade por Ações* cit., p. 223.

difícil diferenciar a função efetivamente exercida pelo agente e o "uso efetivo do poder para dirigir as atividades sociais", como se refere C. Salomão Filho, tratando do controle minoritário, ao segundo requisito constante do art. 116 da Lei das S/A para qualificação do controle.[721] Não se estranha, nesse cenário, a afirmação de que o poder de controle deverá ser exercido pelo gestor judicial no interesse de sócios e credores, incluindo trabalhadores.[722]

E, segundo C. Salomão Filho, ao se definir o controle estabelecido no art. 116 da lei societária para atribuição de deveres e responsabilidades aos controladores (por meio da disciplina do art. 117 do diploma), é fundamental que se adote a noção de controle tendo em vista a situação de fato, sem a necessidade de consolidação de uma posição jurídica.[723] Esse raciocínio, concernente à responsabilização de controlador "momentâneo, de fato" – minoritário – parece se enquadrar na situação do gestor judicial.

Assim, diante de situação fática em que o gestor judicial efetivamente exerce seu poder para dirigir as atividades sociais, seria possível promover a sua responsabilização nos termos do art. 117 da Lei das S/A, quando cabível. Mais do que isso, o regime de deveres e responsabilidade dos administradores (arts. 153 a 160 da Lei das S/A ou arts. 1.011, 1.013, § 2º, 1.016, 1.017 e 1.018 do Código Civil, por exemplo) também poderia incidir, nessa lógica, com relação ao gestor judicial, não somente pela natureza da função exercida, como pela consideração de que "ao controlador devem ser aplicados todos os deveres fiduciários aplicáveis ao administrador."[724]

É viável interpretar que o art. 32 da LRF confere aos credores legitimidade para o ajuizamento de ação de responsabilidade civil contra o gestor judicial, conquanto o prejuízo tenha atingido a recuperanda, podendo servir, ao que parece, à complementação dos arts. 1.016 do Código Civil e 159 da Lei das S/A, não se vislumbrando a utilização da ação social prevista no *caput* deste por detentores de crédito – afastado

---

[721] *Nota de texto 9*, in F. K. Comparato e C. Salomão Filho, *O poder de controle* cit., pp. 58-59.
[722] E. S. Munhoz, *Comentários* cit., p. 314.
[723] *Nota de texto 9*, in F. K. Comparato e C. Salomão Filho, *O poder de controle* cit., pp. 58-59.
[724] C. Salomão Filho, *O novo direito societário* cit., p. 198-199.

ou não o devedor – e se verificando que o § 7º do dispositivo diz respeito a ação individual de terceiro que sofreu prejuízo direto.[725]

Sustenta-se, enfim, que o gestor judicial poderá se submeter, em caso de falência, à imputação de crimes falimentares.[726]

2.3.7. O art. 66 da LRF

O *caput* do art. 66 da LRF, como adiantado no item 2.2. deste capítulo, estabelece que "após a distribuição do pedido de recuperação judicial, o devedor não poderá alienar ou onerar bens ou direitos de seu ativo não circulante, inclusive para os fins previstos no art. 67 desta Lei, salvo mediante autorização do juiz, depois de ouvido o Comitê de Credores, se houver, com exceção daqueles previamente autorizados no plano de recuperação judicial". Essa redação, conferida ao dispositivo pela Lei nº 14.112/2020, que reformou a LRF, repete, em grande medida, o texto anterior do art. 66, no sentido de que, "após a distribuição do pedido de recuperação judicial, o devedor não poderá alienar ou onerar bens ou direitos de seu ativo permanente, salvo evidente utilidade reconhecida pelo juiz, depois de ouvido o Comitê, com exceção daqueles previamente relacionados no plano de recuperação judicial."

É notável, contudo, que a reforma do diploma concursal acrescentou quatro novos parágrafos ao art. 66, de modo a permitir a intervenção da coletividade de credores no procedimento de alienação de bens ou direitos do ativo não circulante do devedor (também destacada no art. 35, I, "g", da LRF), entre outras medidas. Assim, autorizada judicialmente a venda, titulares de créditos correspondentes a mais de 15% do valor total do passivo sujeito ao processo poderão, no prazo de 5 dias, prestar caução equivalente ao montante da alienação pretendida e manifestar ao administrador judicial interesse justificado na realização de assembleia geral de credores para deliberar acerca da operação. Em 48 horas, então, deverá o administrador judicial apresentar relatório ao juízo da recuperação, versando sobre as manifestações recebidas. Havendo o atendimento aos requisitos legais para tanto, o auxiliar do juízo requererá ainda, na ocasião, a convocação do conclave de credores, buscando-se reduzir seu tempo e custo, o qual será suportado pelos

---

[725] N. Eizirik, *A Lei das S/A Comentada*, v. II cit., pp. 415-416.
[726] R. Mange, *O administrador judicial, o gestor judicial* cit., p. 71.

próprios credores requerentes (§§ 1º e 2º do art. 66 da LRF). Majora-se, portanto, a influência que os credores podem exercer no processo recuperacional.

Os §§ 3º e 4º incluídos no dispositivo, por seu turno, abordam a (não) sucessão de adquirente do objeto alienado nas obrigações do devedor e a interface entre a venda praticada nos termos do art. 66 e aspectos da convolação da recuperação judicial em falência. Outros pontos relacionados à disciplina da alienação de ativos também foram alvo de atenção do legislador na recente reforma da LRF, como se pode extrair do novo art. 66-A e das mudanças implementadas nos arts. 141 e 142 do diploma.

Como a Lei nº 14.112/2020 entrou em vigor há pouco tempo, ainda não existe farto material de ordens doutrinária e jurisprudencial acerca das modificações promovidas no art. 66. Sabendo-se, todavia, que o atual *caput* não alterou substancialmente a orientação do seu antigo texto, entende-se que muitas das lições da doutrina e da jurisprudência sobre o tema anteriores à reforma persistirão úteis nos próximos tempos. Por isso, o panorama delineado a seguir é baseado nelas, sem deixar de lado os elementos inaugurados pelo legislador de 2020.

Ao se falar do art. 66 da LRF, trata-se de regra que impõe ao devedor – ou ao gestor judicial, em caso de afastamento[727] –, após a distribuição do pedido de recuperação judicial, restrição relativa à alienação ou oneração de bens ou direitos do seu ativo não circulante, permitindo-se que ocorra somente após autorização judicial, com a oitiva prévia do comitê de credores, e também mediante a previsão da medida no plano recuperacional.[728] Para E. S. Munhoz, a limitação disposta no art. 66 talvez

---

[727] Sendo importante verificar, todavia, que o art. 27, II, "c", da LRF confere ao comitê de credores a atribuição de, na recuperação judicial, "submeter à autorização do juiz, quando ocorrer o afastamento do devedor nas hipóteses previstas nesta Lei, a alienação de bens do ativo permanente, a constituição de ônus reais e outras garantias, bem como atos de endividamento necessários à continuação da atividade empresarial durante o período que antecede a aprovação do plano de recuperação judicial." Presume-se que, nessa situação, o gestor judicial e o comitê (ou o administrador judicial, na sua falta, conforme o art. 28 do diploma) atuarão em conjunto, não fazendo sentido se excluir o agente nomeado dessa tarefa.

[728] Em aplicação, por exemplo, do disposto no art. 60 da LRF, a estabelecer que "se o plano de recuperação judicial aprovado envolver alienação judicial de filiais ou de unidades pro-

seja a mais importante restrição à liberdade de atuação do devedor ou dos administradores mantidos na condução da atividade empresarial.[729] O objetivo da norma seria evitar a utilização da recuperação judicial por "(...) devedor mal-intencionado, que busque ganhar tempo para dissipar seu patrimônio e reduzir a garantia dos credores."[730]

Sustenta-se, ademais, que a manifestação do comitê de credores não é vinculante ao juiz, que decidirá sobre a pretendida alienação ou oneração com base no reconhecimento da sua "evidente utilidade", observando-se ainda o art. 50, § 1º, da LRF.[731] É verdade que, na nova redação conferida ao *caput* do art. 66, suprimiu-se a referência à "evidente utilidade" do ato almejado. Ainda assim, é de se esperar que a autorização (ou não) da operação pelo juízo seja pautada pela demonstração de sua adequação ao propósito de soerguimento da atividade do devedor. Do mesmo modo, aliás, que se compreendia que a "evidente utilidade" deveria ser encontrada na contribuição da iniciativa desejada para a reorganização da empresa viável, em harmonia com o art. 47 do diploma concursal. Por outro lado, inexistindo tal colaboração e se comprometendo o direito dos credores anteriores ao pedido, a medida não deveria ser autorizada.[732] De toda maneira, a análise do juízo sobre essa modalidade de pedido deve se tornar menos criteriosa, já que a assembleia geral de credores poderá intervir no tema, se entender pertinente.

Notando-se que a restrição estabelecida pelo dispositivo se refere a "bens ou direitos de seu ativo não circulante", evidencia-se que vendas decorrentes do cumprimento do objeto social da recuperanda não são alcançadas, em regra, pela disciplina debatida. E nem poderia ser diferente, sob pena de se inviabilizar o exercício da sua atividade e, consequentemente, a superação da crise enfrentada.[733] Critica-se a referência apenas a tais bens ou direitos, por outro lado, pois poderia excluir da

---

dutivas isoladas do devedor, o juiz ordenará a sua realização, observado o disposto no art. 142 desta Lei."

[729] *Comentários* cit., p. 315.
[730] H. L. P. da FONSECA, *Comentários* cit., p. 451.
[731] E. S. MUNHOZ, *Comentários* cit., pp. 315-316.
[732] E. S. MUNHOZ, *Comentários* cit., p. 316.
[733] No mesmo sentido, cf. H. L. P. da FONSECA, *Comentários* cit., p. 451.

proteção legal outros ativos relevantes da recuperanda, cuja alienação ou oneração se mostre igualmente ou mais prejudicial aos credores.[734]

Vale ressaltar que o dispositivo examinado vinha sendo aplicado pela jurisprudência a casos bastante diversos, servindo de base, por exemplo, à reavaliação judicial da remuneração dos administradores de sociedade empresária aprovada pelos seus órgãos competentes[735] e à análise da legalidade de "financiamento DIP" de grandes proporções, envolvendo operações societárias complexas.[736] Na prática, assim, o art. 66 da LRF tem apresentado alguma utilidade, embora se possa cogitar de certa distorção do seu teor.

Afirma-se, enfim, ser nulo o negócio jurídico atingido pela regra discutida que tenha sido celebrado sem a anuência do juízo recuperacional, nos termos do art. 166, VII, do Código Civil.[737] É essa, em síntese, a disciplina estabelecida pelo art. 66 da lei nº 11.101/2005.

2.3.8. O sistema brasileiro: classificação nos modelos globais de administração

Finalizada a análise acerca dos elementos que constituem a solução brasileira sobre a condução da sociedade em recuperação judicial, inclusive a sua realidade de aplicação – cenário com elevada concentração de controle – e o princípio que norteia o processo recuperacional – a preservação da empresa –, resta promover a classificação do sistema adotado pelo Brasil junto aos modelos globais examinados no capítulo 1.

Ao que tudo indica, o sistema concursal brasileiro se enquadra no modelo de manutenção do devedor na condução da sociedade em reorganização, sob a supervisão de órgão imparcial do processo, qual seja, o administrador judicial (além do comitê de credores, em que não se pode, todavia, vislumbrar imparcialidade). O art. 64 da LRF é claro nesse sentido e o exame crítico promovido neste capítulo não apontou em sentido oposto. Essa conclusão é reforçada, também, pela observação de que a perspectiva de preservação da empresa, geralmente rela-

---

[734] E. S. Munhoz, *Comentários* cit., p. 316.
[735] TJSP, 2ª Câmara Reservada de Direito Empresarial, Agravo de Instrumento nº 2005232-03.2016.8.26.0000, Rel. Des. Carlos Alberto Garbi, j. 17.10.2016.
[736] TJSP, 2ª Câmara Reservada de Direito Empresarial, Agravo de Instrumento nº 2176529-15.2015.8.26.0000, Rel. Des. Carlos Alberto Garbi, j. 16.12.2015.
[737] H. L. P. da Fonseca, *Comentários* cit., pp. 452-453.

cionada aos sistemas concursais que adotam a manutenção do devedor – conforme se verificou no item 1.4 –, está presente no art. 47 do diploma legal, a expressar a sua orientação.

Confirma-se, portanto, o entendimento de S. C. Neder Cerezetti contrário à comum afirmação de que se adotou, no Brasil, o mecanismo que nos Estados Unidos se denomina *debtor in possession*, classificando-se o sistema brasileiro, verdadeiramente, no modelo em que o devedor – na nossa realidade, com os sentidos indicados no item 2.3.3. – pode continuar a conduzir a sociedade empresária rotineiramente, mas sujeito à supervisão de um órgão do processo de insolvência. Com efeito, ainda que na solução brasileira o devedor possa, salvo exceções, permanecer na administração da organização empresarial, a estrutura adotada no país se distingue daquela verificada no *debtor in possession* estadunidense pela previsão legal de que o administrador judicial deve supervisionar o devedor e desempenhar funções administrativas no processo, personagem que não poderia ser identificado, por exemplo, com o *United States Trustee* presente no sistema daquele Estado.[738]

A classificação do sistema brasileiro no modelo de manutenção sob supervisão de órgão imparcial do processo, todavia, é somente parte da tarefa. Deve-se avaliar, ainda, se os pressupostos de fiscalização efetiva, imposição de deveres fiduciários e independência da administração, identificados nos modelos globais de condução – conquanto, a depender da orientação do sistema concursal, possam ser alterados os sujeitos disciplinados ou beneficiados diretamente por tais medidas –, estão presentes na solução brasileira. O próximo capítulo se dedica a esse esforço.

---

[738] S. C. Neder Cerezetti, *A Recuperação Judicial de Sociedade por Ações* cit., pp. 386-389. De fato, o *United States Trustee* foi criado pelos legisladores americanos com a finalidade de assumir responsabilidades administrativas relativas aos processos de insolvência antes cabíveis ao juiz, a exemplo do estabelecimento do painel de *trustees* disponíveis para nomeação em determinados casos e do monitoramento de planos de reorganização e de informações prestadas nessa tocante (M. J. Herbert, *Understanding Bankruptcy* cit., pp. 57-58).

3.
Os Pressupostos dos Modelos Globais de Administração da Empresa em Reorganização e a sua Verificação na Solução Brasileira: Análise Crítica

Como se concluiu no item 1.4. do primeiro capítulo, após a análise dos sistemas concursais classificados, respectivamente, nos modelos globais de administração da sociedade em reorganização que preconizam a manutenção do devedor, sem a supervisão de órgão imparcial do processo, o afastamento do devedor e a manutenção do devedor, sob a supervisão de órgão imparcial do processo, são pressupostos à adequada utilização destes a fiscalização sobre os responsáveis pela condução da empresa em reorganização, a observância dos deveres fiduciários a eles impostos e a sua independência. Esses elementos, como visto, conferem maior lisura ao processo e servem ao atendimento dos propósitos perseguidos pelos sistemas concursais – comportando variações quanto aos sujeitos disciplinados ou beneficiados diretamente por tais regras.

O presente capítulo se destina a analisar se esses pressupostos estão presentes na solução brasileira, que se enquadra no modelo global de manutenção do devedor na administração da sociedade em reorganização, sob supervisão de órgão imparcial do processo, e persegue como propósito a preservação da empresa estabelecida no art. 47 da LRF. Entende-se que, no sistema concursal do Brasil, o bom andamento do processo recuperacional e o alcance do equilíbrio entre múltiplos interesses recomendado pela sua orientação dependem disso.

3.1. A (in)efetiva supervisão sobre a administração da sociedade em recuperação judicial

Conforme se afirmou no item 2.3.2. do capítulo anterior, a informação, logo após os ativos, pode ser considerada o bem mais valioso em situações de crise empresarial enfrentadas por meio da recuperação judicial,[739] sabendo-se que a sua obtenção depende, em grande medida, da fiscalização sobre a condução da sociedade recuperanda. A supervisão adequada sobre a administração da empresa em recuperação também serve para assegurar o bom andamento do processo e evitar o favorecimento indevido de determinados interesses, em detrimento de outros.

A fiscalização efetiva sobre o responsável pela condução da sociedade em recuperação judicial, portanto, é uma necessidade.

E, em virtude da elevada concentração de controle que caracteriza a realidade econômica brasileira, essa necessidade é reforçada. Com efeito, o sócio controlador, além de determinar o destino último do patrimônio alheio, também o administra na prática[740], sendo possível afirmar que, no contexto brasileiro, a figura que permanece na administração da empresa em crise ao longo do processo recuperacional coincide, frequentemente, com o seu controlador.[741] O cuidado para que os seus interesses não sejam indevidamente prestigiados no exercício da condução deve ser fortalecido.

Verificando-se, ademais, que, em caso de afastamento do devedor, a condução da recuperanda é assumida pelo gestor judicial, agente eleito pelos credores (art. 65 da LRF), a fiscalização deve ter, também nessa hipótese, um papel relevante em evitar interferências indevidas destes na administração da empresa.

Conforme exposto no item 2.3.2., em que se analisou criticamente a disciplina legal relativa à fiscalização acerca da condução da sociedade em recuperação judicial, essa importante função compete ao administrador judicial, órgão imparcial nomeado pelo juízo, e ao comitê de credores, órgão colegiado facultativo constituído para representar a comunidade de credores.

Entre diversas atribuições bastante relevantes, o artigo 22, II, "a", da LRF impõe ao administrador judicial o dever de, na recuperação judicial, "fiscalizar as atividades do devedor (...)", assim como o mesmo dispositivo, em sua alínea "c", impõe-lhe o dever de apresentar ao juiz

---

[739] E. U. MAFFIOLETTI e S. C. NEDER CEREZETTI, *Transparência e divulgação* cit., p. 79.
[740] C. SALOMÃO FILHO, *O novo direito societário* cit., pp. 193-194.
[741] Para mais detalhes sobre o tema, cf. os itens 2.3.1. e 2.3.3. do capítulo anterior.

3. OS PRESSUPOSTOS DOS MODELOS GLOBAIS DE ADMINISTRAÇÃO DA EMPRESA...

"(...) relatório mensal das atividades do devedor". A interpretação dessa norma, porém, pode resultar em aplicações de intensidades muito diferentes, sendo possível desde uma fiscalização rigorosa e presente do administrador judicial até a sua redução ao mero cumprimento de uma formalidade, distante e ineficaz.[742] Parece claro que uma fiscalização mais rigorosa e próxima da administração da empresa em crise beneficia os múltiplos interesses abrangidos no processo de recuperação judicial, tornando-o mais transparente e evitando a prática de atos em desconformidade com o plano aprovado[743] ou até de ilícitos.

A despeito disso, encontram-se em parcela da doutrina[744] e na jurisprudência[745] indícios de que as melhores práticas nem sempre estejam

---

[742] Ainda que algumas alterações promovidas no art. 22 da LRF, no âmbito da reforma concursal de 2020, tenham a clara intenção de reduzir esse risco, a exemplo da redação atribuída ao seu inciso II, "c".

[743] Notando-se que, segundo H. M. D. VERÇOSA, o controlador da recuperanda deve observar, conforme o art. 116, parágrafo único, da Lei das S/A, em ordem hierárquica, o plano de recuperação e o estatuto/contrato social, sob pena de incidir em ato de abuso do poder de controle. Os administradores, no mesmo sentido, vincular-se-iam ao cumprimento do plano, persistindo na aplicação do estatuto/contrato social quando não opostos ao primeiro (H. M. D. VERÇOSA, *O status jurídico do controlador* cit., p. 31).

[744] Denotando certa desconfiança acerca do rigor legal quanto ao dever de fiscalizar do administrador judicial, aponta-se que a exigência de um relatório mensal a ser apresentado ao juiz em processo de grande porte poderia ensejar, como consequência negativa, um desvio de atenção do administrador de outras tarefas, o que poderia tornar mais demorado o seu andamento (cf., por exemplo, H. M. D. VERÇOSA, *Comentários ao Capítulo II, Seção III da Lei 11.101/2005*, in F. S. de SOUZA JUNIOR, e A. S. A. de M. PITOMBO (coords.), *Comentários à Lei de Recuperação de Empresas e Falência* cit., p. 171).

[745] Veja-se, a seguir, ementa de julgado em que se considerou que atender a pedido, formulado pelo comitê de credores, de informações minuciosas sobre todas as atividades da recuperanda configuraria a realização de ampla devassa em sua vida empresarial: "Agravo. Comitê de Credores. Pedido de informações minuciosas sobre todas as atividades da recuperanda. Indeferimento. O Comitê de Credores deve exercer suas funções fiscalizadoras com base no relatório mensal do Administrador Judicial, que já vem instruído com as informações necessárias ao cabal desempenho de suas atividades. A empresa em recuperação continua sob a gestão de seus administradores estatutários, que só serão afastados nas hipóteses taxativamente previstas na lei. O Comitê, no exercício de suas atribuições, não tem o direito de realizar ampla devassa na vida empresarial da recuperanda. Agravo improvido." (TJSP, Câmara Reservada à Falência e Recuperação, Agravo de Instrumento nº 0067777-56.2010.8.26.0000, Rel. Des. Pereira Calças, j. 01.06.2010). Já em outro julgado, ainda que tenha ocorrido o afastamento do devedor diante da sua negativa em prestar

prevalecendo no tocante à fiscalização sobre a condução da recuperanda.

A inadmissível limitação a pedidos de informação formulados diretamente por credores tampouco colabora para uma fiscalização efetiva sobre o devedor mantido na administração da sociedade em recuperação, levando a doutrina a sustentar que caberia ao magistrado, em cada caso concreto, decidir sobre a divulgação requerida, com ponderação acerca do valor dos dados almejados, da atuação dos órgãos de fiscalização e dos custos envolvidos no seu fornecimento.[746]

Contribui para esse cenário, também, ser bastante rara em processos de recuperação a constituição do comitê de credores,[747] que apresenta a relevante função, entre outras, de "fiscalizar a administração das atividades do devedor (...)", nos termos do artigo 27, II, "a", do diploma concursal. Costuma-se atribuir o insucesso do órgão à ausência da previsão legal de remuneração aos seus integrantes, como se nota no art. 29 do diploma, e ao risco de responsabilização dos seus membros por prejuízos causados ao devedor e aos credores, conforme o art. 32 da LRF. Evidentemente, os credores, cujo interesse primordial está na satisfação dos seus créditos, já prejudicados pela crise do devedor, não têm grande incentivo para participar do comitê, majorando ainda mais os seus riscos sem contrapartida à altura do esforço.

Confirmando-se o cenário sugerido por esses elementos, entende-se que o prejuízo aos credores e aos demais interessados no processo de recuperação judicial, bem como, eventualmente, ao próprio devedor, poderá ser elevado. Cumpre, então, observar a disciplina legal estabelecida no tocante à fiscalização, interpretando-a de modo a se ampliar a transparência do processo. Ademais, mostra-se necessário promover reforma no regramento do comitê de credores, como indicado no item 2.3.2., para que o órgão possa colaborar mais efetivamente ao esforço de supervisão sobre a condução da recuperanda.

---

informações ao administrador judicial, entre variadas irregularidades, verifica-se que essa medida foi adotada apenas depois de prolongada recalcitrância daquele (TJSP, 2ª Câmara Reservada de Direito Empresarial, Agravo de Instrumento nº 0053075-37.2012.8.26.0000, Rel. Des. Tasso Duarte de Melo, j. 16.10.2012).

[746] E. U. MAFFIOLETTI e S. C. NEDER CEREZETTI, *Transparência e divulgação* cit., pp. 102-103.

[747] J. P. SCALZILLI, L. F. SPINELLI e R. TELLECHEA, *Recuperação de empresas e falência* cit., p. 176.

3.2. A (in)observância dos deveres fiduciários impostos aos responsáveis pela administração da recuperanda

Como repetido inúmeras vezes ao longo deste trabalho, a estrutura de controle da empresa brasileira é caracterizada pela extrema concentração,[748] o que certamente ocasiona efeitos, também, no âmbito da recuperação judicial. E ainda que, no sistema brasileiro, o devedor – frequentemente identificado com o sócio controlador – possa continuar a conduzir a recuperanda sob supervisão, não se mostra prescindível uma apropriada disciplina de deveres fiduciários do titular do controle.[749]

Pelo contrário, sendo clara a necessidade de distinguir o interesse da sociedade empresária e do seu sócio controlador, reforçada em virtude da utilização imprecisa da expressão "devedor" ao longo da lei nº 11.101/2005, afirma-se ser imprescindível, durante o processo de recuperação judicial, zelar para que as regras que estruturam a governança da recuperanda sejam observadas, permanecendo em pleno vigor as normas sobre condução da empresa, constituição dos órgãos de administração e direitos e deveres dos administradores e acionistas,[750] como visto no capítulo anterior. O mesmo vale, de modo ainda mais expressivo, para o caso da eleição de um gestor judicial para administrar a recuperanda, caso afastado o devedor – com as particularidades inerentes ao afastamento operado, claro.[751]

Exigir e reforçar que os deveres fiduciários impostos ao responsável pela condução da empresa em recuperação judicial sejam cumpridos, inclusive, é um dos modos de se evitar que a gestão dos negócios pelo próprio devedor possa enviesar o procedimento, prejudicando interessa-

---

[748] C. SALOMÃO FILHO, *O novo direito societário* cit., p. 193.

[749] Como ensina C. SALOMÃO FILHO, justifica-se a imposição de deveres fiduciários ao controlador, no contexto de uma realidade de controle extremamente concentrado, por ser ele, nesse caso, a assumir a posição de "administrador por excelência do patrimônio alheio", papel semelhante ao desempenhado pelo credor fiduciário nos negócios fiduciários. Isso se verificaria, sobretudo, no direito brasileiro, em que, além de determinar o destino último do patrimônio alheio, ainda o administraria na prática. Nesse sentido, aponta o autor que a Lei de S/A protege os deveres fiduciários que devem ser observados pelo controlador em três dispositivos diversos, os artigos 115, 116 e 117 (*O novo direito societário* cit., pp. 194-195).

[750] Nesse sentido, cf. H. M. D. VERÇOSA, *O status jurídico do controlador* cit., pp. 30-31.

[751] S. C. NEDER CEREZETTI, *A Recuperação Judicial de Sociedade por Ações* cit., p. 223.

dos que não terão representação no decorrer da discussão sobre o futuro da empresa.⁷⁵² Considerando-se que a manutenção do devedor na condução da atividade da recuperanda pode acarretar conflitos ou mesmo problemas mais graves, tem-se que a imposição dos deveres fiduciários é um relevante meio para minorar essas eventuais consequências negativas.

Aliás, deve-se destacar que, no direito da empresa em crise, a abrangência desses deveres de diligência e de lealdade é alargada, passando a abarcar como beneficiários, além dos sócios, os credores e até, possivelmente, outros polos de interesse envolvidos no processo reorganizacional.⁷⁵³

Com efeito, os deveres fiduciários impostos ao devedor na reorganização não se referem somente aos sócios ou são ampliados meramente a fim de abarcar os credores, relacionando-se também aos demais membros da comunidade, em conformidade com a política de reabilitação presente na LRF, nisso incluídos os propósitos de salvar empregos e recursos comunitários. Compete ao devedor, nessa direção, conduzir a empresa e exercer suas funções no processo recuperacional levando em consideração uma ampla gama de interesses.⁷⁵⁴

Nesse sentido, S. C. NEDER CEREZETTI defende que as claras disposições da Lei societária brasileira, inspiradas pelo institucionalismo, quanto aos deveres impostos aos acionistas controladores⁷⁵⁵ e aos administradores das sociedades por ações⁷⁵⁶, ou seja, esse panorama de respeito ao interesse público, à comunidade e aos trabalhadores, não deve se limitar às hipóteses em que a empresa esteja saudável econômico-financeiramente, estendendo-se também aos períodos de crise e às ten-

---

⁷⁵² S. C. NEDER CEREZETTI, *A Recuperação Judicial de Sociedade por Ações* cit., p. 393.
⁷⁵³ H. R. MILLER, *The changing face of chapter 11* cit., p. 442.
⁷⁵⁴ S. C. NEDER CEREZETTI, *A Recuperação Judicial de Sociedade por Ações* cit., p. 394.
⁷⁵⁵ Sendo a redação do seu art. 116, p. ún., a seguinte: "o acionista controlador deve usar o poder com o fim de fazer a companhia realizar o seu objeto e cumprir sua função social, e tem deveres e responsabilidades para com os demais acionistas da empresa, os que nela trabalham e para com a comunidade em que atua, cujos direitos e interesses deve lealmente respeitar e atender".
⁷⁵⁶ Veja-se, por exemplo, a redação do seu art. 154: "o administrador deve exercer as atribuições que a lei e o estatuto lhe conferem para lograr os fins e no interesse da companhia, satisfeitas as exigências do bem público e da função social da empresa."

tativas de solucioná-la.⁷⁵⁷ Sabe-se, contudo, que não se trata de um caminho simples.

Reconhece-se que os deveres fiduciários, ao menos com relação aos seus potenciais beneficiários previstos legalmente, não são observados na prática sequer de uma maneira geral,⁷⁵⁸ sendo difícil esperar que realidade diversa se verifique no específico campo da recuperação judicial. A escassa jurisprudência que cuidou da matéria, por sua vez, não é reconfortante nesse tocante.

Como exemplo, pode ser referido um caso envolvendo pagamentos de valores, durante a recuperação judicial, pela recuperanda ao sócio controlador, em razão de empréstimo concedido por este àquela após a recuperação, revelando uma série de problemas, desde a justificativa para fazer uso de conta bancária em nome de terceiro com o fim de impedir penhoras judiciais até a promiscuidade patrimonial entre sociedade empresária e controlador, passando pela falta de transparência e pela decisão do sócio em se pagar como credor extraconcursal.⁷⁵⁹ O Poder Judiciário corroborou a operação. Em um caso como esse, não parece que os deveres fiduciários do sócio controlador quanto aos credores tenham sido devidamente observados.

Também na hipótese de afastamento do devedor, em que os deveres fiduciários deveriam ser observados pelo gestor judicial, como decorrência da posição ocupada na administração da recuperanda, há indícios de que tais deveres podem não estar sendo propriamente atendidos, havendo inclusive julgado a permitir a nomeação do principal credor para a função,⁷⁶⁰ agravando-se, ao que parece, o potencial conflito que já causava preocupação somente pela eleição do agente pelos detentores de créditos.

Para que esses indícios de inobservância dos deveres fiduciários apresentados pelos responsáveis pela condução da sociedade em recuperação judicial não se confirmem como regra no direito da empresa em

---

⁷⁵⁷ S. C. NEDER CEREZETTI, *A Recuperação Judicial de Sociedade por Ações* cit., pp. 394-395.
⁷⁵⁸ S. C. NEDER CEREZETTI, *A Recuperação Judicial de Sociedade por Ações* cit., p. 395.
⁷⁵⁹ TJSP, Câmara Reservada à Falência e Recuperação, Agravo de Instrumento nº 0022059-02.2011.8.26.0000, Rel. Des. Lino Machado, j. 20.09.2011.
⁷⁶⁰ TJSP, 2ª Câmara Reservada de Direito Empresarial, Agravo de Instrumento nº 2039692-21.2013.8.26.0000, Rel. Des. Carlos Alberto Garbi, j. 05.10.2015.

crise do Brasil, é essencial o papel do juiz. Esse tema será abordado no item 3.4., adiante.

3.3. A (in)dependência da administração da recuperanda

C. Salomão Filho, ao versar sobre os deveres fiduciários impostos ao controlador, afirma que este, no direito brasileiro, além de determinar o destino último do patrimônio alheio, também o administra na prática.[761] E, de fato, considerando-se que a Lei societária brasileira consagrou o seu poder absoluto, ao permitir sua participação no Conselho de Administração da companhia e, assim, ofertar-lhe total influência sobre o âmbito administrativo desta[762], não se mostra exagerada tal assertiva. Pelo contrário, o surgimento de dados acerca da realidade societária brasileira apenas fortalece essa perspectiva.

Como reiterado, tem-se no país uma elevada concentração de controle, havendo pesquisas que indicam que a participação proporcional de administradores independentes em companhias brasileiras de controle concentrado é menor do que naquelas de controle disperso, ou seja, que a taxa de independência dos membros se mostra inversamente proporcional à concentração do controle.[763] Nas mesmas pesquisas, constatou-se também que os acionistas controladores de companhias brasileiras tendem a integrar os órgãos de administração, o que, ensina S. C. Neder Cerezetti, acaba por facilitar situações de conflito de interesses e expropriação dos minoritários.[764]

É inegável, portanto, a influência determinante que o controlador exerce na administração da companhia brasileira[765], ensejando até mesmo que, ao se tratar da gestão da empresa, por vezes se olvide a própria figura do administrador, passando-se diretamente a versar sobre o controlador, o qual, contudo, nem sempre acumula formalmente essas funções.

Esse pensamento, contudo, deve ser superado, seja na recuperação judicial, seja fora dela. Prestigiar a sujeição do administrador ao sócio

---

[761] C. Salomão Filho, *O novo direito societário* cit., p. 194.
[762] C. Salomão Filho, *O novo direito societário* cit., p. 193.
[763] S. C. Neder Cerezetti, *Administradores independentes* cit., p. 583.
[764] *Administradores independentes* cit., p. 583.
[765] Cenário que deve se repetir com relação às empresas que adotam os demais tipos societários.

3. OS PRESSUPOSTOS DOS MODELOS GLOBAIS DE ADMINISTRAÇÃO DA EMPRESA...

controlador significa manter a atual situação problemática narrada, não se vislumbrando independência da administração[766] das empresas quanto aos seus sócios controladores e tampouco se buscando desenvolver uma adequada disciplina de deveres fiduciários a ambos, administrador e sócio controlador.

Tratando-se de companhia, tem-se entendido, de modo geral, que o conselho de administração deve ser um órgão capaz de analisar objetivamente a performance da empresa, valorizando-se, então, que seja constituído de pessoas sem vínculos com o controlador e a administração, em composição que não se confunda com a da diretoria. Esse entendimento reflete uma crescente preocupação com o estabelecimento de regras mínimas sobre estruturação e direção de empresas, buscando-se assegurar transparência em sua gestão e despertar a confiança dos investidores.[767]

A adoção dessa nova postura apresenta vantagens expressivas, havendo pesquisas a indicar que, sobretudo em ambientes caracterizados por fraca proteção aos acionistas minoritários, a eleição de administradores independentes guarda relação com a elevação do valor de mercado da companhia.[768] Nesse sentido, indica S. C. NEDER CEREZETTI se acreditar que a existência de um conselho de administração composto por um razoável número de integrantes independentes poderia ensejar maior valorização à companhia, afastando os prejuízos ocasionados por haver um acionista controlador e por não haver uma disciplina adequada sobre a proteção dos demais acionistas.[769]

Em locais que apresentam companhias de controle concentrado, além disso, afirma-se que a utilização de regras de independência ocorre não somente com o escopo de desvincular a administração dos interesses dos controladores, mas também com o fim de ampliar o rol de interesses a serem tutelados durante a gestão da empresa,[770] algo muito caro

---

[766] Sobre o tema, cf. ainda Jorge Lobo, *Princípios de governança corporativa*, in *Revista do Ministério Público – edição comemorativa* (2015) e E. V. A. e N. França, *Dever de informar dos administradores de companhias abertas – Inexistência de submissão ao acionista controlador*, in E. V. A. e N. França, *Temas de direito societário* cit., pp. 365-371.
[767] S. C. Neder Cerezetti, *Administradores independentes* cit., p. 577.
[768] S. C. Neder Cerezetti, *Administradores independentes* cit., p. 583.
[769] S. C. Neder Cerezetti, *Administradores independentes* cit., pp. 583-584.
[770] S. C. Neder Cerezetti, *Administradores independentes* cit., p. 586.

ao processo de recuperação judicial como foi estruturado, com base institucionalista.

Ressalta S. C. NEDER CEREZETTI, outrossim, que a independência deve ser entendida como regra aplicável a todos os administradores, e não somente aos classificados como "independentes", conforme as normas de governança adotadas no caso. Evidentemente, então, todos os administradores, ao exercerem sua função de caráter fiduciário, devem ponderar os interesses em questão e tomar decisões somente no interesse da companhia.[771] E, tratando-se de recuperanda, considerar ainda os objetivos estabelecidos no art. 47 da LRF.

Nesse ponto, resta claro que reforçar a independência da administração com relação ao controlador é essencial para que se estabeleça a confiabilidade do mercado de capitais brasileiro e para que se ofereça proteção adequada ao extenso rol de interesses abrangidos pela empresa. No cenário de recuperação judicial, diante de todos os fatores expostos acima, a importância dessa independência é ainda maior, consistindo em pressuposto do respeito à preservação da empresa a composição de múltiplos interesses. Ademais, assegurando-se a independência da administração, haverá mais confiança dos agentes envolvidos no processo recuperacional quanto à lisura do procedimento em casos de avalição e venda de ativos da recuperanda, assim como em diversos outros atos em que o controlador está, geralmente, em situação de conflito de interesses, podendo-se presumir, ainda, maiores dificuldades nesse panorama para que se configurem hipóteses de abuso do poder de controle. O próprio financiamento da empresa em crise, nesse cenário, tende a se tornar mais acessível, em virtude do ganho em sua governança.

Como indicado no item 2.3.6., enfim, cabe esclarecer que as considerações ora tecidas acerca da necessidade de se assegurar a independência da administração mantida na condução da sociedade em recuperação judicial também se aplicam ao gestor judicial nomeado em caso de afastamento do devedor, de modo que a sua eleição pelos credores não acarrete favorecimento a estes.

---

[771] S. C. NEDER CEREZETTI, *Administradores independentes* cit., p. 589.

3.4. As hipóteses legais para a substituição e o afastamento em relação à administração da recuperanda: suficiência?

As situações que ocasionam a substituição dos administradores ou o afastamento do devedor em relação à condução da recuperanda, elencadas no art. 64 da LRF, já foram analisadas no item 2.3.4. Entretanto, realizado o exame acerca da presença dos pressupostos dos modelos globais na solução brasileira, evidencia-se a insuficiência das causas previstas na disciplina estudada quanto a um aspecto relevante: o descumprimento dos deveres fiduciários.[772] Deve-se tratar brevemente desse ponto.

De fato, diante da importância ímpar da observância dos deveres fiduciários para que o processo recuperacional tramite com lisura e atenda aos seus objetivos, seria determinante acrescentar expressamente às hipóteses descritas no art. 64 da LRF a possibilidade de substituição dos administradores ou de afastamento do devedor em virtude do seu descumprimento. Embora seja possível interpretação do direito vigente a gerar o mesmo resultado,[773] a existência de regra clara nesse tocante certamente incentivaria o cumprimento de tais deveres, bem como o controle judicial sobre o seu descumprimento em cada caso concreto.

O papel do magistrado nesse contexto se mostra crucial. Realmente, conforme S. C. Neder Cerezetti, surge como solução ao descumprimento dos deveres fiduciários pelo sócio controlador, no âmbito da recuperação judicial, e até ao dilema sobre a manutenção ou não do devedor à frente do negócio, ao longo do processo recuperacional, a análise casuística das situações. Nesse sentido, seria atribuído ao juiz de cada caso a função de impor respeito aos deveres fiduciários, compor interesses e verificar se existe, na realidade, a necessidade de afastamento dos gestores da empresa, visando a respeitar aqueles cujos inte-

---

[772] É comum na doutrina, também, a defesa da atribuição de maior poder aos credores quanto ao afastamento do devedor. Nesse sentido, cf. H. L. P. da Fonseca, *Comentários* cit., p. 430 e E. S. Munhoz, *Comentários* cit., pp. 311-312. É preciso ponderar, porém, se modificação nessa direção não ocasionaria excessivo desequilíbrio entre as partes do processo.

[773] Nessa direção, cf. S. C. Neder Cerezetti, *A Recuperação Judicial de Sociedade por Ações* cit., pp. 397-398.

resses também devem ser prestigiados, ou seja, credores, consumidores, trabalhadores, acionistas[774] e comunidade.[775]

Desse modo, verificado o descumprimento de dever fiduciário pelo devedor ou seus administradores, teria o magistrado da recuperação judicial poder para promover o seu afastamento ou a sua substituição, o que consistiria em um expressivo papel de defesa dos interesses abrangidos no processo[776] e poderia gerar fiscalização efetiva, pelo Judiciário, acerca da ocorrência de eventos de abuso do poder de controle empresarial, por exemplo, ao menos na esfera concursal. O atendimento à exigência de observância dos deveres fiduciários em determinado caso pode inclusive tornar desnecessárias as medidas de substituição ou de afastamento, atingindo-se durante o processo recuperacional a desejada separação entre acionista controlador e administração.[777]

3.5. O necessário equilíbrio entre múltiplos interesses: objetivo atendido?

Sabe-se da relevância dos pressupostos analisados para que se alcance o necessário equilíbrio entre múltiplos interesses inerente ao princípio da preservação da empresa abarcado pela LRF e compreendido no presente trabalho sob uma perspectiva procedimental. Finalizada a análise sobre a sua presença na solução brasileira, então, cumpre verificar se aquele equilíbrio tem sido atingido quanto à condução da recuperanda.

Conquanto não haja elementos suficientes para uma afirmação categórica nesse tocante, os indícios encontrados ao longo deste capítulo não apontam para a adoção das melhores práticas com relação à fiscalização sobre a condução da recuperanda, à observância dos deveres fiduciários pelos responsáveis por essa condução e à sua independência. E,

---

[774] Critica-se, aliás, o tratamento destinado aos acionistas minoritários na recuperação judicial, que apenas perpetuaria a situação já verificada no sistema societário brasileiro no sentido do desamparo à categoria e sua exclusão quanto a decisões de relevância para a companhia (S. C. NEDER CEREZETTI, *A Recuperação Judicial de Sociedade por Ações* cit., pp. 226-227).

[775] S. C. NEDER CEREZETTI, *A Recuperação Judicial de Sociedade por Ações* cit., pp. 396-397. Também no sentido da atribuição de maior poder ao juízo recuperacional, encontra-se a posição de E. S. MUNHOZ (*Comentários* cit., pp. 311-312).

[776] S. C. NEDER CEREZETTI, *A Recuperação Judicial de Sociedade por Ações* cit., pp. 397-398.

[777] S. C. NEDER CEREZETTI, *A Recuperação Judicial de Sociedade por Ações* cit., pp. 397-398.

3. OS PRESSUPOSTOS DOS MODELOS GLOBAIS DE ADMINISTRAÇÃO DA EMPRESA...

confirmando-se esse cenário, tem-se que a fiscalização pouco efetiva, o descumprimento dos deveres fiduciários e a ausência de independência dos agentes responsáveis pela condução certamente ensejam prejuízo aos demais interesses abrangidos na recuperação judicial, para além daquele favorecido pelo contexto narrado – geralmente, o sócio controlador. A premissa de equilíbrio de interesses, dessa maneira, não parece atendida. Todavia, isso pode mudar.

Nesse sentido, (i) a adoção de um padrão mais elevado de fiscalização sobre a condução da sociedade em recuperação judicial, pelo administrador judicial e pelos credores, (ii) a plena observância dos deveres fiduciários pelo sócio controlador e pelos administradores da empresa, durante o procedimento e fora dele, assim como pelo gestor judicial, quando nomeado, com evidente reflexo na independência dos agentes, e (iii) a efetiva supervisão da conduta desses personagens pela magistrada ou pelo magistrado competente, com a possibilidade do seu afastamento ou substituição em caso de descumprimento daqueles deveres, por exemplo, são medidas essenciais para que os indícios encontrados neste capítulo não se convertam em regra na realidade brasileira. Resta proceder à sua efetiva aplicação.

Conclusão

O estudo acima apresentado buscou analisar a solução brasileira sobre a condução da sociedade em recuperação judicial à luz dos modelos globais de administração da empresa em reorganização e, também, tendo em vista as finalidades perseguidas pela LRF. Sem prejuízo de tudo o que foi exposto ao longo da obra, deve-se recordar as principais conclusões alcançadas em seu teor.

No capítulo 1, entendeu-se que tanto a identificação do *devedor* como pessoa cujos ativos e passivos sejam ou possam ser objeto de um processo de insolvência quanto o seu reconhecimento como um arranjo complexo de direitos e interesses apresentam vantagens e, de certo modo, complementam-se. De fato, aquela confere abrangência suficiente aos textos legais, delimitando satisfatoriamente os sujeitos alcançados por suas disposições na generalidade dos casos. Este, por seu turno, mostra-se atento à perspectiva negocial, permitindo a atribuição de sentido à expressão, para além da primeira definição, conforme cada realidade verificada, de maneira dinâmica e reveladora dos seus prováveis efeitos.

Compreendeu-se, ainda, que os modelos globais de condução da empresa em reorganização identificados pelo Banco Mundial se dividem em três: (i) aquele em que a condução é confiada a um agente nomeado no âmbito do processo, (ii) aquele em que a condução permanece com a administração preexistente e, enfim, (iii) aquele em que a supervisão da administração preexistente – mantida na função – é exercida por um representante ou supervisor do processo, imparcial. Para se extraírem os elementos pertinentes de cada modelo, a fim de viabilizar a análise pretendida, selecionaram-se os sistemas concursais dos Estados Unidos da América, da Alemanha, do Reino Unido, de Portugal, da Itália, da Espanha e da Argentina.

No modelo de *debtor in possession*, em que a condução da empresa permanece sob a administração preexistente, geralmente sem a fiscalização de órgão imparcial do processo, inseriu-se o sistema americano. No modelo de afastamento da administração preexistente, com a nomeação de um agente para a função, foram incluídos os sistemas da Alemanha, do Reino Unido e de Portugal. Já no modelo de manutenção da administração preexistente, sob supervisão de órgão imparcial do processo, foram alocados os sistemas italiano, espanhol e argentino.

Apontou-se também, no primeiro capítulo, que o modelo global caracterizado pela manutenção do devedor na condução da empresa, sob a supervisão de órgão do processo de reorganização, pode ser visto como uma via intermediária entre os demais modelos examinados, tratando-se, nesse ponto, da medida em que o poder do devedor quanto à condução é afetado pela nomeação – ou não – de órgão do processo, idealmente imparcial, o que não necessariamente se relaciona à intensidade da supervisão existente em cada modelo – embora a presença dessa figura possa ser determinante à qualidade e à extensão das informações obtidas na atividade fiscalizatória.

Indicaram-se, ademais, as possíveis vantagens e desvantagens vislumbradas em cada modelo global, com destaque para um ponto positivo verificado nos modelos de manutenção do devedor na condução da empresa em reorganização, consistente no oferecimento da estrutura mais favorável para que a administração da sociedade em dificuldades econômico-financeiras, mas com atividade viável, inicie processo para a superação da crise o quanto antes, assim que identificada a sua gravidade, de modo que o salvamento pretendido ainda se mostre possível e que o negócio periclitante não continue em atividade com aparência de normalidade, em detrimento dos credores. Esse importante fator é acolhido pela LRF, fazendo-se necessário, porém, disciplinar adequadamente os administradores – e o controlador – mantidos na condução da recuperanda.

Verificou-se, outrossim, que os sistemas examinados que se enquadram no modelo de afastamento do devedor refletem com maior nitidez a compreensão de que o regime concursal deve prestigiar, primordialmente, a satisfação dos credores, enquanto os sistemas concursais classificados junto aos modelos de manutenção do devedor, por outro lado, parecem refletir em medida mais larga, geralmente, a perspectiva de preservação da empresa. Ressaltou-se, no entanto, que essa consideração não era absoluta, sendo difícil imaginar uma realidade em que elementos das duas perspectivas – e de outras, não se resumindo as finalidades do direito concursal a tal polarização – não estejam presentes ao mesmo tempo, ainda que em medidas diversas.

Apresentaram-se, enfim, os pressupostos dos modelos globais, identificados ao longo da análise empreendida sobre os sistemas concursais mencionados, consistentes na observância de deveres fiduciários pelos responsáveis pela condução da empresa em reorganização, na fiscalização efetiva sobre a sua atuação e, enfim, na independência que devem ostentar. Sustentou-se que tais elementos propiciam o adequado funcionamento dos modelos estudados, tendo em vista inclusive as diferentes perspectivas sobre os propósitos perseguidos pelos regimes de insolvência – que apenas ensejariam variação no tocante aos sujeitos disciplinados ou beneficiados diretamente pelos fatores encontrados. Inclusive, com relação à solução brasileira, adiantou-se que os pressupostos ao adequado funcionamento dos modelos globais se mostram necessários à realização do equilíbrio entre os múltiplos interesses envolvidos no processo de recuperação, permitindo o atendimento, sob uma perspectiva procedimental, ao princípio da preservação da empresa estabelecido no art. 47 da LRF.

O capítulo 2, por seu turno, iniciou-se com o esclarecimento de que o princípio da preservação da empresa não consiste, de forma alguma, em uma orientação no sentido da manutenção da empresa em crise a qualquer custo. Na verdade, partindo-se da concepção de empresa como um ente organizativo de múltiplos interesses, entende-se que o princípio da preservação da empresa é realizado mediante a existência de regras procedimentais que garantam a efetiva inclusão desses interesses quando da utilização da recuperação judicial. Pode-se atender ao princípio da preservação da empresa, assim, assegurando-se o equilíbrio entre os múltiplos interesses envolvidos na recuperação judicial ao longo do seu procedimento, conforme as ideias defendidas por S. C. Neder Cerezetti e adotadas no trabalho.

Descreveu-se, em seguida, a disciplina legal acerca da condução da recuperanda, estabelecendo-se como regra, no *caput* do art. 64 da LRF, a permanência do devedor ou dos seus administradores na condução da atividade empresarial durante o processo recuperacional, sob a fiscalização do comitê de credores, caso constituído, e do administrador judicial.

Indicou-se a preponderância do controle na realidade empresarial brasileira, analisando-se brevemente a sua configuração e o regramento legal do poder de controle empresarial e do seu titular no país, com destaque para a demonstração da necessidade da imposição de deveres fiduciários ao sócio controlador.

Afirmou-se que a fiscalização sobre o devedor na condução da sociedade em recuperação judicial consiste em elemento determinante para a lisura e o bom andamento do processo, servindo a evitar que determinados interesses sejam indevidamente favorecidos em detrimento de outros e à essencial obtenção de informações. Ressaltou-se a independência que deve ser ostentada pelo administrador judicial, órgão responsável pela supervisão, ao lado do comitê de credores.

Concluiu-se que a expressão "devedor" utilizada nos arts. 64 e 65 da LRF pode abarcar o empresário individual, o sócio controlador e, em hipóteses excepcionais, a própria estrutura societária. Os "administradores" referidos no primeiro dispositivo, por sua vez, coincidem com os administradores da sociedade em recuperação judicial.

Entendeu-se, ainda, que nem todas as hipóteses para a substituição ou o afastamento previstos nos arts. 64, p. ún., e 65 da LRF se adequam, sempre, à totalidade das figuras potencialmente abarcadas pela expressão "devedor" ou pelo termo "administradores".

Compreendeu-se que o juízo da recuperação judicial pode verificar a ocorrência das hipóteses previstas no art. 64 e determinar a destituição ou o afastamento de ofício ou mediante pedido, que pode ser formulado pelo administrador judicial, pelo comitê de credores, por credor, pelo Ministério Público ou por qualquer interessado, não se estipulando prazo para tanto. Igualmente, apontou-se que, para a aplicação das medidas de substituição ou afastamento, é imprescindível que se observem o contraditório e o devido processo legal e que se possibilite o exercício da ampla defesa aos sujeitos que poderão ser atingidos, em atendimento às garantias constitucionais. A exigência de provas concretas para tanto também foi mencionada.

Indicou-se que a distinção entre a substituição disciplinada no art. 64, p. ún., da LRF e o afastamento estabelecido no art. 65 do mesmo diploma se evidencia prontamente diante das figuras alcançadas por cada medida. Assim, a substituição diz respeito aos administradores da sociedade recuperanda, enquanto o afastamento se refere ao devedor – em seus múltiplos sentidos. E, na medida das diferenças entre tais personagens, configuram-se aqueles institutos de maneiras igualmente diversas.

Desse modo, mostrou-se claro que a disposição do parágrafo único do art. 64 tem aplicação, propriamente, em casos nos quais se verifique a concretização de situação elencada no *caput* do dispositivo com relação a administrador de sociedade empresária, que será então destituído pelo juiz e substituído em conformidade com os atos constitutivos da recuperanda ou com o plano recuperacional homologado. Afirmou-se, por sinal, que a previsão legal acerca da mera substituição dos administradores, a despeito do domínio exercido pelo controlador, pode ter utilidade prática em determinados casos.

Sugeriu-se um caminho interpretativo para a aplicação do afastamento do sócio controlador, diante das dificuldades presentes nas possibilidades já aventadas a esse respeito. Nesse sentido, indicou-se que o art. 65 da LRF se refere ao "afastamento do devedor", não à sua "substituição", não deixando grande margem à interpretação de que o gestor judicial assumiria integralmente a posição exercida pelo sócio controlador. E ao dispor, em seguida, que o gestor judicial "assumirá a administração das atividades do devedor", o dispositivo parece delimitar a sua atuação, justamente, à administração da sociedade em recuperação judicial, ou seja, às atribuições conferidas até então ao conselho de administração e à diretoria, tratando-se de companhia, ou aos administradores, tratando-se de sociedade limitada.

Esclareceu-se que, nesse contexto, seriam preservados direitos políticos do sujeito afastado enquanto acionista ou sócio, competindo-lhe inclusive votar em assembleia geral de acionistas ou reunião/assembleia de sócios. Esses direitos, com o afastamento, seriam separados das prerrogativas inerentes à titularidade do controle quanto à administração da sociedade empresária, ou seja, do poder ostentado pelo sócio controlador para "dirigir as atividades sociais e orientar o funcionamento" dos seus órgãos, nos termos do art. 116, "b", da Lei das S/A. A principal consequência do afastamento do sócio controlador seria exatamente o desaparecimento desse poder sobre a esfera administrativa da recuperanda, agora conduzida pelo gestor judicial como se administrador fosse – não sujeito, vale ressaltar, à direção e orientação daquele, conquanto inexista óbice, em princípio, à colaboração dos sócios com o agente nomeado, que poderia acolher posições adotadas pela reunião ou assembleia que não lhe fossem vinculantes.

Afirmou-se que, nessa via interpretativa, caso ainda não tenha sido elaborado e apresentado o plano de recuperação judicial quando do afastamento promovido, a sua preparação e proposição parecem se inserir, a princípio, entre as competências do gestor judicial, como reflexo das competências ostentadas, anteriormente, pelos administradores da recuperanda. Como se elucidou, porém, isso não significa que a previsão de determinados meios de recuperação judicial com consequências nas relações internas da sociedade – ou até em relações com outras sociedades – no plano proposto, a exemplo daqueles elencados no inciso II do art. 50 da LRF, não dependa de deliberação favorável dos sócios ou acionistas na reunião ou assembleia mantida em funcionamento, nos termos da legislação pertinente. Do contrário, a execução do plano aprovado pelo conclave de credores poderia se tornar inviável.

Compreendeu-se, também, que, adotada essa interpretação, tudo indica que os órgãos de administração devem continuar funcionando, em virtude da estrutura delineada na Lei das S/A e no Código Civil, que não poderia ser simplesmente dissolvida no âmbito da recuperação judicial, conquanto se mostrem prescindíveis, em larga medida, diante da posição assumida pelo gestor judicial na condução das atividades da recuperanda. Afirmou-se, todavia, ser possível imaginar que tais órgãos possam fiscalizar a atuação do gestor ou mesmo permanecer no exercício de funções administrativas sob orientação do agente nomeado – medida que poderia ser adotada por este, exceto quanto a sujeitos já destituídos pelo juízo da recuperação ou impedidos nos termos da legislação pertinente. De todo modo, ressaltou-se que a remuneração dos administradores seja adequada ao seu novo contexto, não sendo aceitável que empresa em crise suporte custos elevados e desproporcionais quanto às funções desempenhadas por tais personagens.

Indicou-se que a sugestão interpretativa formulada acerca do afastamento do sócio controlador, atribuindo-se ao gestor judicial competência para administrar as atividades da recuperanda e se mantendo a estrutura societária, especialmente a assembleia ou reunião de sócios, em funcionamento, também parece se aplicar às hipóteses excepcionais de afastamento da própria sociedade empresária e, quando cabível, às situações de afastamento do empresário individual. Verificou-se, então, que a distinção entre essas formas de afastamento pode se encontrar menos nas consequências do que nas causas.

Descreveu-se, enfim, uma aparente tendência no sentido da aplicação do regramento dos arts. 64 e 65 da LRF, em certos casos, de modo a se afastar o sócio controlador apenas parcialmente, tornando-se o gestor judicial nomeado, na prática, coadministrador da devedora.

Criticou-se o tratamento dispensado pela LRF ao gestor judicial, apontando-se a preocupação ensejada pela sua eleição em conclave de credores e a inadequação da extensão da disciplina legal do administrador judicial à figura. Afirmou-se que a imposição do regramento societário destinado aos administradores e controladores de sociedades empresárias ao agente seria recomendável, de modo que fossem observados por ele deveres fiduciários e que fosse assegurada a sua independência. O exercício do controle de legalidade pelo juiz quanto ao gestor judicial eleito pelos credores no momento da nomeação, outrossim, foi apontado como imprescindível.

No mesmo sentido, afirmou-se que atribuir ao gestor judicial regime de responsabilidade próximo àquele conferido aos administradores de sociedades empresárias parece medida adequada. Sustentou-se, nesse âmbito, ser viável interpretar que o art. 32 da LRF confere aos credores legitimidade para o ajuizamento de ação de responsabilidade civil contra o gestor judicial, conquanto o prejuízo tenha atingido a recuperanda, podendo essa disposição servir, ao que parece, à complementação dos arts. 1.016 do Código Civil e 159 da Lei das S/A, não se vislumbrando a utilização da ação social prevista no *caput* deste por detentores de crédito – afastado ou não o devedor – e se verificando que o § 7º do dispositivo diz respeito a ação individual de terceiro que sofreu prejuízo direto.

Por fim, confirmou-se que o sistema concursal brasileiro se enquadra no modelo de manutenção do devedor na condução da sociedade em reorganização, sob a supervisão de órgão imparcial do processo, qual seja, o administrador judicial (além do comitê de credores, em que não se pode, todavia, vislumbrar imparcialidade).

No terceiro capítulo, por seu turno, evidenciou-se a insuficiência das causas previstas no art. 64 da LRF para a substituição dos administradores ou o afastamento do devedor, faltando-lhe previsão expressa sobre a relevante situação de descumprimento dos deveres fiduciários. Nesse contexto, asseverou-se o papel do magistrado, em cada caso, de impor respeito aos deveres fiduciários, compor interesses e verificar se existe, na realidade, a necessidade de afastamento dos gestores da empresa, visando a respeitar aqueles cujos interesses também devem ser prestigiados, ou seja, credores, consumidores, trabalhadores, sócios e comunidade.

Finalmente, concluiu-se que, conquanto não haja elementos suficientes para uma afirmação categórica nesse tocante, os indícios encontrados ao longo do capítulo 3 não apontam para a adoção das melhores práticas com relação à fiscalização sobre a condução da recuperanda, à observância dos deveres fiduciários pelos responsáveis por essa condução e à sua independência. Afirmou-se ainda que, confirmando-se esse cenário, a fiscalização pouco efetiva, o descumprimento dos deveres fiduciários e a ausência de independência dos agentes responsáveis pela administração certamente ensejariam prejuízo aos demais interesses abrangidos na recuperação judicial, para além daquele favorecido pelo contexto narrado – geralmente, o sócio controlador. A premissa de equilíbrio de interesses, dessa maneira, não seria atendida.

Para que os indícios encontrados no capítulo 3 não se convertam em regra na realidade brasileira, conforme se sustentou, são medidas essenciais (i) a adoção de um padrão mais elevado de fiscalização sobre a condução da sociedade em recuperação judicial, pelo administrador judicial e pelos credores, (ii) a plena observância dos deveres fiduciários pelo sócio controlador e pelos administradores da empresa, durante o procedimento e fora dele, assim como pelo gestor judicial, quando nomeado, com evidente reflexo na independência dos agentes, e (iii) a efetiva supervisão da conduta desses personagens pela magistrada ou pelo magistrado competente, com a possibilidade do seu afastamento ou substituição em caso de descumprimento daqueles deveres. Deve-se promover, então, a sua efetiva aplicação. Disso depende o atendimento à orientação da LRF, estabelecida em seu art. 47.

REFERÊNCIAS

ABRÃO, Carlos Henrique e TOLEDO, Paulo F. C. Salles de (coords.), *Comentários à Lei de Recuperação de Empresas e Falência*, 5ª edição, São Paulo, Saraiva, 2012.

ADAMEK, Marcelo Vieira Von, *Temas de direito societário e empresarial contemporâneos*, São Paulo, Malheiros, 2011.

ADAMS, Edward S., *Governance in chapter 11 reorganizations: reducing costs, improving results*, in *B. U. L. Rev.* 73 (1993).

ALMAZOR, Esteban van Hemmen, *Estadística Concursal – Anuario 2016*, Madrid, Colegio de Registradores de la Propiedad, Bienes Muebles y Mercantiles de España, 2017.

ANDERSON, Hamish; MOSS, Gabriel; LIGHTMAN, Gavin; FLETCHER, Ian F.; e SNOWDEN, Richard, *The law of administrators and receivers of companies*, 5ª edição, Londres, Sweet & Maxwell, 2011.

ANTONIO, Nilva M. Leonardi, DE LUCCA, Newton, DOMINGUES, Alessandra de Azevedo, *Direito Recuperacional II – Aspectos teóricos e práticos*, São Paulo, Quartier Latin, 2012.

ANZIVINO, Ralph C., *Partner and partnership bankruptcy*, New York, Wiley Law Publications, 1987.

ARAGÃO, Leandro Santos de e CASTRO, Rodrigo R. Monteiro de, *Direito societário – desafios atuais*, São Paulo, Quartier Latin, 2009.

ARMOUR, John, *Overview of the treatment of stakeholders in UK corporate insolvencies*, in PETER, Henry; JEANDIN, Nicolas; e KILBORN, Jason (coords.), *The challenges of insolvency law reform in the 21st century*, Basel, Schulthess, 2006.

ASQUINI, Alberto (Trad. de COMPARATO, Fábio Konder), *Perfis da empresa*, in *RDM* 104 (1996).

AYOTTE, Kenneth M. e MORRISON, Edward R., *Creditor control and conflict in chapter 11*, in *J. Legal Analysis* 1 (2009).

AYOUB, Luiz Roberto e CAVALLI, Cássio, *A Construção Jurisprudencial da Recuperação Judicial de Empresas*, Rio de Janeiro, Forense, 2013.

AZAR, Ziad Raymond, *Bankruptcy policy: a review and critique of bankruptcy statutes and practices in fifty countries worl-*

dwide, in *Cardozo J. Int'l & Comp. L.* 16 (2008).

BAIRD, Douglas G., *The elements of bankruptcy*, 5ª edição, New York, Foundation Press, 2010.

–, e RASMUSSEN, Robert K., *Control rights, priority rights, and the conceptual foundations of corporate reorganizations*, in *Virginia Law Review 87* (2001).

BALZ, Manfred, *Market conformity of insolvency proceedings: policy issues of the german insolvency law*, in *Brook. J. Int'l Law* 23 (1997-1998).

BARAVALLE, Roberto A. e GRANADOS, Ernesto I. J., *Ley de concursos y quiebras 24.522*, t. I, Rosario, Liber, 1995.

BATTAGLIA, Giulia e TAVELLA, Antonio, *The italian settlement with creditors procedure*, in *Insolvency & Restructuring Int'l* 9 (2015).

BEBCHUK, Lucian Arye e ROE, Mark J., *A theory of path dependence in corporate ownership and governance*, in *Stan. L. Rev.* 52 (1999-2000).

BERBERICH, Matthias e PAULUS, Christoph G., *National Report for Germany*, in FABER, Dennis; VERMUNT, Niels; KILBORN, Jason; e RICHTER, Tomás, *Commencement of insolvency proceedings*, Oxford, Oxford University Press, 2012.

BERGER, Dora, *A insolvência no Brasil e na Alemanha – Estudo comparado entre a lei de insolvência alemã de 01.01.1999 (traduzida) e o projeto de lei brasileiro nº 4.376 de 1993 (com as alterações de 1999) que regula a falência, a concordata preventiva e a recuperação de empresas*, Porto Alegre, Sergio Antonio Fabris Editor, 2001.

BERNIER, Joice Ruiz, *O administrador judicial na recuperação judicial e na falência*, Dissertação (Mestrado) – Faculdade de Direito da USP, São Paulo, 2014.

BEZERRA FILHO, Manoel Justino, *Lei de Recuperação de Empresas e Falências Comentada – Lei 11.101/2005 – Comentário Artigo por Artigo*, 6ª edição, São Paulo, Revista dos Tribunais, 2009.

BIENENSTOCK, Martin J., *Bankruptcy reorganization*, New York, Practising Law Institute, 1987.

–, *Conflicts between management and the debtor in possession's fiduciary duties*, in *U. Cin. L. Rev.* 61 (1992-1993).

BITENCOURT, Cezar Roberto, *Tratado de Direito Penal – Parte Geral 1*, 15ª edição, São Paulo, Saraiva, 2010.

BLOCK-LIEB, Susan, *Why creditors file so few involuntary petitions and why the number is not too small*, in *Brook. L. Rev.* 57 (1991-1992).

BOGGIO, Luca, *Amministrazione e controllo dele società di capitali in concordato preventivo (dalla domanda all'omologazione)*, in *Amministrazione e controllo nel diritto dele società – Liber amicorum Antonio Piras*, Torino, G. Giappichelli Editore, 2010.

BOOTH, Charles D.; PAULUS, Christoph G.; RAJAK, Harry; e WESTBROOK, Jay Lawrence, *A global view of business insolvency systems*, Leiden, Martinus Nijhoff Publishers, 2010.

BOSCH, Lourdes V. Melero, *Hacia la societarización de la administración concursal*, in *Revista de Derecho Concursal y Paraconcursal* 15 (2011).

BRITO, Maria Helena; GOUVEIA, Mariana França; GUEDES, Armando Marques; e DUARTE, Rui Pinto (coords.), *Estudos em Homenagem ao Prof. Doutor José Lebre de Freitas*, v. II, Coimbra, Coimbra Editora, 2013.

BROC, Katarzyna Gromek e PARRY, Rebecca, *Corporate rescue – an overview of recent developments*, 2ª edição, Alphen aan den Rijn, Kluwer Law International, 2006.

BROUDE, Richard, *Reorganizations under Chapter 11 of the Bankruptcy Code*, New York, Law Journal Seminars- -Press, 1990.

CAMAUER, Francisco J., *La relación deudor-acreedor y la insolvência en el marco del nuevo Código Civil y Comercial*, in *Revista Código Civil y Comercial* 03 (2016).

CAMPINHO, Sérgio, *Falência e Recuperação de Empresa – O Novo Regime da Insolvência Empresarial*, 6ª edição, Rio de Janeiro, Renovar, 2012.

CARLSON, David Gray e WILLIAMS, Jack F., *The truth about the new value exception to bankruptcy's absolute priority rule*, in *Cardozo L. Rev.* 21 (1999-2000).

CARVALHOSA, Modesto, *Comentários à Lei de Sociedades Anônimas*, v. 2, 5ª edição, São Paulo, Saraiva, 2011.

CASTRO, Rodrigo R. Monteiro de e ARAGÃO, Leandro Santos de, *Direito societário – desafios atuais*, São Paulo, Quartier Latin, 2009.

CAVALLI, Cássio e AYOUB, Luiz Roberto, *A Construção Jurisprudencial da Recuperação Judicial de Empresas*, Rio de Janeiro, Forense, 2013.

CHOUKR, Fauzi Hassan, LOUREIRO, Maria Fernanda e VERVAELE, John (orgs.), *Aspectos Contemporâneos da Responsabilidade Penal da Pessoa Jurídica*, v. II, São Paulo, FecomercioSP, 2014.

COELHO, Fábio Ulhoa, *Comentários à Lei de Falências e de Recuperação de empresas*, 12ª edição, São Paulo, Revista dos Tribunais, 2017.

COMPARATO, Fábio Konder, *Aspectos Jurídicos da Macro-Emprêsa*, São Paulo, Revista dos Tribunais, 1970.

–, *A reforma da empresa*, in *RDM* 50 (1983).

–, *O poder de controle na sociedade anônima*, 3ª edição, Rio de Janeiro, Forense, 1983.

–, SALOMÃO FILHO, Calixto, *O poder de controle na sociedade anônima*, 6ª edição, Rio de Janeiro, Forense, 2014.

COROTTO, Susana, *Modelos de reorganização empresarial brasileiro e alemão – Comparação entre a Lei de Recuperação e Falências de Empresas (LRFE) e a Insolvenzordnung (InsO) sob a ótica da viabilidade prática*, Porto Alegre, Sergio Antonio Fabris Editor, 2009.

CORRÊA-LIMA, Osmar Brina e LIMA, Sérgio Mourão Corrêa (coords.), *Comentários à Nova Lei de Falência e Recuperação de Empresas – Lei nº 11.101, de 09 de fevereiro de 2005*, Rio de Janeiro, Forense, 2009.

DANOVI, Alessandro, *Introduzione – Il concordato preventivo dopo le modifiche del 'decreto Sviluppo'*, in *I quaderni della scuola di alta formazione Luigi Martino* 43 (2012).

DASSO, Ariel Ángel, *Derecho Concursal comparado*, t. I e II, Buenos Aires, Legis Argentina, 2009.

DE BERNARDI, Alberto, *Il Commissario Giudiziale*, in *I quaderni della scuola* di alta formazione Luigi Martino 43 (2012).

DE LUCCA, Newton, DOMINGUES, Alessandra de Azevedo e ANTONIO, Nilva M. Leonardi, *Direito Recuperacional II – Aspectos teóricos e práticos*, São Paulo, Quartier Latin, 2012.

DIAS, Leonardo Adriano Ribeiro, *Transparência na recuperação judicial – Deficiências, limites e soluções*, Tese (Doutorado) – Faculdade de Direito da USP, São Paulo, 2016.

DOMINGUES, Alessandra de Azevedo, DE LUCCA, Newton e ANTONIO, Nilva M. Leonardi, *Direito Recuperacional II – Aspectos teóricos e práticos*, São Paulo, Quartier Latin, 2012.

DOUGLAS, John; OLIVARES-CAMINAL, Rodrigo; GUYNN, Randall; KORNBERG, Alan; PATERSON, Sarah; SINGH, Dalvinder; e STONEFROST, Hilary, *Debt restructuring*, 1ª edição, Oxford, Oxford University Press, 2011.

DUARTE, Rui Pinto; GUEDES, Armando Marques; GOUVEIA, Mariana França; e BRITO, Maria Helena (coords.), *Estudos em Homenagem ao Prof. Doutor José Lebre de Freitas*, v. II, Coimbra, Coimbra Editora, 2013.

EHLERS, Eckart, *Statutory corporate rescue proceedings in Germany – the insolvenzplan procedure*, in BROC, Katarzyna Gromek e PARRY, Rebecca, *Corporate rescue – an overview of recent developments*, 2ª edição, Alphen aan den Rijn, Kluwer Law International, 2006.

EIZIRIK, Nelson, *A Lei das S/A Comentada*, v. I e II, São Paulo, Quartier Latin, 2011.

EPIFÂNIO, Maria do Rosário, *Manual de direito da insolvência*, 6ª edição, Coimbra, Almedina, 2015.

FABER, Dennis; VERMUNT, Niels; KILBORN, Jason; e RICHTER, Tomás, *Commencement of insolvency proceedings*, Oxford, Oxford University Press, 2012.

FEINBERG, Richard B. e NIMMER, Raymond T., *Chapter 11 business governance: fiduciary duties, business judgement, trustes and exclusivity*, in *Bankr. Dev. J.* 6 (1989).

FINCH, Vanessa, *Control and co-ordination in corporate rescue*, in *Legal. Stud.* 25 (2005).

–, *The measures of insolvency law*, in *Oxford Journal of Legal Studies* 17 (1997).

FLESSNER, Axel, *National report for Germany*, in MCBRYDE, William W.; FLESSNER, Axel; e KORTMANN, Sebastianus Constantinus Johannes Josephus (coords.), *Principles of european insolvency law*, Deventer, Kluwer Legal Publishers, 2003.

–, *Philosophies of business bankruptcy law: an international overview*, in ZIEGEL, Jacob S. (org.), *Current developments in international and comparative corporate insolvency law*, Oxford, Clarendon, 1994.

–, MCBRYDE, William W.; e KORTMANN, Sebastianus Constantinus Johannes Josephus (coords.), *Principles of european insolvency law*, Deventer, Kluwer Legal Publishers, 2003.

–, MCBRYDE, William W., *Principles of european insolvency law and general commentary*, in MCBRYDE, William W.; FLESSNER, Axel; e KORTMANN,

Sebastianus Constantinus Johannes Josephus (coords.), *Principles of european insolvency law*, Deventer, Kluwer Legal Publishers, 2003.

FLETCHER, Ian F.; ANDERSON, Hamish; MOSS, Gabriel; LIGHTMAN, Gavin; e SNOWDEN, Richard, *The law of administrators and receivers of companies*, 5ª edição, Londres, Sweet & Maxwell, 2011.

FONSECA, Humberto Lucena Pereira da, *Comentários aos arts. 64 a 69*, in CORRÊA-LIMA, Osmar Brina e LIMA, Sérgio Mourão Corrêa (coords.), *Comentários à Nova Lei de Falência e Recuperação de Empresas – Lei nº 11.101, de 09 de fevereiro de 2005*, Rio de Janeiro, Forense, 2009.

FORGIONI, Paula Andrea, *A evolução do direito comercial brasileiro: da mercancia ao mercado*, São Paulo, Revista dos Tribunais, 2009.

FRANÇA, Erasmo Valladão Azevedo e Novaes, *Dever de informar dos administradores de companhias abertas – Inexistência de submissão ao acionista controlador*, in FRANÇA, E. V. A. e N., *Temas de direito societário, falimentar e teoria da empresa*, São Paulo, Malheiros, 2009.

–, *Empresa, empresário e estabelecimento – a nova disciplina das sociedades*, in FRANÇA, E. V. A. e N., *Temas de direito societário, falimentar e teoria da empresa*, São Paulo, Malheiros, 2009.

–, *Temas de direito societário, falimentar e teoria da empresa*, São Paulo, Malheiros, 2009.

GALIZZI, Gustavo Oliva, *Theory and pragmatism of governance reform in business reorganization: a case study of Brazil*, in *RDM* 141 (2006).

GARCÍA-POSADA, Miguel e VEGAS, Raquel, *Las reformas de la Ley Concursal durante la gran recesión*, Madrid, Banco de España, 2016, disponível em https://www.bde.es/f/webbde/SES/Secciones/Publicaciones/PublicacionesSeriadas/DocumentosTrabajo/16/Fich/dt1610.pdf, acessado em 08.09.2017.

GARRIDO, José, *Insolvency and enforcement reforms in Italy*, in *IMF working papers* 134 (2016).

GILSON, Stuart C., *Bankruptcy, boards, banks, and blockholders – Evidence on changes in corporate ownership and control when firms default*, in *Journal of Financial Economics* 27 (1990).

GOMES, Orlando (atual. de BRITO, Edvaldo), *Obrigações*, 17ª edição, Rio de Janeiro, Forense, 2007.

GONÇALVES NETO, Alfredo de Assis, *Comentários aos arts. 26 a 29*, in CORRÊA-LIMA, Osmar Brina e LIMA, Sérgio Mourão Corrêa (coords.), *Comentários à Nova Lei de Falência e Recuperação de Empresas – Lei nº 11.101, de 09 de fevereiro de 2005*, Rio de Janeiro, Forense, 2009.

–, *Direito de empresa – Comentários aos artigos 966 a 1.195 do Código Civil*, 5ª edição, São Paulo, RT, 2014.

GOUVEIA, Mariana França; GUEDES, Armando Marques; DUARTE, Rui Pinto; e BRITO, Maria Helena (coords.), *Estudos em Homenagem ao Prof. Doutor José Lebre de Freitas*, v. II, Coimbra, Coimbra Editora, 2013.

GRANADOS, Ernesto I. J. e BARAVALLE, Roberto A., *Ley de concursos y quiebras 24.522*, t. I, Rosario, Liber, 1995.

GROSS, Karen, *Failure and forgiveness – Rebalancing the bankruptcy system*, New Haven, Yale University Press, 1997.

GUEDES, Armando Marques; DUARTE, Rui Pinto; GOUVEIA, Mariana França; e BRITO, Maria Helena (coords.), *Estudos em Homenagem ao Prof. Doutor José Lebre de Freitas*, v. II, Coimbra, Coimbra Editora, 2013.

GUTIÉRREZ, Carlos López; OLALLA, Myriam García; e OLMO, Begoña Torre, *The influence of bankruptcy law on equity value of financially distressed firms: a european comparative analysis*, in International Review of Law and Economics 29 (2009).

GUYNN, Randall; DOUGLAS, John; OLIVARES-CAMINAL, Rodrigo; KORNBERG, Alan; PATERSON, Sarah; SINGH, Dalvinder; e STONEFROST, Hilary, *Debt restructuring*, 1ª edição, Oxford, Oxford University Press, 2011.

HAHN, David, *Concentrated ownership and control of corporate reorganizations*, in JCLS 4 (2004).

HERBERT, Michael. J., *Understanding Bankruptcy*, Times Mirror Books, 1995.

INSTITUTO NACIONAL DE ESTADÍSTICA – INE, *Notas de prensa – Estadística der Procedimiento Concursal (EPC) – Cuarto trimestre de 2016 y año 2016*, disponível em http://www.ine.es/en/daco/daco42/epc/epc0416_en.pdf, acessado em 11.09.2017.

JEANDIN, Nicolas; PETER, Henry; e KILBORN, Jason (coords.), *The challenges of insolvency law reform in the 21st century*, Basel, Schulthess, 2006.

JOHNSTON, J. Bradley, *The Bankruptcy Bargain*, in Am. Bankr. L. J. 65 (1991).

KAMLAH, Klaus, *The new german Insolvency Act: Insolvenzordnung*, in Am. Bankr. L. J. 70 (1996).

KELCH, Thomas G., *The phantom fiduciary: the debtor in possession in chapter 11*, in Wayne L. Rev. 38 (1991-1992).

KILBORN, Jason; FABER, Dennis; VERMUNT, Niels; e RICHTER, Tomás, *Commencement of insolvency proceedings*, Oxford, Oxford University Press, 2012.

–, JEANDIN, Nicolas; e PETER, Henry (coords.), *The challenges of insolvency law reform in the 21st century*, Basel, Schulthess, 2006.

KORNBERG, Alan; GUYNN, Randall; DOUGLAS, John; OLIVARES-CAMINAL, Rodrigo; PATERSON, Sarah; SINGH, Dalvinder; e STONEFROST, Hilary, *Debt restructuring*, 1ª edição, Oxford, Oxford University Press, 2011.

–, PATERSON, Sarah, *Out-of-Court vs Court-Supervised Restructurings*, in OLIVARES-CAMINAL, Rodrigo; DOUGLAS, John; GUYNN, Randall; KORNBERG, Alan; PATERSON, Sarah; SINGH, Dalvinder; e STONEFROST, Hilary, *Debt restructuring*, 1ª edição, Oxford, Oxford University Press, 2011.

KORTMANN, Sebastianus Constantinus Johannes Josephus; FLESSNER, Axel; e MCBRYDE, William W. (coords.), *Principles of european insolvency law*, Deventer, Kluwer Legal Publishers, 2003.

LACERDA FRANCO, Gustavo, *O controle judicial sobre o plano de recuperação na* doutrina e na jurisprudência do TJSP e do STJ – Uma análise à luz do dualismo pendular de Fábio Konder Comparato, Tese de Láurea – Faculdade de Direito da USP, São Paulo, 2014.

LANCELLOTTI, Renata Weingrill, *Governança Corporativa na Recuperação Judicial – Lei nº 11.101/2005*, Rio de Janeiro, Elsevier, 2010.

LEITÃO, Luís Manuel Teles de Menezes, *Direito da insolvência*, 5ª edição, Coimbra, Almedina, 2013.

LIGHTMAN, Gavin; MOSS, Gabriel; ANDERSON, Hamish; FLETCHER, Ian F.; e SNOWDEN, Richard, *The law of administrators and receivers of companies*, 5ª edição, Londres, Sweet & Maxwell, 2011.

LIMA, Sérgio Mourão Corrêa e CORRÊA-LIMA, Osmar Brina (coords.), *Comentários à Nova Lei de Falência e Recuperação de Empresas – Lei nº 11.101, de 09 de fevereiro de 2005*, Rio de Janeiro, Forense, 2009.

LOBO, Jorge, *Comentários*, in TOLEDO, Paulo F. C. Salles de e ABRÃO, Carlos Henrique (coords.), *Comentários à Lei de Recuperação de Empresas e Falência*, 5ª edição, São Paulo, Saraiva, 2012.

–, *Princípios de governança corporativa*, in *Revista do Ministério Público – edição comemorativa* (2015).

LOLLI, Andrea, *Il concordato com continuità aziendale mediante l'intervento di terzi nel processo di risanamento: alcune considerazioni*, in *Contratto e impresa* 4-5 (2013).

LOPUCKI, Lynn M., *A team production theory of bankruptcy reorganization*, in *Vand. L. Rev.* 57 (2004).

–, *The debtor in full control – Systems failure under Chapter 11 of the bankruptcy code?*, in *Am. Bankr. L. J.* 57 (1983).

–, WHITFORD, William C., *Corporate governance in the bankruptcy reorganization of large, publicly held companies*, in *U. Pa. L. Rev.* 141 (1992-1993).

LOUREIRO, Maria Fernanda, CHOUKR, Fauzi Hassan e VERVAELE, John (orgs.), *Aspectos Contemporâneos da Responsabilidade Penal da Pessoa Jurídica*, v. II, São Paulo, FecomercioSP, 2014.

MACÍAS, Isabel Candelario, *Impresiones sobre los efectos de la declaración del concurso a la vista de la futura ley concursal*, in *Revista de Derecho Privado* julho/agosto (2003).

MAFFIOLETTI, Emanuelle Urbano e NEDER CEREZETTI, Sheila Christina (coords.), *Dez anos da lei nº 11.101/2005 – Estudos sobre a lei de recuperação e falência*, São Paulo, Almedina, 2015.

–, NEDER CEREZETTI, Sheila Christina, *Fotografias de uma década da Lei de Recuperação e Falência*, in NEDER CEREZETTI, Sheila Christina e MAFFIOLETTI, Emanuelle Urbano (coords.), *Dez anos da lei nº 11.101/2005 – Estudos sobre a lei de recuperação e falência*, São Paulo, Almedina, 2015.

–, NEDER CEREZETTI, Sheila Christina, *Transparência e divulgação de informações nos casos de recuperação judicial de empresas*, in DE LUCCA, Newton, DOMINGUES, Alessandra de Azevedo e ANTONIO, Nilva M. Leonardi, *Direito Recuperacional II –*

Aspectos teóricos e práticos, São Paulo, Quartier Latin, 2012.

MANDEL, Julio Kahan, *Nova Lei de Falências e Recuperação de Empresas Anotada – Lei n. 11.101, de 9 de fevereiro de 2005*, São Paulo, Saraiva, 2005.

MÁÑEZ, Leopoldo E. López, *Administración concursal y auxiliares delegados tras la reforma de la ley 22/2003*, in *Revista de Derecho Concursal y Paraconcursal* 16 (2012).

MANGE, Renato, *O administrador judicial, o gestor judicial e o comitê de credores na Lei nº 11.101/05*, in SANTOS, Paulo Penalva (coord.), *A nova Lei de Falências e de Recuperação de Empresas – Lei nº 11.101/05*, Rio de Janeiro, Forense, 2007.

MARTIN, Nathalie, *The role of history and culture in developing bankruptcy and insolvency systems: the perils of legal transplantation*, in *B. C. Int'l & Comp. L. Rev.* 28 (2005).

MARTINS, Alexandre de Soveral, *Um curso de direito da insolvência*, Coimbra, Almedina, 2015.

MAXIMILIANO, Carlos, *Hermenêutica e aplicação do direito*, 20ª edição, Rio de Janeiro, Forense, 2011.

McBRYDE, William W.; KORTMANN, Sebastianus Constantinus Johannes Josephus; e FLESSNER, Axel (coords.), *Principles of european insolvency law*, Deventer, Kluwer Legal Publishers, 2003.

–, FLESSNER, Axel, *Principles of european insolvency law and general commentary*, in McBRYDE, William W.; FLESSNER, Axel; e KORTMANN, Sebastianus Constantinus Johannes Josephus (coords.), *Principles of european insolvency law*, Deventer, Kluwer Legal Publishers, 2003.

McCARTHY, Brian, *Imprevedibilità!: an analysis of Italy's failure to create or maintain a stable and efficient insolvency system*, in *Conn. J. Int'l L.* 25 (2009-2010).

McCORMACK, Gerard, *Corporate Rescue Law – An Anglo-American Perspective*, Cheltenham, Edward Elgar Publishing Limited, 2008.

–, *National report for England*, in FABER, Dennis; VERMUNT, Niels; KILBORN, Jason; e RICHTER, Tomás, *Commencement of insolvency proceedings*, Oxford, Oxford University Press, 2012.

MENEZES, Mauricio Moreira Mendonça de, *O poder de controle nas companhias em recuperação judicial*, Rio de Janeiro, Forense, 2012.

MILLER, Harvey R., *Commentary on Professor Warren's paper: absolute priority*, in *Ann. Surv. Am. L.* (1991).

–, *The changing face of chapter 11: a reemergence of the bankruptcy judge as producer, diretor, and sometimes star of the reorganization passion play*, in *Am. Bankr. L. J.* 69 (1995).

–, WAISMAN, Shai Y., *Is chapter 11 bankrupt?*, in *B. C. L. Rev.* 129 (2005-2006).

MORRISON, Edward R. e AYOTTE, Kenneth M., *Creditor control and conflict in chapter 11*, in *J. Legal Analysis* 1 (2009).

MOSS, Gabriel; LIGHTMAN, Gavin; ANDERSON, Hamish; FLETCHER, Ian F.; e SNOWDEN, Richard, *The law of administrators and receivers of companies*, 5ª edição, Londres, Sweet & Maxwell, 2011.

MUNHOZ, Eduardo Secchi, *Aquisição de controle na sociedade anônima*, São Paulo, Saraiva, 2013.

–, *Comentários ao Capítulo III, Seção IV da Lei 11.101/2005*, in SOUZA JUNIOR, Francisco Satiro de e PITOMBO, Antônio Sérgio A. de Moraes (coords.), *Comentários à Lei de Recuperação de Empresas e Falência – Lei 11.101/2005 – Artigo por Artigo*, 2ª edição, São Paulo, Revista dos Tribunais, 2007.

–, *Desafios do direito societário brasileiro na disciplina da companhia aberta: avaliação dos sistemas de controle diluído e concentrado*, in CASTRO, Rodrigo R. Monteiro de e ARAGÃO, Leandro Santos de, *Direito societário – desafios atuais*, São Paulo, Quartier Latin, 2009.

NEDER CEREZETTI, Sheila Christina, *Administradores independentes e independência dos administradores (regras societárias fundamentais ao estímulo do mercado de capitais brasileiro)*, in ADAMEK, Marcelo Vieira Von, *Temas de direito societário e empresarial contemporâneos*, São Paulo, Malheiros, 2011.

–, *A Recuperação Judicial de Sociedade por Ações – O Princípio da Preservação da Empresa na Lei de Recuperação e Falência*, São Paulo, Malheiros, 2012.

–, MAFFIOLETTI, Emanuelle Urbano (coords.), *Dez anos da lei nº 11.101/2005 – Estudos sobre a lei de recuperação e falência*, São Paulo, Almedina, 2015.

–, MAFFIOLETTI, Emanuelle Urbano, *Fotografias de uma década da Lei de Recuperação e Falência*, in NEDER CEREZETTI, Sheila Christina e MAFFIOLETTI, Emanuelle Urbano (coords.), *Dez anos da lei nº 11.101/2005 – Estudos sobre a lei de recuperação e falência*, São Paulo, Almedina, 2015.

–, MAFFIOLETTI, Emanuelle Urbano, *Transparência e divulgação de informações nos casos de recuperação judicial de empresas*, in DE LUCCA, Newton, DOMINGUES, Alessandra de Azevedo e ANTONIO, Nilva M. Leonardi, *Direito Recuperacional II – Aspectos teóricos e práticos*, São Paulo, Quartier Latin, 2012.

NIMMER, Raymond T. e FEINBERG, Richard B., *Chapter 11 business governance: fiduciary duties, business judgement, trustes and exclusivity*, in *Bankr. Dev. J.* 6 (1989).

NUCCI, Guilherme de Souza, *Código de Processo Penal Comentado*, 9ª edição, São Paulo, Revista dos Tribunais, 2009.

OLALLA, Myriam García; GUTIÉRREZ, Carlos López; e OLMO, Begoña Torre, *The influence of bankruptcy law on equity value of financially distressed firms: a european comparative analysis*, in *International Review of Law and Economics* 29 (2009).

OLIVARES-CAMINAL, Rodrigo; DOUGLAS, John; GUYNN, Randall; KORNBERG, Alan; PATERSON, Sarah; SINGH, Dalvinder; e STONEFROST, Hilary, *Debt restructuring*, 1ª edição, Oxford, Oxford University Press, 2011.

OLIVEIRA, Eugênio Pacelli de, *Curso de Processo Penal*, 10ª edição, Rio de Janeiro, Lumen Juris, 2008.

OLIVENCIA, Manuel, *La reforma de la Ley Concursal*, in *Revista de Derecho Mercantil* 285 (2012).

OLMO, Begoña Torre; OLALLA, Myriam García; e GUTIÉRREZ, Carlos López, *The influence of bankruptcy law on equity value of financially distressed firms: a european comparative analysis*, in International Review of Law and Economics 29 (2009).

PARRY, Rebecca, *Introduction*, in PARRY, Rebecca e BROC, Katarzyna Gromek, *Corporate rescue – an overview of recent developments*, 2ª edição, Alphen aan den Rijn, Kluwer Law International, 2006.

–, BROC, Katarzyna Gromek, *Corporate rescue – an overview of recent developments*, 2ª edição, Alphen aan den Rijn, Kluwer Law International, 2006.

PASQUARIELLO, Federica, *Italian bankruptcy code moving towards a reform era*, in Il diritto fallimentare e delle società commerciali 2 (2016).

PATERSON, Sarah; KORNBERG, Alan; GUYNN, Randall; DOUGLAS, John; OLIVARES-CAMINAL, Rodrigo; SINGH, Dalvinder; e STONEFROST, Hilary, *Debt restructuring*, 1ª edição, Oxford, Oxford University Press, 2011.

–, KORNBERG, Alan, *Out-of-Court vs Court-Supervised Restructurings*, in OLIVARES-CAMINAL, Rodrigo; DOUGLAS, John; GUYNN, Randall; KORNBERG, Alan; PATERSON, Sarah; SINGH, Dalvinder; e STONEFROST, Hilary, *Debt restructuring*, 1ª edição, Oxford, Oxford University Press, 2011.

PAULUS, Christoph G., *Germany: lessons to learn from the implementation of a new insolvency code*, in Conn. J. Int'l L. 17 (2001-2002).

–, RAJAK, Harry; WESTBROOK, Jay Lawrence; e BOOTH, Charles D., *A global view of business insolvency systems*, Leiden, Martinus Nijhoff Publishers, 2010.

–, BERBERICH, Matthias, *National Report for Germany*, in FABER, Dennis; VERMUNT, Niels; KILBORN, Jason; e RICHTER, Tomás, *Commencement of insolvency proceedings*, Oxford, Oxford University Press, 2012.

PENTEADO, Mauro Rodrigues, *Comentários aos arts. 21 a 25*, in CORRÊA-LIMA, Osmar Brina e LIMA, Sérgio Mourão Corrêa (coords.), *Comentários à Nova Lei de Falência e Recuperação de Empresas – Lei nº 11.101, de 09 de fevereiro de 2005*, Rio de Janeiro, Forense, 2009.

–, *Comentários às Disposições Preliminares da Lei 11.101/2005*, in SOUZA JUNIOR, Francisco Satiro de e PITOMBO, Antônio Sérgio A. de Moraes (coords.), *Comentários à Lei de Recuperação de Empresas e Falência – Lei 11.101/2005 – Artigo por Artigo*, 2ª edição, São Paulo, Revista dos Tribunais, 2007.

PEREIRA, Caio Mário da Silva (atual. MORAES, Maria Celina Bodin de), *Instituições de Direito Civil*, v. I, 23ª edição, Rio de Janeiro, Forense, 2009.

PETER, Henry; KILBORN, Jason; e JEANDIN, Nicolas (coords.), *The challenges of insolvency law reform in the 21st century*, Basel, Schulthess, 2006.

PITOMBO, Antônio Sérgio A. de Moraes e SOUZA JUNIOR, Francisco Satiro de (coords.), *Comentários à Lei de Recuperação de Empresas e Falência – Lei*

11.101/2005 – Artigo por Artigo, 2ª edição, São Paulo, Revista dos Tribunais, 2007.

PLANAS, Ricardo Robles, *Estudos de dogmática jurídico-penal: fundamentos, teoria do delito e direito penal econômico*, Belo Horizonte, D'Plácido, 2016.

PRADO, Luiz Regis, *Responsabilidade Penal da Pessoa Jurídica – Em defesa do princípio da imputação penal subjetiva*, São Paulo, RT, 2001.

PROENÇA, José Marcelo Martins, *Os novos horizontes do direito concursal – uma crítica ao continuísmo prescrito pela lei 11.101/2005*, in *RDM* 151/152 (2009).

PUGLIESI, Adriana Valéria, *Direito falimentar e preservação da empresa*, São Paulo, Quartier Latin, 2013.

RAJAK, Harry, *Company Rescue and Liquidation*, 3ª edição, Londres, Sweet & Maxwell, 2013.

–, WESTBROOK, Jay Lawrence; BOOTH, Charles D.; e PAULUS, Christoph G., *A global view of business insolvency systems*, Leiden, Martinus Nijhoff Publishers, 2010.

RASMUSSEN, Robert K. e BAIRD, Douglas G., *Control rights, priority rights, and the conceptual foundations of corporate reorganizations*, in *Virginia Law Review 87* (2001).

REALE JÚNIOR, Miguel, *A responsabilidade penal da pessoa jurídica*, in PRADO, Luiz Regis, *Responsabilidade Penal da Pessoa Jurídica – Em defesa do princípio da imputação penal subjetiva*, São Paulo, RT, 2001.

RESNICK, Alan N. e SOMMER, Henry J. (coords.), *COLLIER Bankruptcy Practice Guide*, v. 5, Lexis Nexis, 2016.

RICHARD, Efraín H., *Ensayo sobre axiología del derecho concursal*, in *Derecho comercial y de las obligaciones* 235 (2009).

RICHTER, Tomás; KILBORN, Jason; FABER, Dennis; e VERMUNT, Niels, *Commencement of insolvency proceedings*, Oxford, Oxford University Press, 2012.

RIVA, Patrizia, *Concordato preventivo e operazioni straordinarie*, in *I quaderni della scuola di alta formazione Luigi Martino* 43 (2012).

ROE, Mark J., *Bankruptcy and corporate reorganization – Legal and financial materials*, 2ª edição, New York, Foundation Press, 2007.

–, BEBCHUK, Lucian Arye, *A theory of path dependence in corporate ownership and governance*, in *Stan. L. Rev.* 52 (1999-2000).

ROTEM, Yaad, *Contemplating a corporate governance model for bankruptcy reorganizations: lessons from Canada*, in *Va. L. & Bus. Rev.* 3 (2008).

SALOMÃO FILHO, Calixto, *O novo direito societário*, 4ª edição, São Paulo, Malheiros, 2011.

–, *Recuperação de Empresas e Interesse Social*, in SOUZA JUNIOR, Francisco Satiro de e PITOMBO, Antônio Sérgio A. de Moraes (coords.), *Comentários à Lei de Recuperação de Empresas e Falência – Lei 11.101/2005 – Artigo por Artigo*, 2ª edição, São Paulo, Revista dos Tribunais, 2007.

–, COMPARATO, Fábio Konder, *O poder de controle na sociedade anônima*, 6ª edição, Rio de Janeiro, Forense, 2014.

SÁNCHEZ, Esperanza Gallego, *La administración concursal*, in *Estudios sobre la Ley Concursal – Libro homenaje a Manuel Olivencia*, t. II, Madrid, Marcial Pons, 2005.

SANTOS, Paulo Penalva (coord.), *A nova Lei de Falências e de Recuperação de Empresas – Lei nº 11.101/05*, Rio de Janeiro, Forense, 2007.

SARCEDO, Leandro e SHECAIRA, Sérgio Salomão, *A responsabilidade penal da pessoa jurídica no projeto de novo Código Penal (Projeto de Lei do Senado nº 236/2012)*, in CHOUKR, Fauzi Hassan, LOUREIRO, Maria Fernanda e VERVAELE, John (orgs.), *Aspectos Contemporâneos da Responsabilidade Penal da Pessoa Jurídica*, v. II, São Paulo, FecomercioSP, 2014.

SCALZILLI, João Pedro, SPINELLI, Luis Felipe e TELLECHEA, Rodrigo, *Recuperação de empresas e falência – Teoria e prática na lei 11.101/2005*, São Paulo, Almedina, 2016.

SERRA, Catarina, *Emendas à (lei da insolvência) portuguesa – primeiras impressões*, in *Direito das Sociedades em Revista* 7 (2012).

–, *Os efeitos patrimoniais da declaração de insolvência – quem tem medo da administração da massa pelo devedor?*, in DUARTE, Rui Pinto; GUEDES, Armando Marques; GOUVEIA, Mariana França; e BRITO, Maria Helena (coords.), *Estudos em Homenagem ao Prof. Doutor José Lebre de Freitas*, v. II, Coimbra, Coimbra Editora, 2013.

SHECAIRA, Sérgio Salomão e SARCEDO, Leandro, *A responsabilidade penal da pessoa jurídica no projeto de novo Código Penal (Projeto de Lei do Senado nº 236/2012)*, in CHOUKR, Fauzi Hassan, LOUREIRO, Maria Fernanda e VERVAELE, John (orgs.), *Aspectos Contemporâneos da Responsabilidade Penal da Pessoa Jurídica*, v. II, São Paulo, FecomercioSP, 2014.

SIMIONATO, Frederico Augusto Monte, *Tratado de direito falimentar*, Rio de Janeiro, Forense, 2008.

SINGH, Dalvinder; PATERSON, Sarah; KORNBERG, Alan; GUYNN, Randall; DOUGLAS, John; OLIVARES-CAMINAL, Rodrigo; e STONEFROST, Hilary, *Debt restructuring*, 1ª edição, Oxford, Oxford University Press, 2011.

SKEEL JR., David A., *Creditors' ball: the "new" new corporate governance in chapter 11*, in U. Pa. L. Rev. 152 (2003--2004).

–, *Debt's dominion – a history of bankruptcy law in America*, 2ª impressão, Princeton, Princeton University Press, 2004.

–, *Vern Countryman and the path of progressive (and populist) bankruptcy scholarship*, in Harv. L. Rev. 113 (1999-2000).

SNOWDEN, Richard; FLETCHER, Ian F.; ANDERSON, Hamish; MOSS, Gabriel; e LIGHTMAN, Gavin, *The law of administrators and receivers of companies*, 5ª edição, Londres, Sweet & Maxwell, 2011.

SOMMER, Henry J. e RESNICK, Alan N. (coords.), *COLLIER Bankruptcy Practice Guide*, v. 5, Lexis Nexis, 2016.

SORIANO, Robert A., *Chapter 84 – Debtor in Possession*, in RESNICK, Alan N. e SOMMER, Henry J. (coords.), *COLLIER Bankruptcy Practice Guide*, v. 5, Lexis Nexis, 2016.

SOUZA JUNIOR, Francisco Satiro de e PITOMBO, Antônio Sérgio A. de Moraes (coords.), *Comentários à Lei de Recuperação de Empresas e Falência – Lei 11.101/2005 – Artigo por Artigo*, 2ª edição, São Paulo, Revista dos Tribunais, 2007.

SPINELLI, Luis Felipe, SCALZILLI, João Pedro e TELLECHEA, Rodrigo, *Recuperação de empresas e falência – Teoria e prática na lei 11.101/2005*, São Paulo, Almedina, 2016.

STANGHELLINI, Lorenzo, *Linee-guida per il finanziamento alle imprese in crisi*, 2ª edição, 2015, disponível em http://www.nuovodirittofallimentare.unifi.it/upload/sub/Corso%202015/7%20luglio%202015%20Linee-guida%20-%20II%20edizione%202015%20%28finale,%2024-4-2015%29-1.pdf, acessado em 04.04.2017.

STONEFROST, Hilary; SINGH, Dalvinder; PATERSON, Sarah; KORNBERG, Alan; GUYNN, Randall; DOUGLAS, John; e OLIVARES-CAMINAL, Rodrigo, *Debt restructuring*, 1ª edição, Oxford, Oxford University Press, 2011.

SZTAJN, Rachel, *Comentários ao Capítulo III, Seção I da Lei 11.101/2005*, in SOUZA JUNIOR, Francisco Satiro de e PITOMBO, Antônio Sérgio A. de Moraes (coords.), *Comentários à Lei de Recuperação de Empresas e Falência – Lei 11.101/2005 – Artigo por Artigo*, 2ª edição, São Paulo, Revista dos Tribunais, 2007.

TAVELLA, Antonio e BATTAGLIA, Giulia, *The italian settlement with creditors procedure*, in *Insolvency & Restructuring Int'l* 9 (2015).

TELLECHEA, Rodrigo, SPINELLI, Luis Felipe e SCALZILLI, João Pedro, *Recuperação de empresas e falência – Teoria e prática na lei 11.101/2005*, São Paulo, Almedina, 2016.

TIRADO, Ignacio, *Los administradores concursales*, Cizur Menor, Aranzadi, 2005.

TOLEDO, Paulo F. C. Salles de e ABRÃO, Carlos Henrique (coords.), *Comentários à Lei de Recuperação de Empresas e Falência*, 5ª edição, São Paulo, Saraiva, 2012.

UNCITRAL, *Legislative guide on insolvency law*, 2004 (disponível em http://www.uncitral.org/pdf/english/texts/insolven/05-80722_Ebook.pdf, acessado em 27.03.2016).

VEGAS, Raquel e GARCÍA-POSADA, Miguel, *Las reformas de la Ley Concursal durante la gran recesión*, Madrid, Banco de España, 2016, disponível em https://www.bde.es/f/webbde/SES/Secciones/Publicaciones/PublicacionesSeriadas/DocumentosTrabajo/16/Fich/dt1610.pdf, acessado em 08.09.2017.

VERÇOSA, Haroldo Malheiros Duclerc, *Comentários ao Capítulo II, Seção III da Lei 11.101/2005*, in SOUZA JUNIOR, Francisco Satiro de e PITOMBO, Antônio Sérgio A. de Moraes (coords.), *Comentários à Lei de Recuperação de Empresas e Falência – Lei 11.101/2005 – Artigo por Artigo*, 2ª edição, São Paulo, Revista dos Tribunais, 2007.

–, *Curso de Direito Comercial 2*, 2ª edição, São Paulo, Malheiros, 2010.

–, *O status jurídico do controlador e dos administradores na recuperação judicial*, in *RDM* 143 (2006).

VERMUNT, Niels; RICHTER, Tomás; KILBORN, Jason; e FABER, Dennis, *Com-*

mencement of insolvency proceedings, Oxford, Oxford University Press, 2012.

VERVAELE, John, CHOUKR, Fauzi Hassan e LOUREIRO, Maria Fernanda (orgs.), *Aspectos Contemporâneos da Responsabilidade Penal da Pessoa Jurídica*, v. II, São Paulo, FecomercioSP, 2014.

WAISMAN, Shai Y. e MILLER, Harvey R., *Is chapter 11 bankrupt?*, in *B. C. L. Rev.* 129 (2005-2006).

WARREN, Elizabeth, *A theory of absolute priority*, in *Ann. Surv. Am. L.* (1991).

–, *Bankruptcy policy*, in *U. Chi. L. Rev.* 54 (1987).

–, *Bankruptcy policymaking in an imperfect world*, in *Mich. L. Rev.* 92 (1993-1994).

–, *The untenable case for repeal of chapter 11*, in *Yale L. J.* 102 (1992).

WESTBROOK, Jay Lawrence, *The globalisation of insolvency reform*, in *N. Z. L. Rev.* (1999).

–, BOOTH, Charles D.; PAULUS, Christoph G.; e RAJAK, Harry, *A global view of business insolvency systems*, Leiden, Martinus Nijhoff Publishers, 2010.

WHITFORD, William C. e LoPUCKI, Lynn M., *Corporate governance in the bankruptcy reorganization of large, publicly held companies*, in *U. Pa. L. Rev.* 141 (1992-1993).

WILLIAMS, Jack F. e CARLSON, David Gray, *The truth about the new value exception to bankruptcy's absolute priority rule*, in *Cardozo L. Rev.* 21 (1999-2000).

WORLD BANK, *Principles and guidelines for effective insolvency and creditor rights systems*, 2001 (disponível em http://www.worldbank.org/ifa/ipg_eng.pdf, acessado em 27.03.2016).

–, *Principles for effective insolvency and creditor/debtor rights systems*, 2015 (disponível em http://siteresources.worldbank.org/EXTGILD/Resources/5807554-1357753926066/2015_Revised_ICR_Principles(3).pdf, acessado em 27.03.2016).

ZIEGEL, Jacob S. (org.), *Current developments in international and comparative corporate insolvency law*, Oxford, Clarendon, 1994.

JULGADOS ANALISADOS NO ESTUDO

TJRJ, 1ª Vara Empresarial, Processo nº 2005.001.072887-7, j. 15.12.2005.

–, 4ª Câmara Cível, Agravo de Instrumento nº 09/07, Rel. Des. Reinaldo Pinto Alberto Filho, j. 02.01.2007.

–, 7ª Vara Empresarial, Processo nº 0203711-65.2016.8.19.0001, j. 16.11.2017.

–, 20ª Câmara Cível, Agravo de Instrumento nº 0051124-61.2016.8.19.0000, Rela. Desa. Marilia de Castro Neves Vieira, j. 08.03.2017.

TJSP, Câmara Reservada à Falência e Recuperação, Agravo de Instrumento nº 0022059-02.2011.8.26.0000, Rel. Des. Lino Machado, j. 20.09.2011.

–, Câmara Reservada à Falência e Recuperação, Agravo de Instrumento nº 0067777-56.2010.8.26.0000, Rel. Des. Pereira Calças, j. 01.06.2010.

–, Câmara Reservada à Falência e Recuperação, Agravo de Instrumento nº 0445366-51.2010.8.26.0000, Rel. Des. Elliot Akel, j. 01.03.2011.

–, Câmara Reservada à Falência e Recuperação, Agravo de Instrumento nº 0470498-13.2010.8.26.0000, Rel. Des. Lino Machado, j. 21.06.2011.

–, Câmara Reservada à Falência e Recuperação, Agravo de Instrumento nº 9045661-34.2009.8.26.0000, Rel. Des. Lino Machado, j. 27.10.2009.

–, 1ª Câmara Reservada de Direito Empresarial, Agravo de Instrumento nº 2064884-53.2013.8.26.0000, Rel. Des. Teixeira Leite, j. 24.04.2014.

–, 1ª Câmara Reservada de Direito Empresarial, Agravo de Instrumento nº 2217986-27.2015.8.26.0000, Rel. Des. Francisco Loureiro, j. 29.02.2016.

–, 2ª Câmara Reservada de Direito Empresarial, Agravo de Instrumento nº 0053075-37.2012.8.26.0000, Rel. Des. Tasso Duarte de Melo, j. 16.10.2012.

–, 2ª Câmara Reservada de Direito Empresarial, Agravo de Instrumento nº 0174960-81.2013.8.26.0000, Rel. Des. Tasso Duarte de Melo, j. 22.09.2014.

–, 2ª Câmara Reservada de Direito Empresarial, Agravo de Instrumento nº 2005232-03.2016.8.26.0000, Rel. Des. Carlos Alberto Garbi, j. 17.10.2016.

–, 2ª Câmara Reservada de Direito Empresarial, Agravo de Instrumento nº 2039692-21.2013.8.26.0000, Rel. Des. Carlos Alberto Garbi, j. 05.10.2015.

–, 2ª Câmara Reservada de Direito Empresarial, Agravo de Instrumento nº 2093187-43.2014.8.26.0000, Rel. Des. Tasso Duarte de Melo, j. 08.10.2014.

–, 2ª Câmara Reservada de Direito Empresarial, Agravo de Instrumento nº 2176427-90.2015.8.26.0000, Rel. Des. Carlos Alberto Garbi, j. 14.03.2016.

–, 2ª Câmara Reservada de Direito Empresarial, Agravo de Instrumento nº 2176529-15.2015.8.26.0000, Rel. Des. Carlos Alberto Garbi, j. 16.12.2015.

–, 2ª Vara de Falências e Recuperações Judiciais da Capital, processo nº 0015277-91.2016.8.26.0100, j. 02.08.2016.

–, 2ª Vara de Falências e Recuperações Judiciais da Capital, processo nº 1064813-83.2018.8.26.0100, j. 03.12.2018.

ÍNDICE GERAL

AGRADECIMENTOS	7
APRESENTAÇÃO DA COLEÇÃO "ESTUDOS DE DIREITO DE EMPRESA E CRISE"	9
PREFÁCIO	13
ABREVIATURAS E SIGLAS	17
SUMÁRIO	19
INTRODUÇÃO	23
1. O DEVEDOR E OS MODELOS GLOBAIS DE ADMINISTRAÇÃO DA SOCIEDADE EMPRESÁRIA NA REORGANIZAÇÃO	29
2. A ADMINISTRAÇÃO DA SOCIEDADE EM RECUPERAÇÃO JUDICIAL NO CONTEXTO DE CONCENTRAÇÃO DE CONTROLE: ANÁLISE DO SISTEMA BRASILEIRO À LUZ DOS MODELOS GLOBAIS	153
3. OS PRESSUPOSTOS DOS MODELOS GLOBAIS DE ADMINISTRAÇÃO DA EMPRESA EM REORGANIZAÇÃO E A SUA VERIFICAÇÃO NA SOLUÇÃO BRASILEIRA: ANÁLISE CRÍTICA	247
CONCLUSÃO	261
REFERÊNCIAS	269
JULGADOS ANALISADOS NO ESTUDO	283
ÍNDICE GERAL	285